SAGGI

CHIARA BISCONTI

SMART
AGILI
FELICI

Il nuovo modo di lavorare che libera la vita

Garzanti

Prima edizione: novembre 2021

Per essere informato sulle novità del Gruppo editoriale Mauri Spagnol visita:
www.illibraio.it

ISBN 978-88-11-00098-3

Printed in Italy

www.garzanti.it

SMART AGILI FELICI

A Federico, Sebastiano e Giulia,
perché possano sempre volere tutto.

PREMESSA

In che campo di gioco stiamo giocando

Sto bevendo una tazza di tè davanti alla finestra della cucina. Abito all'ultimo piano del palazzo e il mio sguardo può spaziare oltre i tetti, verso le montagne, che si vedono chiare, e fino al cielo, che oggi è particolarmente azzurro.

Da quando è iniziata la pandemia questo gesto è diventato il mio rito quotidiano del mattino. E si è dilatato. Giorno dopo giorno mi sono concessa qualche minuto in più. È nato uno spazio di riflessione che ora è diventato un'abitudine.

È anche da momenti come questo che ha tratto ispirazione il libro che avete tra le mani.

La tesi centrale è che lavorare in modo felice sia possibile, il mio messaggio personale che questa possibilità si chiami *lavoro agile.* Nelle pagine che seguono cercherò di dimostrarlo. E di convincervi.

La pandemia del 2020 ci ha avvicinati al lavoro agile. La maggior parte di noi l'ha conosciuto da poco, come misura necessaria e obbligatoria per preservare la nostra salute. Lo ha conosciuto, insomma, quando le aziende hanno dovuto farlo per forza.

In condizioni normali, invece, le aziende sono chiamate a scegliere e da qui a poco, entro la fine del 2021, dovranno prendere una decisione.

Allora si apriranno diverse strade. Sarà possibile richiamare le persone negli uffici; proporre un'alternanza fissa tra lavoro da casa e lavoro in presenza; oppure sarà possibile abbracciare il lavoro agile vero, nella sua accezione più ampia.

Le aziende che decideranno di percorrere quest'ultima strada, sceglieranno di cambiare profondamente il loro modo di lavorare.

Decideranno di sottoscrivere con le persone un patto di libertà. Verranno proiettate nel futuro. Decidendo di lavorare agilmente e sapendolo fare si distingueranno dalle altre, attueranno una scelta riconosciuta dalle persone, che saranno più felici.

Ma dovranno imparare. Dovranno esserne capaci.

Dovranno essere pronte ad affrontare una sfida che, semplice solo in apparenza, metterà in discussione gli assunti basilari del loro modo di lavorare. Sarà un percorso di cambiamento, a volte anche complesso, che alla fine però produrrà maggiore felicità.

Ho due precisazioni da fare, prima di iniziare il percorso.

Quando parliamo di lavoro agile parliamo di lavoro intellettuale. Il tema, quindi, non riguarda l'intera platea di lavoratrici e lavoratori. Per certe attività la presenza fisica rimane, e rimarrà, fondamentale perché connaturata all'attività stessa. Il lavoro agile non è una misura applicabile trasversalmente all'intero mondo del lavoro, ma una modalità che riguarda in primo luogo l'attività intellettuale, nell'ambito di rapporti di subordinazione.

Il numero di persone coinvolte da questo nuovo modo di lavorare, però, è talmente ampio da provocare effetti rilevanti sull'intera società e giustificarne l'interesse.

Questo chiarimento è doveroso per limitare il campo di gioco del lavoro agile, ma mi permette di anticipare alcune riflessioni.

Da una parte, circoscrivere il lavoro agile al lavoro intellettuale non deve diventare un espediente per escludere di principio alcuni ruoli. Ho visto troppi manager restii al cambiamento dipingere il lavoro dei loro uffici come impossibile da svolgere da remoto, adducendo come pretesto la necessità di svolgere alcune attività esclusivamente in presenza. Approfondendo la questione, nella maggior parte dei casi, le soluzioni si sono poi trovate digitalizzando i processi oppure organizzando meglio la presenza alternata di collaboratrici e collaboratori.

Dall'altra, la limitazione non è definitiva e immutabile. Il lavoro nel corso degli anni si è progressivamente digitalizzato, e quindi smaterializzato. Alcune professioni, per lo svolgimento delle quali la presenza fisica veniva tradizionalmente reputata necessaria, hanno accolto nel tempo la possibilità di prestazioni da remoto. Pensiamo alla telemedicina o a come sta cambiando nelle fabbriche il ruolo di chi opera fisicamente sulle linee di produzione, grazie alle possibilità del controllo a distanza.

Da ultimo anche i lavori prettamente fisici – gli insegnanti o i commessi nei negozi – prevedono anche attività organizzative o di rendicontazione che possono essere svolte in luoghi diversi. Anche in questi casi, è ipotizzabile una parte di lavoro agile.

Quando parliamo di lavoro agile parliamo quindi essenzialmente di lavoro intellettuale, ma è pur vero che il confine con il lavoro fisico non è netto ed è in continua evoluzione.

Vi ho presentato il lavoro agile definendolo un patto di libertà. Ma ho parlato subito anche di felicità. Un'altra definizione che amo molto è quella di *strumento felicitante.* Il lavoro agile genera felicità e tantissimi vantaggi. Ne parlerò nel corso di tutto il libro.

Di svantaggi invece ne ha pochissimi. Forse nessuno.

C'è qualche rischio, cui accennerò nei prossimi capitoli, quando parleremo di diritto alla disconnessione, di rischio di isolamento, di sicurezza.

Ma volutamente non mi soffermerò su questi aspetti. Ed è una precisa scelta di campo.

Sono convinta che i rischi siano ampiamente sotto controllo; e che siano tutti risolvibili con azioni legislative, contrattazioni sindacali o regolamenti aziendali che ne definiscano gli aspetti sensibili. Il dibattito è già in corso e genererà sicuramente soluzioni efficaci.

Quindi rischi e svantaggi non trovano spazio in questo libro.

Voglio che l'attenzione si concentri sugli aspetti positivi, sui vantaggi, sui benefici che le persone possono ottenere.

Il lavoro agile è soprattutto un percorso di cambiamento. Per svilupparlo ci vogliono passione e determinazione. Bisogna saper convincere chi è scettico, aiutarlo a superare le paure, accompagnarlo lungo il percorso, indicando chiaramente il punto di arrivo all'orizzonte.

Ho visto tante volte la resistenza di chi non voleva cambiare lo status quo e ho capito che il meccanismo utilizzato era attaccarsi ai pochi rischi presenti in uno scenario altrimenti positivo e fare leva su di essi per trascinare gli indecisi.

Il ricordo brucia ancora. La frustrazione di spendere ore intere a raccontare i punti di forza di un nuovo modo di lavorare a manager impauriti e ammutoliti che si risvegliavano solo di fronte all'enunciazione degli eventuali svantaggi e che, su di essi, prendevano posizioni di chiusura, trincerandosi dietro alla tecnologia, ai rischi legati alla sicurezza, alla privacy.

Ora mi rendo conto che per troppi anni ho fornito io stessa un alibi a chi non aspettava altro.

È per questo che non ne parlerò. Preferisco raccontarvi tutto l'utile, i vantaggi e la felicità che il lavoro agile è capace di regalare.

Un'ultima precisazione.

Questo libro è stato scritto in forma il più possibile inclusiva. Ho cercato di mantenere un corretto equilibrio tra rappresentazione dei generi e snellezza del testo. Ciò significa che a volte ho utilizzato il maschile sovraesteso per non appesantire la lettura.

Per onestà intellettuale devo però ammettere che in alcuni casi usarlo mi ha dato una certa soddisfazione. Quando ho scritto «manager resistenti al cambiamento», «dirigenti ossessionati dal controllo» in effetti pensavo più a uomini che a donne. Perché questa è stata la mia esperienza. In questi casi, dunque, l'uso del maschile non fa che riflettere la realtà esistente.

PARTE PRIMA

1.
PERCHÉ IN FUTURO LAVOREREMO IN MODO DIVERSO

Il mio incontro con il lavoro agile

Conosco il lavoro agile da più di vent'anni.

Intorno a lui ha ruotato gran parte della mia carriera professionale. E gran parte della mia vita personale.

Ripenso alle mie primissime esperienze di lavoro.

Appena laureata, dopo un anno di consulenza, sono entrata nel gruppo multinazionale Nestlé, la più grande azienda alimentare del mondo.

Era il 1992, anni in cui, il primo giorno dopo la laurea, le aziende ti telefonavano (letteralmente) a casa e ti chiedevano di partecipare ai test di selezione.

Anni in cui si veniva assunti con rassicuranti contratti di formazione lavoro, che prevedevano una serie di esperienze prima che si dovessero fronteggiare vere responsabilità. Percorsi di ingresso ben definiti, con periodi di rotazione in funzioni diverse, permettevano di conoscere la complessità dell'azienda per poi scegliere il settore più adatto in cui lavorare.

Esisteva anche un passaggio obbligato. Purtroppo oggi non usa più, anche se avrebbe ancora senso: l'esperienza nelle vendite.

Conoscere i clienti e le dinamiche commerciali era considerata un'esperienza formativa imprescindibile per accedere a qualsiasi altra funzione; occuparsi di marketing senza aver toccato con mano le vendite non veniva neanche preso in considerazione.

Arrivato il mio momento di affrontare l'esperienza nelle

vendite, chiesi di svolgere un'attività diversa dai canonici tre mesi nel «canale tradizionale» (si chiamavano allora così i negozi di vicinato). Fui mandata per un anno e mezzo a seguire clienti più grandi, quelli della distribuzione organizzata, in Emilia-Romagna.

So che qualsiasi prima esperienza si ammanta con il passare degli anni di un'aura nostalgica; al netto di ciò, sono sicura che è proprio in quei mesi che si è formato l'imprinting del mio modo di lavorare.

Ricordo nitidamente la sensazione di ebbrezza provocata dall'essere sola, completamente responsabile del compito che mi era stato affidato.

Ricordo l'orgoglio dei primi obiettivi, stampati su un foglio di carta consegnato a mano dal capo area in busta chiusa; obiettivi assegnati a me soltanto, chiari, misurabili, raggiungibili unicamente grazie al mio sforzo, al lavoro che avrei organizzato in autonomia giorno dopo giorno.

Ricordo l'orgoglio di appartenere a una squadra di venditori (in questo caso il maschile è purtroppo corretto, ero l'unica donna) che non condivideva la quotidianità di uno stesso ufficio, ma – in assenza di cellulari! – riusciva comunque a rimanere in contatto. Incontrandosi nei ristoranti al confine tra le diverse zone di attività, telefonandosi a orari concordati dagli Autogrill.

Mi è chiaro ora che i rapporti tra colleghi, proprio perché diluiti nel tempo e mai costretti da convivenze forzate, si impreziosivano e si nutrivano dei rari incontri, dei contatti cercati.

Ogni riunione era una festa, ogni pranzo il momento per raccontarsi ciò che accadeva nei nostri lavori solitari, ogni incontro la possibilità di capire, studiare gli altri, affrontare dubbi ed elargire consigli.

Se devo scegliere il ricordo più prezioso della mia esperienza nelle vendite, penso a Rimini.

Inizio di giugno, l'estate imminente giocava a mostrarsi appena, una giornata in cui la spiaggia deserta era già attrezzata, i bar aperti in attesa dei turisti che ancora tardavano ad arrivare. Mi rivedo decidere di fermarmi proprio lì, prendere un lettino e sedermi – vestita, i tabulati aperti sulle ginocchia – mangiando una piadina, a preparare la visita al cliente del pomeriggio. Mi rendevo conto già allora che lavorare all'aria aperta era un lusso, che alzare gli occhi dai numeri e guardare il mare mi infondeva energia, che mangiare senza essere disturbata aiutava la concentrazione. Sono soprattutto i sensi – la luce, il calore del sole, l'odore del mare, il sapore del cibo, il silenzio rotto solo dallo sciabordio ritmico delle onde – ad aver impresso in me l'idea di un lavoro diverso possibile.

Oggi so che in quei mesi lontani avevo incontrato per la prima volta il lavoro agile.

So che quella spiaggia è solo una delle alternative all'ufficio. So che una pausa pranzo diversa dalla mensa è possibile, se si sceglie di lavorare da remoto. Oggi, vedo chiaramente che, in quelle prime esperienze, stavo plasmando il modo di lavorare che avrei affinato negli anni, lo stavo testando su me stessa. Da quel giorno, l'ho proposto a ogni tipo di organizzazione con cui sono entrata a contatto.

E capisco anche perché ora lo difendo con tanta convinzione.

Perché anch'io ho dovuto lavorare a lungo in modo tradizionale. Ho convissuto per anni con il tempo rigido imposto dalle aziende. Ho corso la mattina per riuscire a timbrare in tempo. Ho conosciuto bene la sensazione di un orario aziendale ferreo nell'accoglierti al mattino e vischioso nel lasciarti uscire a fine giornata. Ho sentito anch'io gli sguardi di disapprovazione quando, alle 18, uscivo prima degli altri.

So cos'è la cultura del presenzialismo. Tante volte sono corsa fuori dall'ufficio per arrivare a casa all'ora concordata con la babysitter, con la sensazione sgradevole di perdere qualcosa, perché avevo capito che è oltre l'orario di lavoro che accadono le cose importanti, quelle che accelerano i passaggi di carriera. Ho nitido il ricordo doloroso delle riunioni che si dilatavano ben oltre la mia ultima possibilità di arrivare in tempo al saggio dei miei figli; delle ore di palestra saltate perché attardarsi a chiacchierare nei corridoi la sera è sempre stato considerato segno di abnegazione, di passione per il lavoro.

La presenza fisica incondizionata, il peso dell'uso distorto del tempo mi hanno portato a cercare di cambiare il mio modo di lavorare. Solo conoscendo perfettamente le regole si è in grado di smontarle.

L'asincronia fra tempo personale e tempo aziendale

Sicuramente sono stata aiutata dalla mia storia personale.

Come purtroppo succede a tantissime donne, anche io sono stata costretta da due figli piccoli, un divorzio improvviso e due lutti importanti nello stesso anno a lasciare l'azienda.

Ed è stato lo scontro violento del mio tempo privato con il tempo unico, rigido e assoluto dell'azienda a rendere evidente ai miei occhi che la soluzione andava cercata proprio in quel contrasto. Che l'elemento chiave su cui provare a ragionare in modo diverso era il tempo.

Al rientro in azienda, dopo un paio di anni di assenza e di lavoro come libera professionista, avevo deciso che da quel momento in poi avrei lavorato sull'asincronia fra tempo personale e tempo aziendale.

Soprattutto avevo deciso che avrei per sempre fatto del mio meglio per evitare che quello che era successo a me succedesse ad altre persone, ad altre donne soprattutto.

Così ho iniziato a sperimentare il lavoro agile quando era ancora una pratica sconosciuta nel nostro paese; o, per noi che lavoravamo in una multinazionale, una pratica dei colleghi del Nord Europa da osservare con curiosità, intuendone le enormi potenzialità.

Erano i primi anni Duemila, qualche anno più tardi sarei diventata direttrice del personale, ma avevo già l'autonomia che mi permetteva di lavorarci con energia.

Con un gruppo di donne determinate e appassionate, nell'ambito di un progetto di valorizzazione delle donne in azienda – chiamato Iniziativa Primavera – siamo state pioniere nel capire che un diverso rapporto con lo spazio e il tempo ci avrebbe permesso di conciliare vita personale e lavoro.

Allora abbiamo iniziato a lavorare in modo diverso, tra lo scetticismo di molti e l'entusiasmo di chi partecipava alle nostre sperimentazioni. Presto abbiamo capito che, mentre cambiavamo modo di lavorare, stavamo mettendo in discussione lo status quo e stavamo avviando un cambiamento molto più ampio dell'ambito ristretto da cui eravamo partite.

Credo di poter dire oggi che ciò che ci ha permesso di sperimentare liberamente in quel periodo è stato il fatto che molti non avevano capito quello che stavamo davvero innescando. Protette dal consenso dell'amministratore delegato di allora – uomo illuminato, conscio di non avere la chiave di risposta al problema e sufficientemente coraggioso da darmi delega totale nella ricerca della soluzione – per tanti manager i nostri primi esperimenti di lavoro agile – che allora ancora non chiamavamo così – erano solamente «cose da donne», misure a sostengo delle fatiche personali nel difficile equilibrio di vite piene di cose da fare.

Ma noi ci accorgevamo che i vantaggi che le persone iniziavano a ottenere erano enormi.

Chi iniziava a lavorare qualche giorno da casa raccontava incredulo del tempo risparmiato nei viaggi quotidiani, realizzando quanto fosse estenuante ripetere ogni giorno trasferimenti lunghi, sovente con faticosi trasbordi da un mezzo all'altro.

E circolavano le prime storie. Ci inebriava il tempo ritrovato, la possibilità di fare con calma le cose abitualmente condensate con fatica nei weekend. Ricordo la battuta che scambiavo con la donna che per prima si era candidata ai nostri esperimenti, quando ci incontravamo nei corridoi; ci vedevamo da lontano e io le chiedevo: «Come fai a essere così bella e riposata, merito del parrucchiere?». Lei ogni volta si toccava i capelli e sorridendo diceva davanti a tutti: «No, è il *telelavoro*» (perché allora – sbagliando – lo chiamavamo ancora così).

Le persone iniziavano a incuriosirsi e a candidarsi agli esperimenti; l'entusiasmo e il consenso per questo modo di lavorare cresceva. Il fenomeno iniziava a interessare anche altre aziende, visto che, oltre ai vantaggi sperimentati dalle singole persone, emergevano in modo chiaro benefici importanti per l'azienda. In quegli anni abbiamo effettuato le prime misurazioni della riduzione degli straordinari, del crollo del tasso di assenteismo, della diminuzione delle giornate di malattia. Abbiamo visto che l'introduzione della flessibilità oraria e del lavoro agile si traduceva in una drastica semplificazione dei processi amministrativi. Abbiamo iniziato a osservare gli effetti benefici che andavano a coinvolgere molti altri processi aziendali: la modalità di attribuzione degli obiettivi e la valutazione delle performance delle persone, l'organizzazione delle riunioni, l'attribuzione dei carichi di lavoro. Ancora non riuscivamo a immaginare che quella che avevamo davanti era solo una piccola parte dei cambiamenti che sarebbero arrivati: ancora non avevamo intuito cosa sarebbe successo agli uffici fisici, l'impatto che questo modo di lavorare avrebbe avuto sui costi complessivi dell'azienda.

Una questione di interesse cittadino

Il 30 maggio del 2011 mi sono unita alla folla che tingeva di arancione piazza del Duomo per festeggiare l'elezione del nuovo sindaco. Da cittadina milanese avevo vissuto con emozione l'ascesa di Giuliano Pisapia, i consensi che progressivamente si aggregavano intorno alla sua promessa di cambiamento della città, che all'epoca risultava spenta, poco coinvolgente, arretrata rispetto al resto d'Europa.

Sentirmi chiamare al telefono direttamente da lui, dopo pochi giorni, è stato sconvolgente.

Il sindaco neoeletto di Milano mi aveva scelto con l'obiettivo di includere nella sua squadra persone provenienti dalla società civile e aveva deciso di propormi di lavorare con lui.

Non ci conoscevamo direttamente, non appartenevo a un partito politico né ero ad alcun titolo attiva nella vita della mia città. Ero una cittadina comune, come tante e tanti altri, con una professione consolidata in un'azienda privata.

Il nostro contatto era unicamente sua moglie, la nota giornalista Cinzia Sasso, che avevo incrociato per lavoro negli anni precedenti. E che, insieme a lui, aveva considerato che una figura con le mie competenze e capacità avrebbe potuto essere utile al progetto che avevano in mente.

La telefonata con lui, passeggiando nervosamente sul terrazzo di casa, rientra tra i miei ricordi più preziosi, indelebili. Per pochi giorni ho vissuto letteralmente in apnea, con il cuore già lanciato nella nuova vita e la mente che cercava di trattenere le emozioni, aspettando la conferma definitiva della designazione ad assessora.

Che è arrivata, insieme alle deleghe al benessere e alla qualità della vita (successivamente sarebbero arrivare le deleghe allo sport, al personale e al verde).

A quel tempo la mia conoscenza del Comune di Milano si limitava alla frequentazione saltuaria dell'ufficio anagrafe, al pagamento di una multa o all'iscrizione di un figlio alla scuola materna.

In un ambiente del tutto nuovo e sconosciuto è stato per me naturale partire dal tema che avevo iniziato a conoscere bene e che mi stava così a cuore: se in azienda tante persone iniziavano a sperimentare maggior benessere grazie al lavoro agile, perché non avrei potuto offrire la stessa opportunità a tutta la città?

In azienda avevo spesso incontrato scetticismo o ostilità, mentre in giunta mi confrontavo con lo stupore di colleghe e colleghi di fronte a parole nuove. Ricordo perfettamente il giorno in cui ho portato alla loro approvazione la prima delibera sul lavoro agile; la loro reazione tiepida; il loro atto finale di fiducia, di cui sarò sempre grata.

Perché da quel giorno il lavoro agile è diventato un tema di interesse per le istituzioni.

Da ex manager del settore privato sapevo benissimo quanto fosse importante un appiglio esterno – un riconoscimento istituzionale – per riuscire a introdurre cambiamenti in azienda.

Conoscevo molto bene, avendoli vissuti spesso, i momenti in cui i nuovi progetti vengono affossati – o quanto meno costretti a un ulteriore giro di approvazione – per la paura dei manager di avventurarsi in terreni poco battuti. In quei momenti potersi appellare a un'istituzione poteva essere decisivo: lo fa il Comune di Milano, perché non possiamo lanciare anche noi una sperimentazione? Perché non possiamo aderire a un'iniziativa pubblica e provare – solo per un giorno – a lavorare in modo diverso?

Così nei miei cinque anni di assessorato ho usato ogni occasione per promuovere il lavoro agile, introducendolo nei dibattiti pubblici, coinvolgendo sindacati, associazioni di categoria, università e le aziende che iniziavano a interessarsene.

L'immagine nitida di una persona – una donna, probabilmente – intenta a convincere manager scettici era sempre presente nella mia mente; ogni mio messaggio pubblico era un sostegno diretto alle sue fatiche, su un tema che, in fondo, non rientrava nelle competenze di un'istituzione come il comune.

È stato nel corso di quegli anni che ho capito l'incredibile impatto del lavoro agile sulla collettività.

In un crescendo di emozioni, ci siamo accorti che i vantaggi per la città potevano essere enormi. Abbiamo iniziato a misurare i risparmi di CO_2 immessa nell'aria, il numero di macchine che rimanevano parcheggiate a casa, il minor utilizzo dei mezzi pubblici. Abbiamo iniziato a capire che, più si allargava la platea delle persone coinvolte, più il lavoro agile si trasformava in politica pubblica di sostenibilità, impattando concretamente sull'ambiente e migliorandone la qualità.

A colpirci era soprattutto il dato del tempo. Le ore risparmiate dalle persone erano migliaia. Così come in azienda, erano proprio loro a raccontare con entusiasmo la nuova modalità lavorativa. Anche in questo caso, in ogni Giornata del Lavoro Agile, cittadine e cittadini trovavano il modo di farci sapere quanto fossero felici.

Negli anni successivi all'esperienza in comune ho portato la stessa modalità di lavoro, che ora sapevo funzionare, sia nel pubblico sia nel privato.

L'ho introdotta da consigliera dell'ente che governa il Parco Nord di Milano e da presidente di Milanosport, la società partecipata del Comune di Milano che gestisce gli impianti sportivi della città. Da quando sono consulente la propongo a qualsiasi cliente con cui entro in contatto. Ogni volta che mi invitano a parlarne, non perdo occasione di sottolinearne i benefici.

Perché i vantaggi che il lavoro agile produce sono enormi e continuano a incrementare la portata dei loro effetti.

E soprattutto perché le reazioni delle persone, ovunque si trovino a lavorare, sono sempre le stesse: gioia, entusiasmo e sensazione di libertà ritrovata.

In altre parole, felicità.

La pandemia del 2020

La pandemia ha cambiato lo scenario. Incredula, ho sentito il presidente del consiglio Giuseppe Conte annunciare pubblicamente che lo smart working sarebbe diventato obbligatorio. Una rivincita per chi lo ha sostenuto da sempre, ho pensato subito. Con orgoglio, prima di tutto mio e delle donne di Iniziativa Primavera.

E per gli scettici? Il crollo di uno dei loro maggiori alibi. Perché la tecnologia ha retto l'impatto del lavoro agile su scala nazionale e nel giro di poco tempo l'intero paese ha iniziato a lavorare da remoto.

Ma le persone hanno conosciuto un lavoro agile che non è quello che io seguo da anni, quello che ho sperimentato su me stessa, che ha cambiato le storie delle persone che ho incontrato. Hanno invece iniziato un percorso verso un nuovo modo di lavorare, che solo in parte può considerarsi lavoro agile.

Ora il dibattito è aperto. Come andare avanti? Come lavoreremo nel futuro prossimo?

Sono convinta che lavorare in modo diverso voglia dire essenzialmente cambiare la relazione che abbiamo instaurato tra lavoro, tempo e spazio. Ripensare i rapporti interpersonali alla luce del nuovo modo in cui useremo queste dimensioni. In fondo il lavoro agile è principalmente un modo diverso di organizzare le relazioni umane in un differente rapporto con il tempo e lo spazio.

La mia storia personale mi ha insegnato che il lavoro agile è un viaggio.

Un viaggio che parte dai bisogni dei singoli, attraversa le organizzazioni, si riversa sulle comunità, sulla condizione delle donne, sulle città e infine sull'intero paese.

Sapendo che, mentre scrivo, il lavoro agile ci starà già portando da un'altra parte, che ancora non conosciamo. Dove, sono certa, scopriremo un altro vantaggio.

Un proverbio indiano dice che viaggiando alla scoperta dei paesi troveremo il continente in noi stessi. Con il lavoro agile accade la stessa cosa. Mettendo in discussione il rapporto tra lavoro, tempo e spazio, ci accorgiamo che stiamo facendo un viaggio dentro noi stessi. Nel nostro rapporto con lo spazio e il tempo. Dentro i meccanismi più profondi delle nostre relazioni umane. Che stiamo mettendo in discussione paradigmi vecchi più di un secolo, profondamente radicati nella nostra testa. Quando iniziamo a lavorare agilmente, cambiamo le nostre abitudini. Spingiamo la nostra mente fuori dalla zona di comfort; ci scontriamo con il rigore nascosto nelle pieghe della nostra educazione; incontriamo il senso di colpa, che spesso blocca il nostro cammino.

Il lavoro agile è una disciplina individuale, a volte dura, che richiede principalmente responsabilità. Solo praticandola ci accorgiamo quanto il tempo individuale possa diventare un cavallo difficile da domare, sfuggire quando serve o dilatarsi in modo illusorio, per poi terminare all'improvviso. Sono più che convinta che imparare a lavorare in modo nuovo permetta di compiere un viaggio evolutivo. Che ci renda appieno individui responsabili. E quindi ci faccia crescere.

È uno sforzo che vale la pena fare.

Le resistenze però sono tante. Lo so. Vi propongo qui un ultimo ragionamento.

Il percorso di cambiamento individuale messo in moto dal lavoro agile travalica immediatamente la nostra sfera personale e si riverbera su chi ci è attorno, sulle organizzazioni in cui lavoriamo, sulla collettività.

Abbandonando il vecchio modo di lavorare possiamo vivere meglio come individui, ma possiamo allo stesso tempo rendere le organizzazioni più profittevoli, creare grandi benefici per le nostre comunità, migliorare le città e il paese. Lavorando in modo nuovo andiamo incontro a una nuova felicità personale che, come non sempre accade, coincide con una nuova felicità collettiva.

Servono allora altre motivazioni per decidere di intraprendere questo viaggio?

Un augurio

Vorrei che questo libro fosse un aiuto concreto.

Credo che ognuno di noi debba avere la possibilità di vivere una vita piena. Credo che debba essere possibile coniugare il lavoro che si ama alla vita che si desidera vivere. Credo che si debba poter essere al centro della propria vita, avere la libertà di disporre del proprio tempo.

So che il lavoro agile può essere la risposta reale ai bisogni più profondi dell'animo umano. So che può portare pienezza, soddisfazione, felicità. So anche però che oggi, in troppi casi, rappresenta una battaglia, in cui ci si ritrova soli. Vorrei che questo libro fornisse gli spunti per abbattere le resistenze che ancora si incontrano a lavorare in modo diverso.

So che per convincere le persone ad affrontare un cambiamento bisogna avere a disposizione argomentazioni diversificate. E poter scegliere di volta in volta la più efficace.

Per questo voglio provare a proporre una visione articolata del lavoro agile e a indicare tutti i vantaggi che ne derivano, che siano per la singola persona, per l'organizzazione nel suo insieme o per la collettività.

Per fare strada a un cambiamento a volte bisogna mettere in evidenza i risparmi di costo o l'aumento di produttività; a volte bisogna parlare di tempo ritrovato o di possibilità di conciliazione; a volte è utile sottolineare i vantaggi per la parità di genere, a volte portare alla luce i benefici per l'ambiente.

Affronterò tutti questi aspetti, perché li possiate usare. Con coraggio, energia e la consapevolezza che mentre state operando per la vostra felicità individuale, state al tempo stesso lottando per quella di tutti.

Il mio augurio è che possiate trovare in voi stessi la motivazione a cambiare, per poi armarvi di coraggio e convincere gli altri. E insieme cambiare in meglio il mondo in cui tutti viviamo.

2.
DEFINIZIONE E BREVE STORIA – ANCHE PERSONALE – DEL LAVORO AGILE IN ITALIA

Cos'è davvero il lavoro agile?

È la modalità di lavoro del futuro: ci rende responsabili del nostro lavoro, mette al centro libertà individuale e relazioni adulte tra individui, libera il nostro tempo, e ci rende felici.

Ma, vista la grande confusione che circonda il concetto di lavoro agile, è importante darne una definizione esatta chiarendo al contempo ciò di cui, invece, non stiamo parlando.

La migliore definizione di lavoro agile è contenuta nella legge che lo disciplina.

È la legge n. 81 del 22 maggio 2017, che introduce «Misure per la tutela del lavoro autonomo non imprenditoriale e misure volte a favorire l'articolazione flessibile nei tempi e nei luoghi del lavoro subordinato».

Gli articoli che ci interessano vanno dal numero 18 al numero 24.

Nel primo articolo la legge indica il lavoro agile come «modalità di esecuzione del rapporto di lavoro subordinato [...] senza precisi vincoli di orario o di luogo di lavoro».

Eccola, la definizione centrale di lavoro agile: precisa, sintetica e chiara.

È subito evidente che l'aspetto principale di questo modo di lavorare è l'assenza di un'indicazione predefinita di orario e il non prevedere l'ufficio come unico luogo in cui effettuare la propria prestazione.

L'uso libero del tempo è dunque il primo dei due elementi centrali del nuovo modo di lavorare.

La legge fornisce limiti di tempo solo quando specifica che la prestazione deve essere effettuata «entro i soli limiti di durata massima dell'orario di lavoro giornaliero e settimanale, derivanti dalla legge e dalla contrattazione collettiva».

Per il resto definisce il lavoro agile come modalità di lavoro che esula dall'indicazione di un orario giornaliero rigido, uguale per tutti, ma permette a lavoratrici e lavoratori di organizzarsi secondo i propri ritmi e necessità.

La legge prosegue indicando che «la prestazione lavorativa viene eseguita, in parte all'interno di locali aziendali e in parte all'esterno, senza una postazione fissa».

Qui l'accento è posto sul secondo elemento fondante del lavoro agile, lo spazio. La legge precisa subito un concetto importante: è sempre prevista un'alternanza tra lavoro in ufficio e lavoro in altro luogo. Tradotto in altre parole, chi fa lavoro agile deve sempre prevedere momenti di presenza in ufficio, alternati a momenti di lavoro da casa o da altro luogo a sua scelta.

Come scrive Aldo Bottini, presidente nazionale di AGI (Avvocati Giuslavoristi Italiani), in un articolo sul «Sole 24 Ore» del 16 settembre 2020: «L'alternanza tra lavoro in presenza e lavoro da remoto non solo è possibile, ma costituisce il tratto caratteristico di questa modalità [lavorativa]».

La stessa legge, quando disciplina la copertura INAIL per l'infortunio *in itinere*, lo qualifica come quello occorso «durante il normale percorso di andata e ritorno dal luogo di abitazione a quello prescelto per lo svolgimento dell'attività lavorativa».

È fondamentale sottolineare l'alternanza tra ufficio e altri luoghi di lavoro perché molti dei malintesi sorti negli ultimi mesi derivano proprio dalla mancata comprensione di questo aspetto. La maggior parte di noi ha incontrato per la prima volta il lavoro agile solo quando è stato costretto a lavorare da casa. Ma la legge è molto chiara nell'indicare che la presenza in ufficio è parte centrale del lavoro agile stesso; la differenza profonda con il modello tradizionale risiede nel fatto che la presenza in ufficio non è più l'unica modalità in cui viene eseguito il lavoro e che, anche in questo caso, non è necessariamente effettuata in un orario prestabilito.

Il lavoro agile dà a chi lavora la possibilità di decidere in autonomia in che orario e in che luogo, ufficio incluso, effettuare la propria prestazione.

L'articolo 18 definisce anche lo scopo del lavoro agile, che è quello di «incrementare la competitività e agevolare la conciliazione dei tempi di vita e di lavoro».

È mio profondo convincimento che il lavoro agile abbia una portata talmente vasta da generare effetti che vanno ben oltre quelli indicati dalla legge.

Sono anche convinta che i vantaggi visibili oggi non siano che una parte di quelli che vedremo in futuro. Ritrovo però nell'impostazione della legge la chiara intenzione di non confinare il lavoro agile a semplice misura di conciliazione, ma di qualificarlo anche come strumento di competitività. Ovvero uno strumento che ha effetti sulla produttività del lavoro della singola persona, delle aziende e in generale del sistema paese.

Quando si inizia a lavorare agilmente l'aumento di produttività è evidente; ed è anche uno degli effetti più frequentemente indicato dalle persone.

È anche facile intuire che più si allarga la platea di chi può adottare il lavoro agile, più aumenta la competitività generale.

Perché questo modo di lavorare funzioni è necessario che tra forza lavoro e azienda venga stilato un accordo che contemperi le esigenze di entrambe le parti; poiché non stiamo parlando di libera professione ma di contratti subordinati, è importante che la libertà di scelta in capo alla singola persona si armonizzi con le necessità più generali dell'azienda.

Sempre nello stesso articolo, infatti, la legge introduce il concetto di modalità di esecuzione del lavoro «stabilita mediante accordo tra le parti, anche con forme di organizzazione per fasi, cicli e obiettivi».

Ecco un altro aspetto centrale. Il lavoro agile, con la sua libertà di scelta di tempo e luogo, funziona solo se l'azienda è capace di organizzarsi. Ovvero se riesce a sviluppare una cultura dei risultati, con processi organizzativi fluidi, con chiara attribuzione di compiti e obiettivi, con sistemi di valutazione delle performance diffusi e trasparenti.

Il lavoro agile funziona se la cultura dominante è orientata ai risultati e non alla presenza fisica.

L'introduzione del lavoro agile mette in discussione la cultura del presenzialismo, favorisce quella dei risultati e avvia l'azienda verso un percorso virtuoso di meritocrazia.

La legge, nella semplicità dei suoi pochi articoli, contiene altre indicazioni importanti: il datore di lavoro è il responsabile della sicurezza e del funzionamento degli strumenti tecnologici assegnati a lavoratrici e lavoratori per lo svolgimento della loro attività (ma non è un obbligo per l'azienda fornire lo strumento tecnologico); nell'accordo individuale devono essere indicati i tempi di riposo e il diritto alla disconnessione dagli strumenti tecnologici; chi fa lavoro agile ha diritto allo stesso trattamento economico e normativo che aveva prima e mantiene lo stesso diritto alla formazione.

L'articolo 23 infine introduce l'assicurazione per infortuni e malattie professionali nell'ambito del lavoro agile, risolvendo una volta per tutte il tema che aveva frenato tante aziende da un'applicazione massiccia di questa modalità di lavoro prima della sua entrata in vigore.

Cosa non è *il lavoro agile*

È chiaro dunque che il lavoro agile è semplicemente un modo diverso di lavorare rispetto a quello che ci vuole in ufficio tutti i giorni dalle 9 alle 18; un modo che introduce la possibilità di scelta individuale di tempo e spazio. Poco più che questo. E proprio questa definizione così semplice rende ancora più incredibile la sua portata rivoluzionaria.

È utile capire in che cosa è diverso dal telelavoro, dall'home working e dallo smart working.

Eliminiamo subito un termine dalla lista, chiarendo che smart working è il corrispettivo inglese di lavoro agile. Il significato è esattamente lo stesso.

La cosa buffa da sottolineare, forse, è che questa corrispondenza è puramente italiana: la locuzione non viene utilizzata nei paesi anglofoni che invece, per riferirsi al lavoro agile, usano espressioni come *agile working* o *remote working*.

Il lavoro agile invece differisce in modo sostanziale dal telelavoro.

Andiamo anche in questo caso a cercarne la definizione nell'ambito normativo.

Dobbiamo tornare indietro nel tempo per ritrovare l'accordo interconfederale per il recepimento dell'accordo quadro europeo sul telelavoro, siglato nel giugno 2004.

Nell'articolo 1 emerge subito la differenza con il lavoro agile, laddove il telelavoro viene definito come «la forma di organizzazione [...] in cui l'attività lavorativa, che potrebbe essere svolta nei locali dell'impresa, viene regolarmente svolta fuori dai locali della stessa».

L'avverbio «regolarmente» segna la sostanziale differenza con il lavoro agile ed è anche la causa dello scarso successo del telelavoro nel nostro paese. Quest'ultimo, infatti, era inteso come «modalità lavorativa effettuata sempre al di fuori dell'ufficio»; creava una separazione netta tra i telelavoratori e chi invece lavorava regolarmente in azienda. Di fatto sanciva la presenza di due fattispecie di lavoratori diversi, condannando i primi a una posizione marginale rispetto alla vita d'ufficio e incidendo in modo pesante sulla loro socialità.

Il lavoro agile prevede invece una possibilità estesa a tutti di decidere quando lavorare in ufficio e quando in luoghi diversi. Il trattamento riservato ai lavoratori è uniforme.

Il telelavoro, così come definito dall'accordo, conteneva un altro elemento di rigidità che nel tempo lo ha fortemente penalizzato e condannato all'assoluta marginalità.

L'articolo 6, al comma 2, indica che il datore di lavoro è «responsabile della fornitura, dell'installazione e della manutenzione degli strumenti necessari» e che deve occuparsi della «compensazione o copertura dei costi direttamente derivanti dal lavoro». Deve inoltre fornire i supporti tecnici necessari.

Queste indicazioni nella prassi si sono tradotte nella necessità di ricreare presso il domicilio del lavoratore una sorta di ufficio distaccato, con tanto di sedia ergonomica, strumenti dedicati e con l'installazione, al tempo molto onerosa, di linee telefoniche dedicate. Ho chiaro il ricordo di lunghe discussioni su investimenti importanti collegati al telelavoro, sulla necessità di sopralluoghi per la verifica delle condizioni di sicurezza, i tempi lunghi di avvio e l'individuazione da parte del lavoratore di una porzione fissa della propria abitazione da dedicare permanentemente a postazione di lavoro.

Tutti elementi di rigidità che hanno dissuaso aziende e lavoratori dall'utilizzo massiccio di questo strumento.

Sempre citando l'articolo di Aldo Bottini, «significativa è la previsione dell'assenza di una postazione fissa fuori dall'azienda, che vale a distinguere lo smart working (lavoro agile) dal vecchio telelavoro, chiarendo inequivocabilmente che [...] non incombe al datore di lavoro alcun dovere di allestire una postazione».

Il lavoro agile, dunque, proprio nella sua possibilità di scelta del luogo da cui lavorare, ufficio incluso, non richiede la replica di una postazione fissa, eliminando tutti gli elementi di rigidità tipici del telelavoro.

Resta ora da definire l'home working.

È un neologismo che abbiamo imparato a conoscere durante la pandemia e che indica letteralmente il lavoro da casa. Possiamo così assimilarlo a un telelavoro temporaneo, che non necessita dei medesimi investimenti; oppure, ed è la versione che preferisco, a una delle possibilità che fanno parte dell'ampio ventaglio di scelte di cui è composto il lavoro agile.

Tra i luoghi da cui è possibile lavorare, infatti, la casa è una delle alternative più frequenti, spesso quella da cui si inizia a sperimentare il lavoro agile.

La vera storia del lavoro agile: le prime sperimentazioni in azienda

A questo punto dovrebbe essere chiara la definizione di lavoro agile. Allora possiamo passare a raccontarne la storia.

Torno alle sperimentazioni che ho lanciato più di quindici anni fa nella multinazionale in cui lavoravo.

All'epoca eravamo solo alla ricerca di una soluzione per coniugare lavoro e vita privata: in Italia, dunque, il lavoro agile nasce come strumento di conciliazione.

Per di più eravamo soli: qualche altra azienda stava sperimentando in parallelo modi diversi di lavorare – Vodafone e Microsoft le aziende più riconosciute in questo campo – ma tra di noi non ce lo dicevamo ancora. Era una ricerca individuale non ancora salita alla ribalta dell'attenzione collettiva. Nei primi anni Duemila, mancavano completamente i dibattiti pubblici sull'argomento.

Forse dibattiti ed entusiasmi erano bloccati dalla delusione per lo scarso successo del telelavoro.

Il tema però iniziava a suscitare qualche curiosità così, nel settembre 2007, sono stata intervistata da una giornalista di «Repubblica», Cinzia Sasso (che, anni dopo, avrebbe fatto da tramite con il sindaco di Milano), che cercava, soprattutto nella testimonianza di donne lavoratrici, nuovi modi di intendere il lavoro. Nel rileggere l'articolo a distanza di anni mi accorgo che allora stupivano cose che oggi fortunatamente sono ritenute normali: essere direttrice del personale part-time quando ancora l'immaginario collettivo identificava il direttore del personale con un uomo totalmente dedicato alla sua azienda, generalmente un soggetto pericoloso da cui tenersi alla larga; non indossare il tailleur grigio, l'abito d'ordinanza con cui per anni le donne hanno scelto di uniformarsi ai loro colleghi uomini, quando iniziavano ad assumere ruoli prettamente maschili; lavorare sulla flessibilità d'orario, argomento ancora giudicato di scarso interesse o di poca rilevanza in azienda.

Per noi invece il tempo era centrale e le riflessioni sul suo uso erano la spinta alle prime sperimentazioni: il tempo rigido, la mancanza di flessibilità nell'orario erano ciò che rendeva faticoso il nostro lavoro. Dovevamo quindi studiare una soluzione per gestirlo in modo diverso.

Ricordo molto bene le paure di alcuni colleghi. Mi rivedo nella nostra sala riunioni mentre espongo loro le proposte di modifica degli orari e li sento evocare lo spettro di uffici vuoti alla mattina, il deserto nell'atrio dell'azienda alternati a scenari di confusione totale.

Le parole «sperimentazione» e «misurazione» si sono sempre rivelate un ottimo antidoto alla paura dei manager. Anche noi proponemmo una sperimentazione, impegnandoci a misurarla nel dettaglio.

Fu così che introducemmo la prima flessibilità, che prevedeva un orario giornaliero minimo di cinque ore, con possibilità di recuperare quelle mancanti nell'arco di un mese.

L'unico riferimento normativo, a quell'epoca, era la legge sulle disposizioni per il sostegno alla maternità e paternità, n. 53 dell'8 marzo 2000 – mi è sempre sembrato ben augurante il fatto che fosse stata approvata il giorno della festa della donna.

Questa legge introduceva, e in certi casi finanziava, il concetto di azioni positive per la conciliazione, tra le quali appunto la flessibilità oraria. Per molte lavoratrici e lavoratori della nostra azienda questa prima misura significò semplicemente avere la possibilità di assistere alle recite dei figli senza chiedere permessi particolari o poter spostare in avanti l'orario d'ingresso in ufficio evitando il traffico mattutino. Ma in realtà, proprio attraverso questa prima sperimentazione, stavamo iniziando a prendere confidenza con la possibilità di gestire il tempo; piano piano abbiamo iniziato a concepire l'orario non più come una gabbia rigida entro cui confinare il lavoro, ma come una variabile da gestire in base alle nostre esigenze.

Dopo qualche mese di controllo degli orari di entrata e uscita ricevemmo i primi dati; comparati a quelli precedenti all'entrata in vigore della sperimentazione attestavano una verità importante: non succedeva nulla di eclatante. Le curve degli orari di entrata e uscita non subivano alcuno stravolgimento.

Voleva dire che la sperimentazione non stava funzionando?

Assolutamente no, perché la misurazione in parallelo della soddisfazione di lavoratrici e lavoratori dimostrava che stavano apprezzando moltissimo la misura introdotta.

I risultati evidenziavano il fatto che, in generale, le persone variano poco il proprio orario di lavoro perché sono inserite in comunità regolate da orari standard. Hanno figli da portare a scuola il mattino, hanno impegni sociali il pomeriggio tardi, si adeguano di fatto a una vita comunitaria basata su orari uniformi. Ma le stesse persone sapevano di avere la possibilità di variare, qualora fosse loro servito o se ne avessero avuto il desiderio.

E questa possibilità dava loro serenità e conforto.

Queste evidenze sono rimaste per me la chiave per proporre, più avanti nel tempo, forme di sperimentazione sempre più evolute.

Ho sempre saputo che lavorare sulla flessibilità oraria, e più in generale introdurre il lavoro agile, non rappresenta uno sconvolgimento della vita delle aziende. Ho sempre incontrato persone che ne hanno usufruito in modo responsabile, rispettando le esigenze del datore di lavoro, in coerenza con i ritmi della comunità di cui facevano parte.

Spesso mi trovo ancora oggi a dover tranquillizzare manager spaventati dall'introduzione del lavoro agile. Allora chiedo loro: «Volete sapere che cosa succederà alla vostra azienda quando introdurrete il lavoro agile? Nulla. Niente di eclatante. Ma le persone saranno più felici».

Torno alla prima sperimentazione nella mia azienda; dalla flessibilità oraria passammo all'introduzione delle prime giornate di lavoro da casa.

Iniziammo con un uomo e una donna. Nelle giornate in cui non erano presenti mettevano davanti al computer dell'ufficio una loro foto con scritto STIAMO LAVORANDO. Bisognava infatti ricordare a tutti che non erano in vacanza o in malattia, ma che stavano lavorando da un luogo diverso: dovevano quindi essere contemplati nelle riunioni, nell'attribuzione dei compiti, negli aggiornamenti quotidiani.

I loro racconti sono ancora oggi toccanti. Parlarono subito di tempo ritrovato, di possibilità di fare cose che la vita d'ufficio precludeva, di capacità di tenere finalmente insieme pezzi della loro vita privata.

La donna poteva finalmente accompagnare i figli a scuola il mattino. Negli anni precedenti, per prendere il treno, aveva sempre dovuto uscire di casa quando i bambini ancora dormivano.

L'uomo raccontava come finalmente i suoi genitori avessero ritrovato qualche giorno di libertà dal loro ruolo di babysitter, potendo riprendere le partite di carte al bar, sospese per la mancanza di tempo.

Da subito emersero anche i primi dati empirici di aumento della produttività.

La donna si occupava della codifica dei prodotti. Doveva creare appositi codici ogni volta che veniva lanciato un prodotto nuovo, o un prodotto già esistente veniva variato o venduto in un nuovo mercato; aveva la responsabilità di tutti i mercati esteri dell'azienda.

Quando era fisicamente in ufficio, per poter prendere in tempo il treno del pomeriggio, doveva tassativamente spegnere il computer entro una certa ora; ciò significava che, per i mercati asiatici, l'apertura dei codici veniva sistematicamente rimandata al giorno successivo. Quando lavorava da casa invece riusciva a farlo nell'arco della stessa giornata. Le bastava organizzare il tempo in modo diverso, interrompendo il lavoro nel corso della giornata, per riprenderlo poi il pomeriggio tardi, in orari funzionali al fuso dei mercati asiatici.

Fu subito evidente che lo strumento di conciliazione che stavamo mettendo a punto stava generando maggiore produttività.

In una sorta di *serendipity*, ricercando il bilanciamento tra vita privata e vita professionale avevamo trovato un modo per incrementare la produttività.

Dalle sperimentazioni al primo accordo sindacale

In azienda iniziava a serpeggiare curiosità per gli esperimenti e aumentava il numero delle colleghe e dei colleghi che si candidavano a provare.

Anche all'esterno il tema diventava interessante. In un'intervista del 2009 per il «Corriere della Sera» di Rita Querzè ritrovo ancora lo stupore di fronte a una direttrice del personale part-time e il lavoro agile definito «telelavoro».

Ma era ormai «più che una sperimentazione. Ci sono colleghi che lavorano due giorni su cinque in azienda e tre a casa. Chiunque può decidere di lavorare una giornata da casa se lo ritiene più comodo», si legge nell'articolo.

Dalla nostra azienda la prassi iniziava a espandersi anche ad altre aziende del gruppo. E arrivavano i primi accordi con le rappresentanze sindacali.

Con loro arrivò anche il nome. Finalmente iniziammo a chiamare le nostre sperimentazioni «lavoro agile». Purtroppo, non è mia la maternità del nome. Fu l'allora responsabile delle relazioni industriali del gruppo, a coniarlo. Voleva un aggettivo che lo distinguesse chiaramente dal telelavoro. Era una modalità che non conosceva ancora fino in fondo, una sorta di ibrido, con confini ancora incerti. «Agile» gli dovette sembrare abbastanza indefinito da poter essere usato senza problemi nei primi accordi, preparatori al contratto collettivo. A me sembrò solamente un aggettivo bellissimo.

All'inizio del 2012 la mia azienda firmò l'accordo integrativo in cui si introduceva per la prima volta l'espressione lavoro agile, sottolineando «l'importanza del telelavoro che si intende sviluppare ulteriormente nella sua articolazione di lavoro agile attualmente in fase di sperimentazione».

Sempre nel 2012 arrivò il primo accordo nazionale che per anni rimase guida e riferimento di chi si avventurava nelle prime sperimentazioni.

Con il passare degli anni, infatti, furono siglati molti altri accordi: nel 2014 Intesa Sanpaolo, nel 2015 Barilla, General Motors, BNL, Zurich, Banca Etica, BNP Paribas e SNAM.

Quello siglato dalla mia azienda è ancora oggi significativo per la rilevanza di alcuni aspetti.

Il lavoro agile viene identificato come strumento per migliorare il *work-life balance*, ovvero l'equilibrio tra lavoro e vita privata; è di fatto inserito in un articolato modello di welfare aziendale, che comprende diverse iniziative di conciliazione, per rendere famiglia, vita privata e lavoro dimensioni non più incompatibili.

Poche righe più sotto però l'accordo specifica chiaramente che le politiche di *work-life balance* non sono esclusivo appannaggio femminile, ma assumono una connotazione trasversale, senza distinzione di genere, per agevolare le pari opportunità.

Sin da subito il concetto di strumento di pari opportunità cominciava ad affiancarsi alla dimensione iniziale di conciliazione.

L'accordo ha un altro importante pregio, quando mette in evidenza ciò che era emerso dalle prime sperimentazioni. Ovvero che le persone che lavorano in modo agile incidono sull'intera organizzazione aziendale e sul suo funzionamento, migliorandolo.

Testualmente, infatti, dice che il lavoro agile può «contribuire a rafforzare la cultura della performance, la responsabilità individuale, la fiducia reciproca».

A distanza di anni rileggo con emozione le parole «responsabilità», «fiducia», che sono ancora oggi legate al senso più profondo del lavoro agile. Forse eravamo davvero troppo in anticipo sui tempi perché fosse inclusa anche la parola «felicità».

Un ulteriore aspetto che mi colpisce di quell'accordo, a differenza dei molti che ancora oggi mi capita di leggere, è che non viene fissato il numero massimo di giornate lavorabili in modalità agile, ma vengono solamente forniti alcuni esempi esplicativi.

Secondo un'indagine del 2017 di E.L.E.N.A (progetto di analisi e valorizzazione del lavoro agile voluto dal Dipartimento per le pari opportunità della presidenza del Consiglio dei ministri con l'ausilio dell'Università Bocconi) le uniche aziende che non prevedono questa limitazione sono Nestlé, Mars Italia e Microsoft; le altre tredici grandi aziende analizzate riportano nei loro regolamenti il contingentamento delle giornate da effettuare in lavoro agile.

Lo spirito di libertà individuale unito alla responsabilità di coordinarsi con le esigenze dell'azienda, in un clima di reciproca fiducia, hanno sempre permeato le sperimentazioni del mio gruppo, che si contraddistingue ancora oggi per avere una delle policy più avanzate.

In generale, negli accordi che iniziarono a nascere cinque anni dopo il nostro, l'aspetto preponderante era sempre la conciliazione tra tempi di vita e lavoro delle persone; in molti però si iniziava a parlare di un cambiamento della filosofia organizzativa e di gestione; e trovavano spazio parole come «autonomia», «fiducia», «responsabilità», «dialogo», «cultura della performance», «efficienza organizzativa».

Solo SNAM aveva già allora individuato e indicato la riduzione dei costi aziendali come altro fattore positivo.

Il lavoro agile diventa politica pubblica

Gli anni in cui vengono firmati i primi accordi delle grandi multinazionali sono quelli in cui io ho interrotto la mia esperienza in azienda e iniziato a lavorare come assessora per il Comune di Milano.

Tra le altre deleghe avevo anche quella del personale, così iniziai a introdurre nel mio nuovo contesto lavorativo concetti di flessibilità oraria.

In comune l'orario era rigidissimo. Appresi con sconcerto che a chi arrivava in ritardo di soli cinque minuti venivano trattenuti quindici minuti dall'orario complessivo; mi sembrò non solo una misura anacronistica, ma un vero e proprio «furto di vita». Iniziammo abolendo questa regola iniqua e inserendo un minimo di flessibilità oraria di ingresso.

Anche nel pubblico, come già avevo appreso nel privato, la parola magica per aprire le porte ai cambiamenti era «sperimentazione». E allora ne lanciammo subito una.

Nel 2012 le quattrocento lavoratrici e lavoratori del settore risorse umane iniziarono ad applicare la medesima flessibilità che avevo già visto funzionare in azienda, ovvero una presenza giornaliera di cinque ore e la possibilità di compensare le ore mancanti nel mese successivo.

La sperimentazione fu inserita all'interno del piano regolatore degli orari, lo strumento di programmazione dei tempi della città che i comuni sopra i trentamila abitanti hanno l'obbligo di redigere.

A Milano non veniva aggiornato dal 1994. In quegli anni la città si era distinta proponendo per prima un piano estremamente innovativo che conteneva riflessioni lungimiranti e sperimentazioni importanti, come per esempio Milano Aperta d'Agosto.

Incentrammo il piano del 2016 sull'uso del tempo. Nel documento le linee strategiche definivano Milano come una «città che vuole dare spazio al tempo»; era una visione che metteva al centro la persona – cittadine e cittadini in questo caso – e con lei la sua vita piena; tra le finalità venivano indicate la qualità della vita come dimensione spazio-temporale della metropoli milanese, la conciliazione vita-lavoro e concetti innovativi come «ricomporre nei luoghi pubblici le rigidità temporali» e «dare spazi pubblici di vita per non frantumare la persona».

Tra i progetti concreti ricordo Scuole Aperte (la possibilità di utilizzare gli edifici scolastici in orari extracurricolari), progetto che comprendeva anche uno dei primi esperimenti di video call – oggi ci farebbe sorridere – tra i genitori degli studenti fuori sede dell'Accademia Teatro alla Scala e i docenti del liceo comunale Manzoni che la ospitava; Vivere Strade e Cortili (a valle dell'inserimento nei regolamenti edilizi e della polizia municipale del divieto di vietare il gioco dei bambini nei cortili condominiali); il progetto Cinemamma (proiezioni mattutine di film con la possibilità di portare in sala figli neonati) e la flessibilità degli orari in comune già descritta. Che proseguì dopo la prima sperimentazione, allargandosi a tutto il personale.

Il piano contemplava anche l'attivazione del lavoro agile. Mi accorgo ora che ripetei gli stessi passi compiuti in azienda, passaggi ancora oggi necessari per introdurlo in un'organizzazione. L'avvio della flessibilità oraria, infatti, è propedeutico alla possibilità di lavorare in modo diverso; ed è anche il primo passo verso la riappropriazione del tempo.

Mentre lavoravamo sugli orari interni del comune capii però che bisognava portare il tema del lavoro agile a un livello più alto. Mi trovavo nella posizione giusta, con la possibilità irripetibile di testare questo nuovo modo di lavorare a livello cittadino.

Stavo intuendo che i benefici che avevo visto nascere nelle sperimentazioni aziendali avrebbero potuto essere davvero ingenti se proiettati su una scala vasta come quella della città di Milano. E così nacquero le Giornate del Lavoro Agile.

In realtà lo stimolo arrivò, nel 2013, da un incontro fortuito sulle scale del palazzo RAI di corso Sempione con Luca Mercalli, il divulgatore scientifico che allora partecipava a un noto programma televisivo. In un breve scambio di battute lo informai che avevo a cuore il tema di un lavoro diverso, che potesse avere un effetto sulla città e sull'ambiente e lui mi disse: «Se fate una giornata a Milano sul telelavoro (*sic!*) ve la lancio io nella mia trasmissione».

Così iniziammo a lavorarci. Avevamo istituito un ufficio apposito, l'Ufficio tempi del Comune di Milano, guidato da Grazia Risicato. Serbo nella memoria l'emozione del momento preciso in cui mi imbattei in Grazia. Fino ad allora assegnata a un ruolo diverso, mi raccontò che era stata lei a stilare il primo piano territoriale, anni addietro. Mi trasmise la sua passione per l'argomento e io rimasi colpita dalla profondità delle sue competenze, incrociate per caso e pronte a essere meglio impiegate. È un'esperienza che ho poi rivissuto più volte. Il Comune di Milano è un'organizzazione ricca di persone competenti, che hanno lavorato a progetti di grande significato per la città, spesso pronte a rimettersi in gioco con abnegazione, appena ne viene data loro la possibilità.

Avevamo istituito anche un comitato scientifico, composto dalle principali università milanesi, e ci avvalevamo della preziosa consulenza di Marco Maggi, un grande esperto in materia di tempi e orari.

Nei mesi di preparazione della prima giornata le aziende interessate all'iniziativa furono più di cento e al protocollo per il suo lancio aderirono le principali sigle sindacali e di rappresentanza.

Il 6 febbraio 2014 si tenne la prima Giornata del Lavoro Agile, con numeri di adesione altissimi che confermarono l'interesse per il tema.

In comune duecento persone si offrirono per la sperimentazione. Le aziende che aderirono furono 97,7 gli enti. Il 48% sperimentava il lavoro agile per la prima volta. I lavoratori coinvolti furono più di 5500. L'iniziativa fu sin da subito non solo milanese, parteciparono infatti anche il Comune di Torino e aziende di Parma e Cremona.

Le persone lavorarono per l'89% da casa, ma già il 7% scelse una sede distaccata del proprio ufficio e il 4% luoghi diversi, tra cui sedi di clienti, luoghi pubblici, case di parenti, amici, hotel e qualche primo spazio di coworking.

La prima giornata ci permise di misurare dati significativi: in quel giorno vennero evitati 150.000 chilometri percorsi con mezzi di trasporto individuale, con un risparmio di 13.000 litri di carburanti fossili e di 33 tonnellate di anidride carbonica emessa in atmosfera.

Fu soprattutto la media di tempo risparmiato dalle persone a colpirci: 112 minuti, quasi due ore.

Nel documento di sintesi redatto dal Comune di Milano furono calcolate 2600 ore complessive risparmiate; e il vantaggio che ne derivava venne spiegato con questo esempio ipotetico: «Ci si è liberati di un tempo obbligato – quello dello spostamento casa-lavoro – per dedicarlo ad altre attività: se pensiamo a un paio d'ore per andare in piscina o a correre, la Giornata del Lavoro Agile ha incrementato per 1300 persone gli accessi ai centri sportivi, in un solo giorno!».

Il dato di questo tempo prezioso risparmiato finì nei titoli dei molti articoli di giornale che raccontarono la giornata e ci convinse a proseguire con la sperimentazione.

Che andò avanti nel 2015 e nel 2016, anno in cui le aziende coinvolte diventarono 170 e i lavoratori più di 10.000. La giornata del 2015 fu annunciata sulla RAI da Luca Mercalli, che mantenne così la sua promessa.

Le prime sperimentazioni riuscirono nell'intento originario di suscitare attenzione sul tema. Il lavoro agile iniziò ad assumere un'identità pubblica e le aziende sperimentatrici a trovare uno spazio di confronto, una cornice comune in cui inquadrare il nuovo modo di lavorare.

Il Comune di Milano ha portato avanti l'iniziativa delle Giornate del Lavoro Agile anche negli anni successivi al mio mandato. L'assessora Cristina Tajani le ha trasformate in Settimane del Lavoro Agile, continuando a mantenere alta l'attenzione sul tema.

Nel 2019 le aziende coinvolte sono state 446, abbracciando un numero complessivo di oltre 53.000 lavoratori, a testimonianza di un interesse sempre crescente.

In seguito, altre città hanno replicato l'iniziativa: Roma il 13 dicembre 2018; Bologna il 24 ottobre 2019.

Verso la prima legge sul lavoro agile

Ogni anno, alla fine delle Giornate del Lavoro Agile, eravamo soliti fare un convegno per analizzare e capire il fenomeno che stavamo promuovendo. Erano sempre molto partecipati, moltissime le aziende presenti per raccontare cosa stavano facendo e ascoltare i progressi delle altre.

È importante ricordare che in quegli anni non esisteva ancora una legge che riconosceva questa fattispecie lavorativa e le aziende dovevano necessariamente procedere con cautela, attraverso esperimenti e accordi aziendali. Sebbene la notorietà del lavoro agile iniziasse ad aumentare, il fenomeno rimaneva ancora poco conosciuto nel nostro paese.

Un'indagine di Eurofound-ILO del 2017 mostra che, a livello europeo, la media di cittadini e cittadine che nel 2015 praticavano il lavoro agile era del 17%, mentre per l'Italia il dato si fermava al 7%; alcuni paesi, come Danimarca, Svezia e Paesi Bassi, raggiungevano punte di oltre il 30%.

Uno degli effetti più importanti dell'aver sollevato la necessità di lavorare in modo diverso è aver facilitato la nascita del testo di legge che arrivò nel 2017.

Diversi convegni milanesi, eventi collaterali delle giornate, ospitarono giuristi e avvocati che dibattevano gli aspetti da normare. Un'interlocuzione fondamentale si rivelò quella con INAIL, che espresse la necessità di riconoscere con una norma apposita l'esistenza di questa fattispecie lavorativa, per poterla inserire nei suoi regolamenti e, di conseguenza, assicurare.

Ai convegni fu più volte invitato Maurizio Del Conte, professore di diritto del lavoro, allora presidente dell'Agenzia nazionale delle politiche attive del lavoro, che redasse il testo della proposta di legge in seguito approvata.

Il lavoro agile trovò spazio anche nell'ambito della pubblica amministrazione. La direttiva n. 3 del 2017 – il cosiddetto «decreto Madia» – conteneva regole finalizzate a promuovere la conciliazione dei tempi di vita e di lavoro e richiamava espressamente la legge appena approvata, aprendo le porte alle prime sperimentazioni di lavoro agile, indicato, insieme al termine equivalente smart working, come una nuova modalità spazio-temporale di svolgimento della prestazione lavorativa e «all'introduzione di nuove modalità di organizzazione del lavoro basate [...] sulla valutazione per obiettivi».

Fissava poi, con un approccio impensabile nel privato, ma molto efficace nella pubblica amministrazione, un obiettivo minimo di almeno il dieci per cento del personale in grado di usufruire della nuova modalità lavorativa, contribuendo non poco ad allargare la platea generale di lavoratrici e lavoratori che iniziarono a beneficiare del lavoro agile.

Che comunque rimase, nel pubblico come nel privato, un fenomeno poco diffuso.

Fino a marzo 2020. Quando, con il primo lockdown, nel nostro paese lavoratrici e lavoratori agili passarono improvvisamente da meno di mezzo milione a più di otto milioni.

La pandemia del 2020 ha impresso al lavoro agile un'accelerazione inimmaginabile anche solo qualche mese prima. Un argomento di nicchia è diventato di colpo conosciuto da tutti.

Milioni di persone hanno sperimentato per la prima volta la possibilità di lavorare senza recarsi in ufficio; nel giro di poco hanno imparato a lavorare da remoto, iniziando a usare nuove tecnologie, che hanno svolto egregiamente il loro ruolo. Call, meeting su Zoom, Google Teams, chat di WhatsApp sono entrati nel linguaggio comune, modalità diffuse di organizzare il lavoro di gruppi che non condividevano più uno spazio comune. Gli uffici, e i centri delle città, si sono svuotati.

La maggior parte delle persone ha conosciuto il lavoro agile nella sua versione più limitata, associandolo alla restrizione, alla limitazione della libertà di movimento, alla ripetitività ossessiva della reclusione in casa. Le donne, che per prime ne avevano capito e sperimentato le potenzialità, hanno rischiato di soccombere sotto il carico eccessivo del lavoro casalingo assommato a quello professionale.

Paradossalmente la maggior parte delle persone ha conosciuto la libertà che il lavoro agile porta con sé nel momento di massima limitazione della libertà individuale. E lo ha giustamente confuso con il lavoro da casa.

Eppure, nonostante quest'esperienza soltanto parziale, le persone si sono rivelate entusiaste: da sempre le ricerche dimostrano che chi si avvale del lavoro agile ne apprezza subito i vantaggi e non vuole più tornare indietro. Ma anche i sondaggi eseguiti nel corso del 2020 hanno evidenziato un largo favore verso questo modo di lavorare.

Intuitivamente le persone hanno capito che lavorare in modo diverso non solo è possibile, ma altamente auspicabile. Hanno colto lo stretto legame tra lavoro agile e felicità.

La nostra breve storia del lavoro agile si conclude proprio nel momento in cui esso è al centro della vita di moltissimi di noi; e sembra destinato a rimanerci per molto tempo.

È un momento di grande confusione, di trasformazione e di incertezza. Ma anche di grandissime opportunità.

Perché del lavoro agile dobbiamo ancora conoscere moltissimi aspetti e capirne a fondo le piene potenzialità.

3.
RESPONSABILITÀ, FIDUCIA, FELICITÀ: TRE PAROLE CHIAVE

Il ribaltamento di un paradigma

Quando impariamo a lavorare in modo diverso incontriamo subito tre parole che sono al cuore del lavoro agile: *responsabilità*, *fiducia* e *felicità*. Cerchiamo di esplorarne il significato e di capirne il nesso.

Il lavoro agile richiede, in estrema sintesi, di lasciare alla persona la possibilità di decidere quando e dove lavorare. Dietro la semplicità di questo assunto si cela una rivoluzione copernicana del paradigma del lavoro subordinato, il ribaltamento della visione che fa della presenza fisica una necessità imprescindibile.

La necessità di essere presenti fisicamente nel luogo di lavoro è figlia di un'esigenza reale. All'inizio del secolo scorso il lavoro nelle fabbriche richiedeva azioni manuali e interventi fisici su macchinari da parte di lavoratrici e lavoratori. Prima dell'avvento dei computer, anche il lavoro negli uffici era manuale: i documenti venivano redatti a mano o a macchina – non a caso la carta e la cancelleria erano un elemento centrale nelle voci di spesa delle aziende – e le riunioni dovevano per forza essere organizzate in stanze sufficientemente grandi da contenere un cospicuo numero di persone. Anche nel settore dei servizi e del commercio, prima della digitalizzazione e dell'avvento dell'e-commerce, l'incontro fisico con i clienti in uno spazio reale era imprescindibile.

Nel tempo, questa esigenza ha iniziato a venire meno, superata dall'avvento di tecnologie che hanno cambiato profondamente la natura del lavoro.

Cambiamento che, però, non è riuscito a intaccare la cultura dominante: ancora oggi persiste la cultura del presenzialismo, anche se la necessità di presenza fisica sta diminuendo. Una cultura che troppe aziende continuano ad alimentare, e a premiare. La presenza vince ancora su un concetto di meritocrazia legata unicamente al raggiungimento dei risultati, a prescindere dal luogo e dall'orario in cui essi vengono raggiunti.

La necessità di essere presenti fisicamente è un retaggio del secolo scorso. Un'ancora a cui si aggrappano manager poco capaci di delegare e organizzare il lavoro delle persone. Una scelta di comfort, del «si è sempre fatto così», un argine alla paura di perdere il controllo sull'operato di lavoratrici e lavoratori.

Il lavoro agile scardina questa cultura e smette di fondare l'assunto base del lavoro sulla presenza fisica. Dà invece alle persone il compito di organizzarsi e di gestire in autonomia il proprio lavoro.

E richiede come primo requisito la responsabilità.

Le persone che lavorano agilmente, a qualsiasi livello della scala gerarchica si trovino, diventano pienamente responsabili del raggiungimento degli obiettivi assegnati.

Sono loro che decidono il tempo e il luogo migliori perché maturino i risultati richiesti.

Il lavoro di tutti si basa sulla responsabilità individuale della singola persona che opera in un contesto di persone a loro volta responsabili. In un'organizzazione più o meno complessa, infatti, i risultati dei diversi lavoratori sono sempre interdipendenti. Quando viene assegnata ai singoli, la responsabilità si diffonde in tutta l'organizzazione e il controllo incrociato dei risultati spinge a una migliore gestione del lavoro complessivo.

Responsabilità

Il lavoro agile, dunque, prende le mosse dalla responsabilità individuale.

Quando lavorano agilmente, in luoghi e tempi diversi, le

persone conoscono gli obiettivi delle loro mansioni. Poiché nel loro lavoro interagiscono con altri, da soggetti adulti e responsabili quali sono, imparano a organizzarsi per raggiungere i propri obiettivi.

Sanno quando è necessario andare in ufficio per una riunione importante, per avere accesso a informazioni utili o perché una fase del loro compito richiede di condividere del tempo con le persone con cui collaborano direttamente. Sanno quando il lavoro richiede concentrazione e decidono di trascorrere parte del loro tempo in una biblioteca o, quando possibile, nel silenzio della loro abitazione. Sanno quando la vita privata richiede maggiore presenza e hanno capito come compensare questi momenti lavorando in orari diversi. Giocano con il tempo e con lo spazio per raggiungere i risultati che devono – e soprattutto vogliono – ottenere.

Questo modo diverso di lavorare implica che la volontà individuale assuma responsabilità, ma anche che la volontà dell'organizzazione riconosca alle persone la capacità di essere responsabili.

E qui arriva uno dei punti più delicati.

All'interno delle organizzazioni, spesso le persone non sono trattate da adulti responsabili. Più frequentemente sono considerate esseri «dipendenti». E così vengono definite.

È una parola che aborro. Ho sempre cercato di evitarla nelle comunicazioni aziendali e non la uso mai nei contesti in cui lavoro.

Perché credo nel potere delle parole, nella loro capacità di forgiare le realtà.

Nel tempo questa definizione ha ampiamente trasceso la connotazione del rapporto contrattuale che lega una persona alla sua azienda e si è trasformata in un sostantivo identitario. Se ci rivolgiamo a una persona chiamandola «dipendente», vuol dire che è così che la vediamo, un essere che *dipende* da noi, dalle nostre decisioni.

I manager che definiscono così le persone che lavorano con loro le stanno trasformando in oggetti e finiscono per vederle come persone incapaci di decidere in autonomia, rendendo difficile il processo di delega. Chi avrebbe voglia di delegare una responsabilità, magari importante, a una persona che dipende da lui?

L'abitudine di usare questa parola è rischiosa anche per un altro motivo: è un modo per infantilizzare gli adulti. Perché in fondo sono i bambini che dipendono dai genitori.

E allora, ancora, chi delega decisioni importanti, chi discute e condivide le strategie con i bambini?

L'ansia di controllo è una naturale conseguenza di questa visione.

Se l'azienda si divide rigidamente tra manager che devono prendere decisioni e persone che dipendono da loro – con il paradosso che ogni singolo manager è visto a sua volta dal manager di livello più alto nella scala gerarchica come qualcuno che dipende dalle sue decisioni – è chiaro che il metodo più semplice per gestire quelle persone è confinarle in un unico luogo fisico, tendenzialmente nello stesso orario. Persone così necessitano di un luogo e di un orario definito per ricevere le istruzioni da cui dipendono.

A me tutto ciò ricorda la scuola o, per certi versi, addirittura l'asilo.

Sono convinta invece che le aziende, e le organizzazioni in generale, siano un agglomerato di persone adulte che, in modalità adulta, devono potersi relazionare tra loro per portare avanti l'attività che hanno scelto di fare.

Sono convinta che le persone debbano essere trattate da adulte e responsabili del proprio lavoro.

Il lavoro agile fa breccia proprio nel rapporto tra persona e azienda e, scardinandone un elemento centrale – la scelta di spazio e tempo in cui lavorare – apre la strada alla responsabilità.

Se ho la possibilità di scegliere il luogo e l'orario in cui lavorare, viene lasciata alla mia sola responsabilità individuale la garanzia che, proprio attraverso quella mia scelta libera, io produca i risultati che l'azienda si aspetta da me.

I commenti raccolti durante la prima Giornata del Lavoro Agile di Milano mettono bene in evidenza la percezione di autonomia e responsabilità di chi si è trovato, anche solo sporadicamente, a lavorare agilmente.

Eccone alcuni.

> [Il lavoro agile] permette una gestione del tempo senza eguali e una maggior responsabilizzazione per il raggiungimento dei propri obiettivi
>
> È un mix di attività e un mix di luoghi di svolgimento più interessante, divertente e comunque efficace per il raggiungimento degli obiettivi lavorativi
>
> Un'iniziativa intelligente che diffonde una nuova cultura di gestione del tempo produttivo [...] e lega l'attività ai risultati e non alle ore investite
>
> Un risparmio di tempo per lo spostamento [...] e raggiungimento dei risultati con maggiore motivazione e responsabilità

La responsabilità che richiede e offre il lavoro agile è ampia.

È la responsabilità di capire come organizzare il proprio lavoro, quando è importante presenziare fisicamente a una riunione, quando invece basta un collegamento da remoto per condividere velocemente le informazioni necessarie; è la responsabilità di costruire giorno per giorno un'agenda efficace, finalizzata ai risultati che si vogliono raggiungere; è la responsabilità di allocare il tempo nel migliore dei modi possibili, per rispettare le scadenze condivise.

È la stessa responsabilità che sperimentiamo quotidianamente nella vita adulta al di fuori dell'azienda, quella che ci permette di gestire famiglie complicate, di organizzare viaggi e coltivare passioni; quella che ci consente di essere cittadine e cittadini attivi e responsabili, parte di una comunità più grande; che ci fa rispettare le scadenze della vita e onorare i diversi impegni che siamo chiamati di volta in volta ad assumere.

Il lavoro agile in fondo non fa altro che aprire uno spazio per portare con forza questa responsabilità anche all'interno dell'azienda.

La domanda che manager titubanti ancora oggi mi rivolgono è: «Ma se una persona non è qui con me in ufficio, come faccio a sapere se sta lavorando?».

Le risposte sono più di una.

La prima – e la più lineare – è che non è importante sapere se la persona sta lavorando. È importante sapere se rispetterà la data di consegna pattuita per il compito che le è stato affidato; e, soprattutto, se produrrà un risultato di qualità.

Ma la risposta che preferisco utilizzare è un'altra domanda: «E tu come fai a sapere che in ufficio quella persona lavora?».

Davvero: come si può pensare che la presenza fisica sia garanzia di impegno nel lavoro? Confondere la responsabilità di portare a casa un risultato con l'essere fisicamente in un luogo?

È altamente improbabile che chi gestisce persone riesca a controllarle a vista. Sono ricordi del passato gli uffici in cui tutte le scrivanie venivano allineate verso quella del responsabile del reparto che, magari dietro un vetro, poteva con uno sguardo verificare che le teste fossero chine sulle macchine da scrivere.

Anche ammettendo che il controllo a vista sia possibile, chiunque può oggi, anche a distanza di una sola scrivania, passare inosservato parte del proprio tempo navigando a piacere su siti internet che nulla hanno a che vedere con il suo lavoro.

C'è una contraddizione che mi colpisce molto. Manager ossessionati dal controllo tollerano riunioni in cui i partecipanti hanno la possibilità di usare il computer o il telefono personale.

Ripenso alle riunioni mensili di allineamento strategico nell'ultima azienda in cui ho lavorato.

La sala è grande e allungata; due delle quattro pareti sono vetrate a tutta altezza, la terza è interamente ricoperta da uno schermo che proietta presentazioni e numeri. Al centro un grande tavolo rettangolare che occupa quasi tutta la superficie della stanza.

Intorno a esso una ventina di manager, la maggior parte con il computer portatile aperto davanti a loro, alcuni con il cellulare in bella vista sul tavolo.

Le persone che vengono invitate a presentare un argomento stanno in piedi sul lato corto del tavolo, spalle allo schermo; la loro più grande fatica non è argomentare le proposte, ma catturare l'attenzione dei presenti, quasi esclusivamente indaffarati a digitare sui loro apparecchi elettronici. Con una profusione esagerata di energie e una dispersione inimmaginabile di tempo.

Paradossalmente consideriamo accettabile e rassicurante una presenza fisica che mostra in modo evidente la non piena partecipazione intellettuale ed emotiva, e ci preoccupiamo invece per la produttività, l'efficienza e quindi la necessità di controllo di una persona che non è fisicamente in ufficio.

È evidente che la presenza fisica è un puro fatto formale rispetto al reale coinvolgimento della persona con il proprio lavoro. Ma, essendo il centro del paradigma di lavoro inculcato nel nostro sistema di pensiero, è rassicurante.

Essere fisicamente in ufficio è considerato un elemento fondante del legame con il lavoro; nella percezione comune chi è in ufficio sta lavorando, anche se non possiamo sapere che cosa stia effettivamente visualizzando sullo schermo del computer né possiamo distinguere se, durante la riunione, prende appunti sul tema oggetto della discussione o risponde a e-mail private.

Esiste un livello ancora più profondo su cui vale la pena interrogarci, se pensiamo che la presenza fisica sia l'unica garanzia di controllo del lavoro.

Immaginiamoci in una riunione in cui si sia deciso – per una sorta di galateo che auspicherei diventasse la norma – che non sono ammessi i computer e che i cellulari devono essere lasciati in bell'evidenza sul tavolo, utilizzabili solo per emergenza. Immaginiamo che tutti stiano guardando la persona che ha preso la parola. Come possiamo essere certi che tutti stiano ascoltando? Come possiamo pensare davvero di entrare nella mente di persone, che, in quel momento, potrebbero essere annoiate, demotivate o avere in qualche modo un atteggiamento oppositivo verso l'azienda?

La presenza fisica in un determinato luogo non coincide con la presenza mentale necessaria per essere positivamente coinvolti nel lavoro.

L'unica garanzia di presenza nel senso pieno del termine è la responsabilità della singola persona. Che decide scientemente di essere presente, innanzitutto con la testa, al lavoro che è chiamata a portare a termine.

Nella scelta tra presenza fisica di menti distanti e presenza mentale di persone fisicamente lontane, non ho il minimo dubbio.

Vorrei lavorare sempre con persone dislocate in luoghi diversi, ma con la presenza mentale e il coinvolgimento suscitati da un lavoro che le appassiona.

Vorrei non dover più perdere neanche un minuto in riunioni con persone vicine ma lontane mentalmente, con la fatica estenuante di cercare di catturare un briciolo della loro attenzione.

Vorrei poter lavorare con persone responsabili, che sanno scegliere il tempo e il luogo per poter esserci davvero, mentalmente innanzitutto, fisicamente solo nelle occasioni in cui la presenza fisica ha un senso.

Fiducia

La responsabilità individuale riesce a trovare spazio in un contesto lavorativo solo quando incontra la fiducia.

Le persone, cioè, devono essere in condizione di dimostrare il proprio senso di responsabilità. Devono ricevere la fiducia necessaria per poterlo esprimere.

Ma questo è un passaggio stretto. Un vero e proprio blocco. Una delle resistenze più forti al nuovo modo di lavorare.

Mi capita spesso di affrontare nei miei canali social il tema del lavoro agile. Tra i commenti che ricevo, molto numerosi sono quelli in cui le persone denunciano una profonda mancanza di fiducia.

Alcuni esempi.

> Fino a quando ci saranno dirigenti che non si fidano dei propri impiegati che lavorano in smart, andremo poco lontano, purtroppo
>
> In Italia la cultura del controllo del dipendente è ancora dura a morire
>
> Mancano i manager, quelli veri, quelli che capiscono il vero significato della delega, che capiscono che il risultato aziendale e individuale non dipende dal presenzialismo...

Nella mia esperienza ho sempre incontrato più persone desiderose di assumersi la responsabilità di gestire il proprio lavoro che manager disposti a dare loro fiducia.

È un atteggiamento sbagliato, ma in parte comprensibile. Nelle strutture ancora fortemente gerarchizzate del mondo del lavoro, la responsabilità è rivolta verso i vertici aziendali. Sono i manager più in alto nella scala gerarchica a essere investiti della responsabilità dei risultati.

Sono poche le aziende che hanno un sistema di attribuzione degli obiettivi diffuso lungo tutta la struttura. I manager quindi non si fidano e faticano ad allentare il controllo. Anche se la delega è il primo insegnamento impartito a chi si accinge a guidare una squadra di persone, nei fatti è davvero uno strumento poco applicato.

Ci sono amministratori delegati che decidono i testi degli inviti alle feste natalizie, altri che firmano importi di spesa ridicoli; manager che, dopo anni, correggono le comunicazioni dei loro collaboratori prima che possano inviarle o che rispondono a qualsiasi e-mail, anche se sono solo destinatari in copia.

È comprensibile che un modo di lavorare come questo, così incentrato sul controllo e sulla scarsa delega, fatichi ad accettare persone fisicamente distanti. Che abbiano la responsabilità di attivarsi in autonomia su quanto è di loro competenza, cercando la relazione, fisica o virtuale, solo nel momento di reale necessità.

Cambiare modo di lavorare, però, è necessario se si vuole rimanere al passo con un mondo che sta imboccando un'altra strada, con una nuova sensibilità votata al futuro.

Il cambiamento riguarda tutti: è possibile cambiare solo se tutte le parti coinvolte si mettono in discussione. Le singole persone, che devono voler compiere una scelta di responsabilità; e le aziende, che devono dare spazio alla fiducia, lavorando sulla cultura manageriale, sul clima e sulla qualità delle relazioni personali.

Il comunicato con cui, nel 2012, la mia azienda annunciava l'accordo sul lavoro agile, sancendo la fine delle sperimentazioni e proponendolo come modalità consolidata di lavoro, si chiudeva con questa riflessione: «La sfida è ora diventare anche agili nel modo di pensare, creando un clima di fiducia reciproca e avendo sempre presente che il raggiungimento del risultato e il focus sulle priorità non sono legati alla presenza fissa in ufficio».

Felicità

La fatica del cambiamento è ampiamente ripagata. Insieme alle due nuove parole – responsabilità e fiducia – ne emerge una terza: felicità collettiva. L'aggettivo è importante quanto il sostantivo. Parliamo infatti di una felicità che inizia a permeare l'intera cultura aziendale.

È emozionante rendersi conto che un cambiamento che interessa il singolo riesce a mettere in moto un cambiamento più grande, che si ripercuote sugli altri.

La responsabilità chiede fiducia, la fiducia lascia spazio alla responsabilità ed entrambe aprono la strada a una maggior felicità. Cambiando modo di lavorare si lavora meglio individualmente, si vive meglio ma si genera anche una maggior soddisfazione per tutte le parti in gioco. E nasce una felicità più ampia di quella individuale, la felicità collettiva. Che è l'effetto indiretto degli innumerevoli benefici che il lavoro agile è in grado di generare.

Di questi parleremo a lungo, impareremo a riconoscerli e vedremo quanto è ampia la loro portata; capiremo anche

che il percorso che stiamo compiendo non li ha ancora rivelati tutti, molti altri devono ancora essere scoperti.

Per ora ci basti sapere che il lavoro agile pone le sue fondamenta su tre pilastri fondamentali: responsabilità, fiducia e felicità. Ma mentre dei primi due ci dobbiamo occupare attivamente, il terzo è un effetto positivo che vediamo realizzarsi sotto i nostri occhi, come una semplice conseguenza.

Voglio fare un'ultima riflessione su queste tre parole.

Abbiamo capito che responsabilità, fiducia – e felicità – sono i presupposti per un cambiamento radicale di paradigma lavorativo. Sono il terreno fertile su cui nasce un nuovo modo di lavorare.

Le stesse tre parole definiscono anche lo stile di leadership necessario in questo tipo di cambiamento, lo stile di leadership delle donne.

Ho incontrato spesso donne che lo mettevano in pratica. Donne capaci di delegare e di creare un clima di fiducia. Attente ai problemi delle persone con cui collaboravano e con la profonda consapevolezza di essere responsabili della loro felicità. Donne che, quando venivano apprezzate pubblicamente per i loro successi, anteponevano sempre la squadra alle proprie capacità personali. E la ringraziavano, prima ancora di riconoscere a sé stesse il ruolo centrale nel raggiungimento dei risultati.

Ma la leadership femminile è ancora rara nelle aziende. Rafforzare la presenza femminile in posizioni decisionali agevola il cambiamento e aiuta le aziende ad affrontare il futuro con nuovi paradigmi lavorativi.

Se il lavoro agile richiede responsabilità e fiducia, per produrre felicità, di sicuro richiede allo stesso tempo una presenza massiccia di donne all'interno delle nostre aziende.

4.
IL TEMPO, LA RISORSA PIÙ PREZIOSA

Milioni di minuti

Il tempo è un mio grande amore. È la dimensione del nostro vivere che più mi affascina per complessità e per la sua centralità in ogni aspetto della nostra vita.

Ho fatto un semplice calcolo, alla portata di chiunque.

Ho contato gli anni trascorsi tra le mura di un'azienda, pubblica o privata. Nel mio caso 28 anni, cui ho sottratto il tempo dedicato a tre maternità. Ho moltiplicato il risultato per i giorni lavorativi standard di un anno, e poi ancora per le ore, distinguendo i periodi in cui ho lavorato a tempo pieno da quelli part-time. Ne è uscito un risultato di 40.000 ore. Quando poi l'ho moltiplicato per i minuti, è apparso un numero gigantesco: 2.400.000 minuti.

Più di due milioni sono i minuti che ho dedicato al lavoro, che ho trascorso all'interno di un'organizzazione. Visti così, brutalmente nero su bianco, rendono l'idea della centralità del tempo.

Quanti di questi minuti sono stati produttivi, utili, soddisfacenti, felici? Quanti di questi invece sono stati sprecati o rubati?

La mia passione per il tempo ha suscitato in me un amore tardivo per la fisica quantistica. Come tutti gli amori maturi è stato travolgente, assoluto. Ed è stato accompagnato dalla consapevolezza di non avere più gli strumenti per una comprensione razionale della materia, ma solo la possibilità di una conoscenza sfocata. Come i bambini che si affidano alle storie dei grandi per conoscere la vita, senza comprenderne di fatto i meccanismi, ho letto con voracità testi divulgativi che mi sono apparsi spesso incomprensibili, ma sempre affascinanti. Con la piacevole sensazione di potermi avvicinare ai loro contenuti solo attraverso le intuizioni, le analogie. Che hanno lasciato la mia mente libera di vagare.

È lì che ho incontrato per la prima volta la concezione di un tempo non assoluto, un tempo che può scorrere a velocità diverse. Ho compreso che esiste un concetto unitario di spazio-tempo, che a sua volta non è rigido, ma si piega e si plasma in eventi diversi.

Il fisico teorico Carlo Rovelli, nel suo libro *L'ordine del tempo* (Adelphi, Milano 2017), spiega così il tempo non assoluto: «Non c'è un tempo più vero. Ci sono due tempi [ce ne sono "legioni" aggiungerà poco più avanti], segnati da orologi reali e diversi, che cambiano uno rispetto all'altro. Nessuno dei due è più vero dell'altro».

Mi sono emozionata nel ritrovare, inquadrate in un ambito teorico raffinato e ancora tutto in evoluzione, le idee di tempo che avevo intuito nel mio mondo lavorativo. Una conferma della possibilità dell'esistenza di un tempo personale asincrono rispetto al tempo assoluto che la società riconosce come tempo del lavoro.

Al cuore del lavoro agile c'è proprio il tempo. Il nostro personale rapporto con lui. Il modo in cui lo usiamo e il modo in cui lo usano le organizzazioni in cui lavoriamo.

È dall'esigenza di tempo che è nata la ricerca di un modo diverso di lavorare.

Mi è sempre costato fatica racchiudere il mio tempo personale nella gabbia del tempo aziendale. Ho già raccontato della gioia provata durante la mia esperienza di venditrice; oggi sono sicura che la scelta di lasciare definitivamente l'azienda, dopo più di venticinque anni di lavoro subordinato, è dovuta alla necessità di un nuovo tempo per me; alla volontà di gestirlo in armonia con i miei interessi, le mie inclinazioni, i miei desideri più profondi.

Una scelta costosa dal punto di vista economico, ma capace di restituirmi agilità e nuove possibilità che mi stanno ampiamente ricompensando. Come se stessi comprando il mio tempo su misura.

Proprio a partire dalle mie scelte di vita personale, mi ha sempre appassionato, e mi appassiona ancora oggi, cercare di armonizzare il tempo delle persone con il tempo delle organizzazioni in cui lavorano.

Il lavoro agile si è sempre rivelato la strada giusta per farlo.

La gabbia del «tempo unico»

Nel contesto in cui viviamo e lavoriamo esiste un *tempo unico* cui siamo chiamati a adeguarci, costantemente.

Gli esseri umani sono regolati dal tempo. La natura si sviluppa con cicli costanti e il susseguirsi delle stagioni segna il ritmo del nostro invecchiamento.

Il nostro organismo si adatta all'alternanza tra il giorno e la notte e siamo programmati per un fluire ritmico di sonno e di veglia.

Vivere in comunità ci porta naturalmente a adeguarci al tempo che regola la vita collettiva. Le istituzioni che frequentiamo erogano i servizi in tempi uniformi, i negozi sono aperti tendenzialmente negli stessi orari, le lezioni nelle scuole si svolgono in un arco temporale comune. Tutto ciò ha una sua logica ed è funzionale allo svolgersi ordinato della vita.

Ciò che non risulta chiaro è la necessità di un tempo di lavoro rigido.

Perché ancora oggi esiste un orario di lavoro definito, a cui le persone devono necessariamente attenersi? Qual è il senso di confinarlo ancora in un arco preciso di otto ore giornaliere, il classico 9-18?

Sono convinta che oggi lavoriamo usando il tempo in modo obsoleto e che ciò che era necessario agli albori del lavoro moderno oggi è assolutamente inutile.

Sono conscia del fatto che un orario lavorativo rigido sia frutto di una conquista sociale. Riconosco che, originariamente, la definizione di orario è stata pensata e voluta – a volte combattendo con forza – per proteggere il tempo libero di persone che lavoravano in condizioni difficili per lassi di tempo oggi inimmaginabili.

Sono anche consapevole di quanto sia difficile svincolarsi da un orario preciso. So quanto sia alto il rischio di lavorare più del dovuto, di non sapersi imporre limitazioni.

Cionostante, mi è assolutamente chiaro che il tempo unico imposto dalle organizzazioni oggi non ha più alcun senso di esistere.

C'è un paradosso dell'uso del tempo in azienda che mi ha sempre infastidito. È legato all'asimmetria che riscontro tra l'imposizione di un orario rigido in cui confinare la giornata lavorativa e l'uso disinvolto che si fa del tempo al suo interno.

Spesso sono le organizzazioni più assillanti sul controllo dell'orario quelle in cui si sperimenta uno scarso rispetto per il tempo delle persone.

Sembra fondamentale timbrare al mattino, tassativamente entro l'ora stabilita, come se il gesto di passare il badge sul lettore fosse sufficiente ad assicurare la produttività della giornata.

Sembra invece meno importante arrivare in orario a una riunione. Specialmente in Italia, la sensazione che il tempo all'interno dell'azienda diventi vischioso è fortissima; dentro alle porte dell'ufficio il tempo sembra perdere valore.

Mi ha sempre innervosito attendere a lungo l'inizio di una riunione concordata. Provo un grande rammarico e un forte senso di colpa quando mi capita di essere la causa del ritardo.

Ho sempre subito come un attentato alla mia libertà personale le chiacchiere inflitte dal capo di turno sulla sua vita privata, elargite come argomento di interesse supremo, con noncuranza del tempo consumato.

Soffro ancora i momenti in cui una persona risponde al telefono durante una riunione, sottraendo tempo al lavoro comune e rubandolo alle altre persone, costrette ad aspettare, a buttare via il proprio tempo.

Ho lavorato per un breve periodo, tra la nascita del mio primo figlio e quella del secondo, nel centro di formazione di gruppo della mia azienda.

Era situato nella villa padronale di una grande fabbrica, ancora produttiva al tempo in cui vi lavoravo, nonostante fossimo in una zona semicentrale di Milano.

Gli uffici erano bellissimi, pensati per accogliere chi veniva a seguire i corsi, con un grande buffet sempre pronto all'ingresso e stanze ornate di bovindi aperti sul giardino, in un'atmosfera domestica e calda.

La mia scrivania si trovava in una piccola stanza, che condividevo con altre due persone. Il responsabile del centro era una persona affabile e visionaria, aperta alle novità e capace di darci tutta la delega necessaria per lavorare con entusiasmo.

L'unica tensione era il rituale del dopo pranzo. Troppo spesso l'inizio del pomeriggio lavorativo coincideva con il suo arrivo nella nostra stanza, per fare due chiacchiere. Se fosse mosso da un sano intento di confronto o di rafforzamento dello spirito di squadra non lo so dire, probabilmente sì. Ma il momento delle chiacchiere si trascinava ben oltre i limiti e si trasformava in rapina del nostro tempo. Ricordo espressamente la sensazione di disagio nel vedere il tempo scorrere. La risento trasformarsi in ansia prima, in panico poi. A mano a mano che i minuti passavano vedevo ridursi le ore rimaste a disposizione, mentre l'elenco delle attività da portare a termine iniziava ad attraversare la mia mente, insieme all'immagine di mio figlio piccolo, a casa, che aspettava il mio rientro. Ricordo bene la fatica e la rabbia, unite alla consapevolezza sempre più evidente della preziosità del mio tempo rubato.

Ho rivissuto molte altre volte le stesse soffocanti sensazioni, di solito durante le riunioni che si tenevano nei giorni in cui avevo programmato impegni con i miei figli. Una su tutte, la recita di Natale del primo anno di elementari del mio secondo figlio. Ricordo bene la fiducia con cui cominciai la giornata: ce l'avrei fatta a incastrare tutto. Guardavo l'agenda prima dell'avvio della riunione; sarebbe finita alle sedici, lasciandomi esattamente la mezz'ora necessaria per raggiungere in tempo la scuola. Poi l'ansia che iniziava ad aumentare a mano a mano che la riunione accumulava ritardi. Il primo nell'orario di inizio, non rispettato; seguito poi dagli oratori che si attardavano nelle loro relazioni, dalle pause non necessarie, dalle domande che riportavano all'inizio una questione già ampiamente dibattuta. Ricordo di aver passato ossessivamente in rassegna l'agenda, più e più volte, contando i minuti che restavano, dividendoli per gli argomenti ancora da trattare, convincendomi che se d'allora in avanti tutto fosse andato liscio, ce l'avrei fatta comunque ad arrivare in tempo. Sento ancora vive, ora come allora, le stesse sensazioni: la disperazione che pian piano inizia a salire quando mi rendo conto che no, alla fine invece non riuscirò ad arrivare in tempo. Percepisco netta dentro di me, come se avessi un filo diretto con mio figlio, la delusione nel vedere presenti le nonne, ma non la mamma. Mi commuovo all'idea dell'impegno che metterà comunque nella recita e mi sento profondamente male. Sento il disagio di avere il corpo costretto in una situazione, il cuore in un'altra e la testa che salta freneticamente tra le due. Sento la fatica, il prezzo emotivo che sto pagando per la disorganizzazione, per la sciatteria nell'uso del tempo. Mi sento un'estranea rispetto agli altri; come se fossi l'unica a percepire il valore di quel tempo rubato in mezzo a esseri impermeabili al suo scorrere, come se fossi l'unica anima dilaniata in mezzo a persone centrate, perfettamente a loro agio, al loro posto.

Oggi so che non è così, che questa sensazione di disagio è molto più diffusa di quanto si dica. So anche che alcune scelte drastiche, alcune rinunce al lavoro, sono legate proprio a questo tipo di difficoltà. Sono purtroppo sicura che episodi come quelli che ho ricordato continuano ad accadere in moltissimi contesti lavorativi, sia a donne sia a uomini. A fianco di donne che da sempre sentono sulla loro pelle fatiche e disagi, infatti, iniziano ad arrivare anche gli uomini, soprattutto nelle nuove generazioni, che provano le stesse emozioni.

Perché è il tempo personale di tutti che, chiuso nella gabbia del tempo unico dedicato al lavoro, non trova il suo spazio. Ed è come se il tempo in generale perdesse valore, trasformandosi in una sorta di risorsa infinita, da usare senza attenzione.

Diventando così una delle più grandi fonti di stress e dolore per le persone che lavorano all'interno di un'organizzazione.

Fare spazio al tempo individuale

È necessario passare da un concetto di *tempo unico* a uno di *tempo individuale.*

È arrivato il momento che il nostro modo di lavorare si svincoli da un tempo unitario, rigido, uguale per tutti, che richiede una presenza simultanea; bisogna passare all'organizzazione armoniosa di tanti tempi individuali.

Il tempo deve diventare centro focale dell'attenzione delle organizzazioni, che devono aiutare le persone nella gestione del loro tempo individuale.

Il lavoro agile si basa intrinsecamente su questo presupposto: è la persona che decide come usare il proprio tempo individuale. È la persona che, in accordo con l'azienda per cui lavora, decide come organizzarsi, quando è necessaria la presenza fisica, quando invece il lavoro può essere svolto da remoto, con schemi orari flessibili e adattabili alle esigenze della sua vita. Quando è necessario essere reperibili e quando invece si può lavorare in totale isolamento, fruendo del tempo come meglio piace.

Per farlo occorre ritornare al presupposto fondante del lavoro agile, che abbiamo già incontrato: le persone che lavorano sono adulte e responsabili. Sempre. Sono in grado di prendere decisioni sensate, anche in relazione all'uso del tempo e alla ricerca dell'equilibrio tra tempo dedicato al lavoro e tempo dedicato a loro stesse. Le persone, se messe nelle condizioni di poterlo fare, sanno dare alle loro giornate la scansione giusta per tenere in armonia le diverse parti della loro vita. Se non lo sanno fare è compito delle organizzazioni insegnarglielo, metterle in condizione di utilizzare responsabilmente il proprio tempo.

Con l'uso intelligente del tempo le persone lavorano in modo libero ed efficace. La gestione del proprio tempo in armonia con le esigenze delle aziende ci induce a organizzarci e a razionalizzare la nostra attività lavorativa. Credo che sia chiaro a tutti invece che essere costretti in un tempo imposto da altri non favorisce l'assunzione di responsabilità del suo uso.

È vero però che anche questo è un passaggio stretto.

Il tempo unico è rassicurante. Fornisce limiti precisi. Ci aiuta a tenere separato il lavoro dal resto della nostra vita. Semplifica il ritmo delle nostre giornate.

Siamo abituati a muoverci al suo interno. Siamo programmati fin dalle scuole per uniformarci a tempi imposti dall'esterno. Sin dall'asilo nido veniamo accompagnati – spesso di corsa – all'interno di un luogo fisico ben distinto dalla nostra casa. Dal primo ciclo scolastico l'orario di ingresso è rigoroso, così come quello di uscita. Le attività comprese all'interno di quel lasso temporale sono il tempo dello studio, ben separato dal resto del tempo privato. La scansione precisa di un tempo rigido e di un luogo dedicato prosegue per tutto il percorso di studio. Forse solo nel periodo dell'università abbiamo l'occasione di sperimentare un tempo più libero, quello in cui iniziamo a programmarci, a organizzare le scadenze e i carichi di studio, prescindendo dal luogo in cui siamo fisicamente.

Ma per la maggior parte di noi questa esperienza unica si chiude appena entriamo nel mondo del lavoro, quando ci uniformiamo nuovamente al tempo unico imposto dall'organizzazione e torniamo ad accettare la separazione netta tra luoghi di lavoro e luoghi «altri», tra tempo di lavoro e tempo per noi.

Pagando però da subito un prezzo alto. Paghiamo sicurezza con libertà, semplicità con responsabilità.

Credo che il modo in cui lavoreremo nel futuro debba lasciarsi alle spalle la presenza rassicurante del tempo unico. La diffusione del lavoro agile sta dimostrando che la grande maggioranza delle persone apprezza la libertà: vuole organizzare il tempo come meglio preferisce, desidera una vita in cui si possano tenere in armonia lavoro e sfera privata, e riconosce che la gestione del tempo è la chiave perché ciò succeda.

Allora dobbiamo imparare a farlo. Dobbiamo imparare a

riconoscere il nostro tempo individuale, a dargli il giusto valore. Dobbiamo imparare a usarlo, a gestirlo responsabilmente, rispettando le nostre esigenze e quelle dell'organizzazione per cui lavoriamo.

Il lavoro agile si fonda su un accordo individuale tra persona e azienda, che cerca di armonizzare le esigenze di entrambe le parti. Il cuore di questo accordo è il tempo. Perché è proprio l'accordo stesso che, svincolando la prestazione lavorativa dal tempo unico, apre la strada a un suo uso libero da parte della persona. Che torna a essere padrona del suo tempo, sua unica responsabile.

Di nuovo sottolineo che non si tratta di un passaggio semplice.

Pur sancito da un accordo, l'uso responsabile del tempo è una capacità che va allenata.

Non è immediato uscire da uno schema fisso, uguale giorno dopo giorno, e iniziare a lavorare variando il tempo che si dedica al lavoro.

Il tempo può ingannare. Una giornata da passare interamente a casa può sembrare lunghissima e poi rivelarsi molto più breve di quanto immaginavamo.

Le prime esperienze di chi lavora in modo nuovo dimostrano che spesso il tempo del lavoro si dilata su quello personale, e prende il sopravvento. Moltissime persone durante i mesi del lockdown hanno lavorato molto di più di quanto lavoravano nei mesi precedenti la pandemia.

Molte aziende hanno commesso l'errore di non svincolare la prestazione di lavoro da remoto dal tempo unico, costringendo le loro persone a rispettare l'orario standard anche da casa, vanificando così la maggior parte dei benefici del lavoro agile.

La verità è che la gestione autonoma del tempo richiede una capacità raffinata; per riuscirci bisogna allenarsi, trovare le soluzioni che meglio si adattano alla specifica realtà di ogni singola persona. Bisogna dedicare tempo a imparare a gestire il tempo.

Bisogna anche fare un'altra cosa, più delicata: occorre insegnare alla nostra mente che lavorare svincolati dallo schema 9-18 significa comunque lavorare.

Per farlo è necessario un profondo esercizio di riprogrammazione. Siamo abituati al fatto che il lavoro sia circoscritto nello spazio e nel tempo. Se siamo all'interno di quella specifica porzione di spazio-tempo, la nostra mente sa che stiamo lavorando e si adagia in questo schema. Anche se ci attardiamo al caffè, se perdiamo tempo chiacchierando, se sprechiamo parte del nostro tempo, la mente è tranquilla. Stiamo lavorando, ci ripete, e non fa scattare alcun messaggio di allerta.

Se iniziamo a lavorare al di fuori del recinto di spazio e tempo conosciuto, la mente si allarma, non riconosce le coordinate abituali. E non ci aiuta.

Difficile convincerla che lavorare dopo le 18 sia ancora lavoro vero; ma ancora più difficile convincerla che non lavorare dalle 16 alle 18 sia uno spazio di tempo che ci stiamo ritagliando per noi stessi, per poter poi riprendere a lavorare più tardi. In quel lasso di tempo la mente continuerà a entrare in contrasto con i suoi riferimenti abituali e cercherà di ricondurci a essi. Lo strumento che utilizzerà più spesso sarà quello del senso di colpa.

Io stessa l'ho provato tantissime volte e sono certa che lo conosce bene chi di voi sta provando a cambiare il proprio modo di lavorare. È un senso di colpa che si ripropone in ogni momento della giornata. Quando stacchiamo dal lavoro nelle ore canoniche d'ufficio la nostra mente ci sussurra in modo più o meno energico che non dovremmo essere dove ci troviamo in quel momento; ci lascia intendere che non dovremmo riposarci quando tutta la società è all'interno dello spazio-tempo da sempre dedicato al lavoro; all'uscita di scuola dei nostri figli ci fa passare davanti agli occhi le immagini delle altre persone che stanno lavorando e trasforma ogni sguardo che si posa su di noi in sguardo di disapprovazione. La stessa sensazione di inadeguatezza si ripropone quando lavoriamo fuori dagli orari canonici del lavoro standard: è ancora la mente a farci sentire fuori luogo. Lavorare la sera mentre gli altri dormono ci sembra eccezionale, anomalo rispetto al resto della società.

In un modo o nell'altro, la nostra mente abitudinaria cerca continuamente di ostacolare un modo di lavorare che usi agilmente il tempo a seconda delle nostre reali necessità.

Riuscire a lavorare con il nostro tempo individuale è innanzitutto un allenamento per la nostra mente. Il lavoro agile è una severa disciplina di uso intelligente del tempo che richiede sforzi e continui tentativi.

Ma poi ripaga. Restituendo tempo liberato, tempo ritrovato; ripaga con l'appagante sensazione di essere padroni del proprio tempo e non più l'oggetto di un tempo deciso da altri.

Tutto ciò si traduce in benessere e felicità individuale. Vedremo infatti, nel capitolo dei benefici che il lavoro agile porta alla persona, che la prima risposta alla domanda «qual è l'effetto positivo più grande del lavoro agile?» è sempre: «Ritrovare il mio tempo».

Il tempo di tutti

C'è un'altra dimensione che è importante analizzare quando ragioniamo sul tempo.

Ed è il tempo della collettività. Dobbiamo capire che anche le comunità vivono meglio con tempi differenziati. Stiamo iniziando a percepire l'assurdità di muoverci tutti negli stessi orari. Le grandi città, dopo anni di inspiegabile silenzio, stanno avviando una riprogrammazione dei loro tempi; le proposte di differenziamento degli orari di ingresso delle scuole, di slittamento delle aperture dei negozi sono tornate al centro del dibattito pubblico. Mentre scrivo, la città di Milano si appresta a scaglionare gli orari del rientro a scuola dopo le vacanze natalizie, adeguando di conseguenza la programmazione dei mezzi di trasporto pubblici, per la prima volta nella storia. Diversi comuni hanno chiamato a raccolta le aziende, per capire insieme come dilazionare nel tempo l'arrivo e l'uscita delle persone dagli uffici. È stato un virus a richiedercelo, sono state le misure di distanziamento sociale necessarie sui mezzi di trasporto pubblico a farci capire quanto siamo ancora assurdamente abituati a muoverci in orari uguali per tutti. Quanto sia costosa questa abitudine; quanto sia folle rimanere in coda tutti i giorni, nelle ore di punta, intossicando le città con i fumi di scarico delle auto costrette a una lentezza estenuante. Quanto sia insalubre viaggiare stipati sui treni per arrivare tutti alla stessa ora negli stessi uffici.

Stiamo iniziando ora a vedere con occhi nuovi una realtà cui ci siamo abituati per troppo tempo; stiamo capendo ora che una città funziona meglio se le persone escono dalla logica di un tempo unico uguale per tutti e modulano le loro vite sul tempo delle loro esigenze specifiche. Stiamo capendo che la nostra vita, sia individuale sia collettiva, sarebbe più facile se imparassimo a usare il tempo meglio di come lo usiamo oggi.

Con un corollario importante: se lavorare in modo diverso ci permette di recuperare tempo – il tempo dei trasferimenti quando lavoriamo da casa o vicino a casa, il tempo delle attese e delle code quando raggiungiamo i nostri luoghi di lavoro in orari flessibili – è proprio questo tempo recuperato quello che possiamo dedicare alla comunità che ci ospita. Tempo che può essere speso in volontariato, nel prendersi cura della propria città, in attivismo civico o in politica attiva sul territorio.

È importante mettere in evidenza sin da subito un aspetto sostanziale del lavoro agile che ritroveremo più volte, declinato in modo differente: quando lavoriamo agilmente il beneficio interessa in primis noi stessi, per poi estendersi subito ben oltre la nostra singola esistenza a beneficio di tutti. Nel caso del tempo, è il recupero di tempo personale che libera energie che possono poi essere dedicate alla collettività.

Vorrei chiudere questa riflessione sul tempo – la nostra risorsa più preziosa – con un'ultima considerazione, magari poco piacevole, perché mette in luce una difficoltà nel nostro rapporto con esso. Difficoltà che dobbiamo però imparare ad accettare. Il tempo è una risorsa scarsa: diminuisce costantemente, lo perdiamo giorno dopo giorno, minuto dopo minuto. La nostra vita è un consumo costante di tempo e si sostanzia nell'inesorabile avvicinamento al momento in cui questo tempo finirà. Al momento della nostra morte.

Ancora Carlo Rovelli: «Questo è il tempo. Familiare e intimo. La sua rapina ci porta. Il precipitare di secondi, ore, anni ci lancia verso la vita, poi ci trascina verso il niente...».

Rendercene conto è doloroso. Può farci paura. Allora rimuoviamo il pensiero. Viviamo come se avessimo disponibilità di un tempo infinito. Quindi lo sprechiamo. Lavorando più del dovuto, senza ottimizzare il tempo che dedichiamo al lavoro. Lasciandoci depredare del tempo individuale dal tempo unico imposto da altri, cui ci assoggettiamo rassegnati, senza sufficiente consapevolezza.

Il lavoro agile invece parte dalla comprensione della preziosità del tempo e ci obbliga a imparare a usarlo. Per restituircene poi, a sorpresa, molto di più di quanto immaginiamo.

5.
LE RELAZIONI UMANE CHE CAMBIANO

Il primo premio della mia vita

Uso da più di 28 anni lo stesso bollitore, un Alessi di forma conica, con il manico azzurro e un piccolo uccellino nero che fischia forte quando l'acqua arriva alla giusta temperatura. Mi ha seguito in ogni trasloco e ancora oggi mi saluta dal fornello quando al mattino entro in cucina.

L'ho comperato con il mio primo premio, il primo riconoscimento ricevuto sul lavoro, e mi rimanda al ricordo della persona che lo ha ottenuto per me.

La mia prima manager, una giovane donna ironica e coltissima, esigente e attenta allo sviluppo delle persone che lavoravano con lei. Io tra di loro. Ricordo ancora l'imbarazzo, alla fine della riunione durante la quale avevo tenuto la mia prima presentazione, quando lei, dopo avermi elogiato, ha aggiunto con voluta noncuranza: «Ah, ricordati di non presentarti mai più come "dottoressa Bisconti", esibire il proprio titolo di studio è volgare».

Dopo solo sei mesi di lavoro, a ridosso delle festività natalizie, mi ha chiamato nel suo ufficio e mi ha comunicato che, nonostante la sua insistenza, non era riuscita a convincere l'azienda a riconoscermi un premio, per la bontà del mio lavoro. Il mio contratto di ingresso non lo permetteva.

Mentre io ero già grata e soddisfatta per le parole che stavo ascoltando, lei ha aggiunto: «Tieni 50.000 lire (*sic!*), vai a comperarti quello che vuoi, riportami lo scontrino che lo metto in nota spese. Voglio essere io a darti il primo premio della tua vita lavorativa, visto che certamente non sarà l'ultimo».

Ecco perché il bollitore è ancora nella mia cucina. L'acquisto di quel lontano dicembre è il simbolo della gratitudine, del riconoscimento, della caparbietà, della creatività che sfida le regole; e continua a testimoniare la relazione umana speciale che solo certi manager illuminati sono capaci di instaurare con le persone.

Ho un legame fortissimo con le aziende in cui ho lavorato o che ho solo conosciuto come consulente. Le relazioni che sviluppo hanno per me un significato profondo e, indubbiamente, un certo fascino.

Mi ha colpito la definizione di azienda proposta da Yuval Noah Harari nel libro *Sapiens. Da animali a dei* (Bompiani, Milano 2017). Prendendo spunto dall'esempio del gruppo Peugeot, Harari spiega che le aziende sono un'invenzione dell'immaginazione collettiva: «Gli uomini di legge chiamano questo fenomeno "finzione giuridica". Non può essere additata; non è un oggetto fisico. Esiste come entità giuridica. Al pari di te e di me, è vincolata alle leggi dei paesi in cui opera. Può aprire un conto in banca e avere delle proprietà. Paga le tasse e può essere citata in giudizio e anche perseguita separatamente da coloro che la posseggono o che vi lavorano.» Le aziende sono dunque «un particolare genere di finzioni giuridiche chiamate "società a responsabilità limitata". Il concetto che sta dietro queste società è tra le più ingegnose invenzioni dell'umanità».

La definizione di azienda come invenzione della mente umana aiuta a comprendere quanto sia forte il legame intangibile tra persona e azienda.

Il punto focale di questo legame sono le relazioni umane che vi si instaurano. Tra azienda e persona e tra le persone all'interno della stessa azienda. Il lavoro è dunque fatto principalmente di relazioni umane, e alcune di esse possono essere estremamente positive, a volte speciali.

Oltre al bollitore, ho un altro oggetto simbolo delle relazioni umane di qualità, uniche e preziose, che possono instaurarsi all'interno di un'organizzazione. È un foglio di carta, che però mi è stato consegnato in modo virtuale.

Di nuovo penso a un mio capo. Una persona speciale; un uomo illuminato che, grazie alle sue capacità straordinarie, siede oggi nel consiglio di amministrazione della più grande azienda alimentare al mondo. Penso soprattutto alla qualità delle relazioni che era, ed è, in grado di instaurare. Anche con poche semplici parole.

Vado indietro con la memoria e mi vedo mentre discutiamo di un problema nel suo ufficio. Allora ero responsabile dello sviluppo delle risorse umane, ma sapevo che di lì a un paio di mesi avrei sostituito il direttore del personale, prossimo alla pensione. Mi disse che era preoccupato per lo scarso numero di donne dirigenti in azienda e che voleva che io lavorassi sul tema. Aprii il mio quaderno di appunti, la penna in mano pronta per annotare le indicazioni che mi aspettavo di ricevere, e chiesi: «Cosa vuoi che faccia?».

La sua risposta fu: «Hai carta bianca».

Tre semplici parole che aprirono nella mia testa un orizzonte infinito di possibilità. Visualizzai quella *carta bianca* come una tela su cui avrei potuto stendere i colori di progetti, iniziative e sperimentazioni che avrei avviato. La riempii immediatamente con i volti delle donne a cui sarei andata a chiedere aiuto, per affrontare insieme il problema e provare a cambiare le regole di un gioco che continuava a tenerci in secondo piano. Su quella carta bianca nacque il lavoro agile.

Perché in realtà, l'ho capito molto dopo, proprio su quella carta bianca il mio capo aveva già scritto, con un inchiostro invisibile, parole di fiducia, di apprezzamento, che davano voce alla sua capacità di assumersi il rischio di lasciarmi sperimentare, provare, sbagliare.

La carta bianca, virtuale, sosteneva una relazione umana speciale, che sarebbe poi rimasta per sempre.

Relazioni tossiche

Credo sia esperienza comune imbattersi in relazioni come

quelle che ho raccontato, in momenti e gesti che assumono un significato speciale.

Ma le relazioni possono anche essere negative, in molti casi addirittura tossiche. Possono essere estremamente nocive per le persone. Possono danneggiarle. Possono rinchiuderle in gabbie invisibili, marchiarle o soffocarle.

Nella mia esperienza di direttrice delle risorse umane mi ha sempre colpito e indignato lo spreco delle intelligenze.

Guardavo con orrore le schematizzazioni proposte da società di consulenza che indicavano come fisiologico un numero di persone oppositive all'azienda, in qualche modo «perse».

Ho sempre avuto invece un sacro rispetto per ogni singolo individuo e credo tuttora fermamente che ogni persona abbia dentro di sé capacità e talenti da esprimere; e che siano sempre e solo le relazioni sbagliate l'ostacolo alla loro espressione.

Mi è capitato spesso di lavorare con persone annoiate, relegate in mansioni ripetitive, abituate a rinunciare a ogni tipo di responsabilità.

Le ho viste all'interno di gruppi che attribuivano loro inesorabilmente ruoli marginali; ho sentito capi descriverle come persone irrimediabilmente fuori dai giochi, quelle che, nei sistemi di valutazione, risultano sempre nella casella in basso a sinistra, la casella del poco di tutto: poco entusiasmo, poche capacità, poca voglia di collaborare con gli altri.

Sono le stesse persone che, magari durante un pranzo occasionale o al buffet natalizio, ho scoperto essere tutt'altro.

Persone con lo sguardo spento in riunione, ma che nel privato erano guide di alpinismo estremo; un lavoratore da sempre considerato inaffidabile che si accendeva di passione al racconto della propria esperienza di volontario su un'ambulanza della Croce Rossa.

Perché nella stessa persona possono convivere capacità straordinarie in ambito privato e prestazioni scarse in contesto lavorativo? La persona non è sempre la stessa?

Io vedo una chiara responsabilità, che ha sempre a che fare con elementi di rigidità.

Innanzitutto, la rigidità delle relazioni immateriali. Nei

contesti aziendali le relazioni umane si cristallizzano, vengono portate avanti nel tempo in modo ripetitivo, secondo lo stesso schema. Le persone si trovano imprigionate in ruoli da cui faticano a uscire. La suddivisione capillare dei compiti insita in ruoli strettamente definiti toglie spazio alla creatività, all'apporto personale, all'energia.

Ma pesa anche la rigidità di tempo e di luogo: la ripetitività dello stesso schema orario, uguale a sé stesso giorno dopo giorno, per anni interi; le mansioni ricorrenti eseguite sempre nello stesso luogo, magari sempre alla stessa scrivania, fanno sprofondare le persone in uno stato di torpore e di noia esistenziale.

Sono dunque la rigidità delle relazioni e dell'uso dello spazio-tempo che portano le persone a investire poco nel proprio lavoro e fanno sì che dedichino le loro migliori energie ad altro.

Un modo di lavorare che pone al centro la persona, la fluidità e la ricchezza delle relazioni, la libertà di scegliere spazio e tempo, rimette in circolo le energie.

Ho visto persone rifiorire nel momento in cui si sono sentite investite della possibilità di scegliere il luogo fisico da cui lavorare. Percepivano come l'azienda, modificando alcuni tasselli del reciproco rapporto, stesse dando loro la possibilità di rimettersi in moto, di iniziare un cambiamento.

Il lavoro agile determina modifiche profonde nelle relazioni umane che si sviluppano all'interno delle organizzazioni. Migliorandole.

Un duro colpo alla gerarchia esibita

C'è un aspetto di questo cambiamento su cui voglio soffermarmi perché è intrinsecamente legato al concetto stesso di azienda e delle sue relazioni immateriali.

Il lavoro agile mette in discussione la gerarchia.

Non la gerarchia di responsabilità, che rimane funzionale alla guida di organizzazioni complesse, ma quella esibita. Non considerare più l'ufficio come luogo di lavoro esclusivo sferra un duro colpo alle relazioni gerarchiche. Che ancora oggi sono chiaramente leggibili negli spazi.

Da consulente mi diverto a sfidarmi in un gioco personale, mentre visito gli uffici dei clienti: riconoscere il livello della scala gerarchica a cui appartengono le persone in base al layout delle loro postazioni di lavoro.

Purtroppo ho gioco facile: la gerarchia si legge chiaramente negli arredi, nella disposizione dei mobili, nell'uso dello spazio, esattamente come nell'esercito il grado di un ufficiale si desume dai galloni appuntati sulla divisa.

Negli open space in uso ormai nella gran parte degli uffici, la postazione del o della responsabile di un'area è sempre riconoscibile, anche se nuove linee guida aziendali hanno imposto tavoli standard uguali per tutti; magari perché di fianco alla sua scrivania c'è l'unica pianta del piano o perché è orientata in modo sfalsato rispetto all'allineamento generale delle altre.

Ho fatto in tempo, prima di lasciare definitivamente la mia azienda, a vedere alcuni responsabili delle risorse umane barricare negli open space le loro scrivanie dietro file di scaffali, nel goffo, nonché vano, tentativo di ricreare le sembianze di un ufficio privato; gli stessi responsabili che avrebbero dovuto insegnare, con il proprio comportamento, che lo spazio degli uffici non ha alcun valore gerarchico, ma è una risorsa comune da usare a seconda delle necessità; scegliendo spazi riservati per i colloqui privati, luoghi silenziosi per i lavori di concentrazione, sale riunioni per i lavori di gruppo.

In tantissimi uffici ancora oggi la gerarchia esibita si riscontra nella qualità delle piante a cui si ha diritto a mano a mano che si avanza nella scala gerarchica; nei metri quadri che aumentano con il crescere del ruolo; nel numero di sedie allineate davanti alla scrivania.

Ma che senso ha continuare a misurarsi sulla grandezza dell'ufficio quando l'ufficio non sarà più l'unico luogo in cui lavorare?

Il lavoro agile offre in sostituzione del ficus la possibilità di lavorare in un parco. Alle sedie davanti alla scrivania preferisce le panchine della città.

Con il lavoro agile cambiano le dinamiche tra responsabili e collaboratori.

Perché il lavoro a distanza richiede le giuste capacità manageriali e mette a nudo chi non le ha. Quando i collaboratori sono lontani nello spazio e la loro presenza non è simultanea nel tempo, diventa impossibile convocare riunioni all'ultimo momento, a volte solo per il piacere di farlo, per comodità o per la reale incapacità di organizzare i carichi di lavoro.

La distanza nello spazio e nel tempo richiede attribuzione di responsabilità precise. Il lavoro agile mette in difficoltà i manager abituati a investire i collaboratori delle urgenze dell'ultimo minuto per il solo fatto di averli fisicamente vicini in quel dato momento.

Il lavoro agile si basa su relazioni di reciproca fiducia.

Tanto più le persone sono distanti, tanto più le relazioni immateriali tra loro devono essere solide, reali, curate.

Poiché la cultura di un'organizzazione è l'espressione dell'intreccio delle relazioni umane tra le persone che la compongono, modificando le relazioni tra queste persone, cambia la cultura stessa.

Il lavoro agile mette in profonda discussione la cultura del presenzialismo che impone relazioni basate sulla presenza fisica costante, necessariamente rigide. Non è pensabile invece coltivare relazioni professionali profonde e sane vedendosi meno di quanto questo tipo cultura imponga? Le buone relazioni hanno davvero sempre bisogno della vicinanza fisica?

Il lavoro agile fa leva proprio su questo punto. Allenta la cultura del presenzialismo che irrigidisce le persone nella gerarchia esibita degli uffici, nelle relazioni cristallizzate tra capo e collaboratore; e che penalizza in modo odioso soprattutto le donne, da sempre a corto di tempo, da sempre in affanno nel trascorrere interminabili giornate in ufficio, poiché responsabili quasi esclusive del lavoro di cura e gestione delle famiglie che le aspettano al di fuori del lavoro.

Non penso solo alle donne con figli. Penso a tutte le donne, che sono comunque al centro di reti affettive di cui devono o semplicemente scelgono di occuparsi.

Le donne hanno sempre avuto meno tempo a disposizione per fermarsi in azienda, ne hanno dedicato meno a coltivare le relazioni informali. Ma quante promozioni sono state decise durante un aperitivo?

Lavorare a distanza annulla il divario di tempo tra uomini e donne. Dà a tutti le stesse possibilità.

Le aziende sono luogo di relazioni immateriali, spesso di grande valore per le persone.

Perché sono esse stesse a definirle e a riconoscerle come «ingegnose invenzioni dell'umanità» e a riporre in loro fiducia e bisogno di realizzazione.

Queste relazioni sono il patrimonio intangibile più importante di cui prendersi cura.

Dare spazio a relazioni fluide, cancellare la rigidità di tempo e spazio e praticare il lavoro agile è sicuramente il modo più efficace di farlo.

PARTE SECONDA

1.
I BENEFICI DEL LAVORO AGILE

Il lavoro agile regala felicità

Abbiamo iniziato a capire cos'è davvero il lavoro agile. Abbiamo analizzato il suo legame con tre parole chiave: responsabilità, fiducia e felicità. Abbiamo indagato il suo rapporto con il tempo e abbiamo visto l'impatto sulle relazioni umane.

Ora possiamo guardarne i benefici. Che sono molteplici, e sempre intrecciati fra loro.

Nel mio percorso personale, sono sempre stata affascinata dalla continua scoperta di nuovi benefici spesso inimmaginabili fino al momento della loro comparsa. Con il tempo è diventata evidente una sorta di progressione: partendo dai miglioramenti relativi al singolo individuo questo nuovo modo di lavorare amplia la sua portata benefica fino a far ricadere i suoi effetti sull'intero paese.

In un crescendo che prende le mosse sempre dal medesimo punto: la messa in discussione del paradigma attuale di lavoro e dei suoi capisaldi di uso di tempo e spazio.

Voglio riprendere un concetto che mi sta a cuore.

Il lavoro agile regala felicità. Un modo di lavorare che mette al centro le esigenze e i desideri delle persone e confida nella loro capacità di gestirli in autonomia, che considera il tempo una risorsa preziosa e offre la libertà di utilizzarlo al meglio, è innanzitutto uno strumento che crea felicità.

Le persone lo percepiscono immediatamente e, quando iniziano a lavorare agilmente, non vogliono più tornare indietro. Chi viene a contatto con il lavoro agile lo difende a spada tratta, perché sta difendendo anche la propria libertà individuale, l'opportunità di essere considerato un soggetto adulto capace di organizzare la propria vita, la propria felicità.

Il che basterebbe per giustificare l'adozione del lavoro agile, sempre. Anche prima di conoscerne i benefici.

Poter agire sulla felicità delle persone è per me uno scopo di vita.

È il senso ultimo del lavoro che ho svolto nelle diverse organizzazioni, la stella polare delle mie scelte, professionali e personali.

Il che mi porta oggi con convinzione assoluta a sostenere che il lavoro agile deve diventare la nostra nuova normalità. Innanzitutto, perché ci renderà più felici.

Come ho già detto, in queste pagine parlerò solo di benefici e vantaggi, tralasciando i rischi. Anche se mentre scrivo si comincia a parlare moltissimo del pericolo di isolamento sociale.

Credo che su questo aspetto sia necessaria un'unica puntualizzazione.

Nelle nostre prime sperimentazioni questo rischio non è praticamente mai stato segnalato. È diventato invece la maggiore criticità nel periodo della pandemia, durante la quale, è importante ricordarlo sempre, non abbiamo svolto lavoro agile, ma home working, cioè lavoro da casa. Siamo stati costretti a rimanere nelle nostre abitazioni, lavorando esclusivamente da lì, per periodi molto lunghi. Il lavoro agile vero, invece, prevede sempre l'alternanza tra ufficio e altri luoghi – la casa può essere uno di questi, ma non l'unico. Lascia dunque alla persona la libertà di scelta e la possibilità di capire quando è utile andare in ufficio e quando no. Non si corre il rischio di rimanere isolati. Una persona responsabile, gestendo in autonomia il proprio tempo, può prendersi cura della propria voglia di socialità, bilanciandola con il desiderio di solitudine e di concentrazione. Con l'allargarsi della platea di chi lavora agilmente, nell'accezione più ampia del termine, la criticità di isolamento resterà solo un ricordo dei nostri periodi di lockdown.

Detto ciò, concentriamoci ora sui benefici.

2.
I VANTAGGI PER CHI LAVORA

Storie di fatica e gratitudine

Torno con la memoria al 2001.

Era estate, e stavo a fatica uscendo dal mio annus horribilis, in cui avevo al contempo perso mio padre, mi stavo separando da mio marito – con due bambini ancora molto piccoli – e avevo deciso di lasciare la casa in cui avevo vissuto fino a quel momento.

Ricordo di aver letto su una rivista, proprio in quel periodo, una classifica degli eventi che causano nelle persone i maggiori livelli di stress. Con la freddezza di chi si trova al centro esatto della propria personale tempesta, mi ero resa conto che stavo affrontando contemporaneamente i primi tre della lista. Ero tre volte sul podio.

Avevo finalmente trovato la casa in cui mi sarei trasferita con i miei figli e fissato le giornate per il trasloco. Mi apprestavo quindi a portare i bambini in campagna con la babysitter per dedicarmi interamente alle attività necessarie. Sarei riuscita a lavorare con calma e a occuparmi della casa nuova, senza dover provvedere loro.

Ricordo di essermi addormentata pensando al viaggio che avrei affrontato la mattina successiva, le valigie già pronte in corridoio, i bambini nel pieno del sonno e l'appuntamento già fissato con la babysitter; sarei passata a prenderla al mattino presto. Ero serena, con la sensazione che stavo finalmente iniziando a rimettere insieme i pezzi della mia vita dopo lunghi mesi complicati. Avevo piena fiducia nella donna che avevo scelto per prendersi cura dei miei figli.

Il telefono mi ha svegliato nel pieno della notte. A fatica ho riconosciuto nelle parole disarticolate, in un italiano stentato, la voce di suo marito, che mi chiedeva di correre all'ospedale. Era successa una cosa tremenda – mi diceva – aveva bisogno di aiuto, lui non riusciva a capire, voleva che arrivassi subito.

Ricordo di essermi vestita, di aver preso la macchina e di essere arrivata all'ospedale Fatebenefratelli. Poi solo la fredda luce bianca dell'ingresso, il suo nome scandito alla guardia sulla porta, la persona che mi ha guidato in una stanza, con dentro una barella. Il corpo di lei, senza vita. Lo strazio del marito e una dottoressa che cercava di spiegarci incredula che era morta di una morte assurda, che quando l'ambulanza era arrivata era praticamente già soffocata, che se solo avesse chiesto aiuto un po' prima, forse si sarebbe salvata.

Blocco ora il fluire dei ricordi, troppo privati e dolorosi, nel rispetto di una donna a cui ho voluto un bene profondo – e il cui strappo improvviso mi ha lacerato –, della sua storia di sofferenza e della sua famiglia.

Mi rivedo il giorno dopo, in ufficio.

Il colpo che avevo subito era davvero grande: anche dal punto di vista pratico la gestione della mia vita era diventata improvvisamente troppo complicata. L'unica soluzione che mi era venuta in mente era prendere un'aspettativa dal lavoro.

Mi ricordo davanti alla porta chiusa del mio capo, titubante prima di entrare, scossa per quello che era successo e con la sensazione sgradevole di portare un problema personale in azienda, di essere diventata di colpo un peso.

Poi mi rivedo davanti a lui a raccontare cosa stavo vivendo, la testa china e le spalle curve; e mi risento chiedergli alla fine il permesso di assentarmi dal lavoro per qualche mese.

Allora vedo lui guardarmi negli occhi e senza alcuna esitazione dirmi: «Non chiederai alcun permesso, ti prenderai il tempo che ti serve per riprenderti dallo shock; andrai in campagna, sistemerai i tuoi bambini, starai con loro tutto il tempo necessario; finirai il tuo trasloco e ti rimetterai in sesto. Lavorerai quando riuscirai, dalla campagna se serve, da dove potrai. Farai quello che riuscirai e non rinuncerai allo stipendio; so quanto ti può servire in questo momento».

Lo ricordo alzarsi dalla scrivania, passarmi accanto e con la mano sulla porta dirmi: «Non preoccuparti di nulla, gestirò tutto io. Solo che adesso devo andare negli uffici del personale per capire come».

Avevo incontrato l'empatia di una persona capace di sentire una situazione di bisogno e prendere istintivamente una decisione umana, ancora prima di capire se fosse possibile farlo. Avevo sentito il conforto di essere compresa nelle mie necessità più vere.

Lì ho percepito un senso di gratitudine verso un uomo sensibile e verso un'azienda che avrebbe poi assecondato la sua scelta, facendomi lavorare in un modo che allora sfuggiva da qualsiasi codificazione.

Ciò che mi colpisce ora è che avevamo incontrato, di nuovo senza riconoscerlo, i prodromi del lavoro agile.

Nel giro di pochi giorni, riuscii a organizzarmi e mi rimisi subito a lavorare. All'inizio saltuariamente e con un po' di difficoltà, ma di fatto continuai a lavorare.

La possibilità di farlo senza dover assicurare la mia presenza in ufficio, con un tempo gestito in piena autonomia, fu l'ancora a cui mi aggrappai per uscire da una situazione complicata dal punto di vista sia emotivo sia pratico; ma si rivelò un vantaggio anche per l'azienda. A fronte di pochi giorni di lavoro persi, la mia motivazione, insieme alla gratitudine, andò alle stelle.

Fu il gesto spontaneo, empatico e lungimirante di un uomo sensibile che si inventò su due piedi una soluzione. Oggi il lavoro agile permette di tenere insieme momenti complicati di vita e di lavoro. Perché storie simili alla mia capitano tutti i giorni e io credo che le aziende, se davvero hanno l'ambizione di mettere al centro le persone e di coltivare con loro rapporti umani di qualità, debbano esserne consapevoli.

Ancora oggi, le persone mi telefonano per chiedere aiuto, per dirmi che sì, facevano lavoro agile, ma ora, per qualche motivo, non possono più farlo.

Subito percepisco la loro fatica, il dolore di ritrovarsi di nuovo in una vita spezzata, assoggettata a orari imposti e ritmi impossibili.

La maggior parte delle volte si tratta di donne. Donne che si ritrovano di nuovo nell'impossibilità di tenere insieme i pezzi della loro vita, che siano la cura dei figli, di un familiare o il desiderio di coltivare una passione al di fuori del lavoro. Donne che tornano a sentirsi stanche, schiacciate da una professione che non riconosce le loro necessità pratiche, e che si vedono spinte, ancora una volta, a compiere scelte drastiche e penalizzanti.

Perché? Perché le aziende non dovrebbero agevolare una modalità lavorativa che crea benessere personale? Come si fa a respingere una richiesta sincera e umana?

Soprattutto, continuando a dire di no, quanto peserà negare una possibilità del genere? Fino a che punto potrà resistere una persona prima di decidere di dare un taglio netto a una situazione troppo pesante? Quanti talenti, uomini o donne che siano, si perderanno per strada?

Le voci di chi ha iniziato a fare lavoro agile prima della pandemia

Digitando in un qualsiasi motore di ricerca le parole «benefici del lavoro agile» i risultati relativi alla singola persona sono pochi. Articoli e testi tendono a descriverli abbastanza frettolosamente, senza quantificarli in modo preciso.

Si fa generico riferimento al risparmio di tempo e denaro di chi non è più costretto a recarsi ogni giorno in ufficio.

Mi sono fatta l'idea che la scarsità di dati e misurazioni dipenda dal fatto che i benefici personali sono difficilmente catalogabili, perché sono strettamente legati alla vita reale, alla sua variabilità, all'eterogeneità delle esistenze umane. Difficile quindi indicare i benefici, etichettare con precisione ciò che accade alle persone, alla loro vita, al loro tempo ritrovato.

Ma le persone, loro, lo sanno. Sanno quali sono i benefici del lavoro agile. Li provano sulla propria pelle. E ce lo dicono. Dalle loro parole, emergono con chiarezza gli effetti sulla loro vita, i cambiamenti che attraversano, le emozioni che provano.

Lo raccontano con l'intensità che ho sempre sentito nelle organizzazioni in cui ho lavorato. Dai loro racconti, si percepiscono il loro benessere, la loro nuova felicità.

È importante ascoltarle. Dietro ai numeri di ogni sperimentazione, di ogni analisi, ci sono le loro storie, le loro voci. Sono quelle voci che mi hanno sempre spinta a lottare per cambiare il modo di lavorare. Le stesse voci che troppi manager ancora oggi si dimenticano di ascoltare; e che rimangono, insieme alle vite delle persone, soffocate da orari rigidi, spostamenti non necessari, presenze forzate.

Nelle tre Giornate del Lavoro Agile che ho seguito durante la mia esperienza al Comune di Milano, abbiamo misurato e diffuso alcuni dati aggregati relativi ai benefici che le persone ottenevano. Erano i primi dati sul tema e il numero eclatante di 112 minuti risparmiati per tragitti evitati – quasi due ore di tempo recuperato – era da solo talmente potente da sollevare un grandissimo interesse, guadagnandosi i titoli dei quotidiani del tempo.

Oltre ai numeri però ci è sembrato importante dare ampio spazio alla voce delle persone, per capire, al di là delle medie che stavamo analizzando, cosa cambiava nelle singole vite, dove stavamo andando a incidere veramente.

Ancora oggi è possibile trovare, nel sito del Comune di Milano, i commenti delle persone che hanno partecipato alle prime sperimentazioni, raccolti in appositi questionari. Sono un vero spaccato di umanità e ci permettono di capire quali e quanti benefici le persone ottengono iniziando a lavorare agilmente.

Allora proviamo a «metterci in ascolto», come se quelle persone fossero qui davanti a noi e potessimo sentire direttamente da loro le parole. Immaginiamocele grate di poterci raccontare cosa è successo veramente alle loro vite.

Il tempo ritrovato

Ho risparmiato moltissimo tempo

Ho risparmiato 2 ore

Un'ora in più di riposo notturno (sveglia alle 6.30 anziché alle 5.30)

Risparmio 3 ore di vita al giorno

I primi commenti vertono sempre sul tempo. In qualsiasi organizzazione, pubblica o privata, grande o piccola, il *tempo ritrovato* è sempre il primo beneficio riportato dalle persone.

È innanzitutto un tempo quantitativo, un lasso di tempo in più che le persone si trovano ad avere a disposizione. Il che ci colpisce già di per sé, perché il tempo risparmiato è sempre importante.

A questo dato si aggiunge subito dopo l'aspetto di un tempo complessivo di migliore qualità.

Migliora sicuramente la qualità del modo di lavorare

Ho risparmiato tempo e lavorato meglio perché più riposato

Ho potuto affrontare l'impegno lavorativo in modo più rilassato

Quando racconto alle persone il lavoro agile, uso spesso l'espressione tempo ritrovato. Solo nominandolo, scateno una forte emozione. La sento dal silenzio che si fa assoluto, dalle teste che annuiscono, dagli occhi che sembrano inseguire un desiderio profondo, vitale. Le persone hanno bisogno di ritrovare il loro tempo, lo agognano. Ne hanno bisogno per fare cose che solitamente non riescono a fare, per tenere insieme i pezzi di vita che sacrificano a causa di un modo di lavorare che le assorbe per la maggior parte del tempo. E, come stiamo vedendo, di tempo il lavoro agile ne restituisce tanto.

Per me è particolarmente emozionante capire in che cosa le persone decidano di reinvestire il proprio tempo, quando finalmente lo ritrovano. Quali pezzi della loro vita riescano a recuperare. Con tutta la diversità delle loro esistenze e finalmente libere di scegliere.

Ascoltiamo ancora.

Circa tre ore di vita al giorno da dedicare alle mie attività personali

Ho potuto pranzare con la mia famiglia
Ho avuto un po' di tempo libero per fare sport
Dal medico o per fare un esame clinico
Accompagnare e andare a prendere i miei bambini a scuola
Magari fare una lavatrice
Ho dormito mezz'ora in più
Ho più tempo per i mei hobby
La possibilità di mangiare a casa
Fare colazione con mio figlio
Un salto da mia madre che non sta bene
Una visita ai genitori e una presso il veterinario
Più tempo da dedicare a mio padre anziano

Ecco la voce delle persone. Ecco le loro necessità di vita.

Parlano di voglia di stare accanto ai figli, della possibilità di fare le cose semplici che spesso il lavoro tradizionale ci impedisce di fare: andare a prenderli a scuola, pranzare con loro e ascoltare le loro storie quando ancora non sono troppo stanchi, come spesso succede a cena.

Parlano di desideri intimi, della possibilità di dedicarsi alle cose che si ama fare senza doverle necessariamente relegare nei weekend, dove finisce per concentrarsi tutto quello che ci resta da fare al di fuori del lavoro.

Parlano di affetti e della voglia di stare vicini alle persone che amiamo in un tempo più fluido, più libero. Parlano di desideri semplici, come per esempio dormire un po' di più.

Le risposte raccolte nei questionari delle Giornate del Lavoro Agile sono simili a quelle che danno tutte le persone che iniziano a lavorare agilmente. Ci fanno capire che le esigenze di vita sono diverse tra loro, ma assimilabili. Innanzitutto, hanno bisogno di tempo per la loro vita personale, soprattutto di un tempo di migliore qualità. Le persone che lavorano in modo tradizionale hanno l'urgenza di ricostruire la trama della loro vita sui fili di un orario più flessibile.

Le richieste di flessibilità negli ambienti lavorativi tradizionali nascono sempre da qui. Gestire il tempo in autonomia ed evitare di sprecarlo in attività – i trasferimenti innanzitutto – che non aggiungono valore; mantenere in equilibrio vita professionale e privata; poter uscire, anche solo ogni tanto, da uno schema orario rigido variando i propri ritmi di vita.

Sono le richieste quotidiane delle persone che lavorano, sono i loro desideri, le loro necessità.

Se rimangono inascoltate, generano sofferenza e, in certi casi, possono condurre a decisioni drastiche: le persone arrivano a lasciare il lavoro pur di riuscire a tenere insieme i pezzi della propria vita. Sono scelte dolorose, che a un certo punto possono diventare pressanti, necessarie per recuperare una dimensione di vita più umana, rispettosa delle esigenze personali e del proprio tempo individuale.

La migliore soluzione per soddisfare questo tipo di richieste è il lavoro agile. Sempre. Le persone lo sanno da subito e se davvero le aziende desiderano mettere «le persone al centro» non possono non capirlo. Anche perché stiamo parlando di un argomento che ha un peso evidente.

Ce lo spiega bene questo commento: «3 ore di tempo al giorno, moltiplicate per 220 giorni all'anno, sono 660 ore, 27,5 giorni all'anno; per 35 anni lavorativi sono 2,63 anni di vita in viaggio. Possono essere risparmiati».

Come non essere d'accordo?

Un nuovo benessere

Continuiamo ad ascoltare le voci delle persone.

Ci parlano anche di benefici che vanno oltre la dimensione del tempo. Uscendo dalla routine che impone loro di andare in ufficio ogni giorno, infatti, migliora il benessere generale.

Ecco perché.

Alimentazione più sana

A pranzo si può mangiare meglio

Possibilità di seguire diete e cure mediche

Miglior qualità del pranzo, tempo per comperare alimenti freschi per pranzo e cena

Ho utilizzato la bicicletta quindi ho svolto anche esercizio fisico

Sono riuscito ad andare in palestra

In piscina

Ho raggiunto il luogo di lavoro diverso a piedi, più movimento

L'hub messo a disposizione per il lavoro da sede distaccata dista 1 km da casa mia e l'ho raggiunto a piedi

Maggior benessere psicofisico

Di nuovo mi colpisce la semplicità di certe osservazioni, il desiderio di prendersi cura di sé stessi, di occuparsi del proprio fisico, del proprio benessere. Desideri che sono destinati a restare tali se il lavoro segue un tempo rigido, routine immutabili che lasciano poco spazio alla piena espressione di sé.

Il benessere individuale è assolutamente personale, misurabile unicamente da chi lo prova e adeguato solo alle sue proprie scelte.

Nell'edizione del 2016 della Giornata del Lavoro Agile abbiamo introdotto la possibilità per le lavoratrici e i lavoratori del Comune di Milano di lavorare in una sede diversa da quella abituale. Per facilitare la selezione abbiamo messo a disposizione uno strumento informatico che permetteva la visione di tutti gli uffici disponibili e la prenotazione della postazione desiderata. Le persone hanno scelto in base a motivazioni strettamente personali: vicinanza alla propria abitazione, ma anche curiosità di conoscere uffici diversi e di lavorare con colleghe e colleghi nuovi.

Una storia mi colpì in modo particolare. Una signora decise di lavorare negli uffici di uno dei grandi cimiteri della città. Avrebbe trascorso lì la sua giornata lavorativa; nelle pause avrebbe potuto visitare i suoi cari, che erano seppelliti proprio lì. Quella era la sua personale declinazione di benessere, l'uso di un tempo di lavoro libero, diverso dal solito.

Le dimensioni di benessere delle singole persone sono infinite. È difficile catalogarle, inopportuno giudicarle. Quello che si può fare per accrescerle, e dunque per incrementare il livello di felicità delle persone, è agire sulle condizioni che permettono a lavoratrici e lavoratori di scegliere in autonomia. Innanzitutto liberando spazio e tempo. Affinché le persone poi possano decidere come soddisfare le proprie esigenze.

Ognuno deve essere messo nelle condizioni di poter disegnare la propria personale giornata di benessere. Che, per esempio, potrebbe essere questa, raccolta nelle prime sperimentazioni milanesi: «Ho potuto dormire un po' di più al mattino, non ho avuto problemi di parcheggio, traffico e rischio incidenti, ho mangiato sano a casa e non al ristorante e a fine giornata ho avuto il tempo di uscire per una corsetta». Semplicemente perché a lui, o a lei, piaceva così.

Salute è sicurezza

Torniamo ai commenti delle persone coinvolte nelle giornate di sperimentazione. Emerge un'altra area di benefici, quelli legati alla salute e alla sicurezza.

Ecco alcuni stralci delle loro frasi.

> Visto che sono in stato di gravidanza, lavorare da casa riduce notevolmente la stanchezza
>
> Per motivi di salute per me è meglio evitare il metrò affollato
>
> Meno rischi sulla strada
>
> Meno pericolo (viaggio in scooter)
>
> Non ho rischiato nessun incidente per attraversare la città
>
> Non rischiare la pelle ogni giorno
>
> Evitare 62 km di tangenziali e provinciali, direi che è la motivazione principale

Ripenso alle tante riunioni sulla sicurezza cui ho assistito in azienda. Mi rendo conto che il tema viene sovente presentato, e quindi percepito, come un adempimento burocratico: un insieme di numeri da tenere sotto controllo, una serie di procedure da aggiornare. È un argomento noioso, che fatica a trovare spazio nella testa delle persone. Spesso si riduce a una slide in coda a una presentazione.

Invece la sicurezza è l'insieme delle preoccupazioni reali delle persone. È fatta dalle loro paure, dai rischi che corrono tutti i giorni. Le persone temono di viaggiare con la nebbia, soffrono a spostarsi su mezzi sovraffollati, sono a disagio se devono guidare per chilometri al buio, con la stanchezza di una giornata di lavoro pesante sulle spalle.

Eppure, lo devono fare. L'orario rigido impone loro di ripetere ogni giorno abitudini che mettono a rischio la loro sicurezza.

Come non capire che la richiesta di arrivare fisicamente ogni giorno in ufficio genera stress, stanchezza e aumenta i rischi connessi agli spostamenti?

Rendere flessibile l'orario e il modo di lavorare non offre alle persone l'opportunità di migliorare davvero la loro sicurezza?

Riporto due ultimi commenti.

> Ho potuto godere del tempo risparmiato per prendermi cura di me stessa con un benessere psicofisico generale che mi ha reso più felice
>
> Sono andato a prendere i miei figli all'uscita di scuola e ho potuto vedere la loro felicità per un evento rarissimo

Lo faccio perché usano la parola *felicità*, quindi li amo particolarmente. Anche se in questi casi è citata esplicitamente, abbiamo sentito aleggiare la felicità in tutte le testimonianze. Abbiamo ascoltato vite che migliorano, desideri che si ricompongono. Abbiamo incontrato benefici che creano benessere per le persone. Sono riflessioni in cui il tempo sembra riequilibrarsi, sembra ritornare finalmente in armonia con le necessità quotidiane e intime delle persone.

Migliora il modo di lavorare: produttività, responsabilità e senso di appartenenza

Potrebbe a questo punto sorgere il dubbio che i benefici del lavoro agile siano legati solo alla sfera privata. A mio avviso, sarebbe comunque più che sufficiente a giustificare un cambiamento nel modo di lavorare. Ma non è così. I benefici interessano anche l'ambito lavorativo, che migliora complessivamente. Insieme alla produttività, che aumenta.

Si lavora meglio e di più

Si è molto più produttivi, in quanto non si viene interrotti dai colleghi che spesso arrivano al desktop

La giornata è stata più produttiva del solito

Maggior concentrazione nel lavoro

Il lavoro agile permette di concentrarsi sulle attività da svolgere

Le persone ci dicono che la loro produttività aumenta. Si accorgono che lavorano di più e meglio, e dimostrano anche di capire immediatamente perché. E ce ne spiegano le ragioni.

Innanzitutto, l'ambiente in cui lavorano, che è più accogliente rispetto a quello dell'ufficio.

Ho lavorato in un ambiente confortevole, caldo e tranquillo

Possibilità di lavorare in situazione di tranquillità

A casa c'è molto più silenzio che in ufficio

Lavorare nel silenzio, senza rumore di fondo

Sono commenti più che legittimi. Sappiamo che spesso gli uffici sono brutti, caotici e affollati.

È giusto desiderare di lavorare in luoghi che soddisfano una nostra necessità. Che sia l'estetica o la tranquillità, il luogo in cui lavoriamo ha una ripercussione profonda sulla qualità del lavoro che produciamo. Lo sappiamo se lo abbiamo sperimentato. Ma lo possiamo comunque immaginare: lavorare vicino a una finestra aperta sul mare, sentendo il profumo e il rumore delicato delle onde, è una situazione che dà gioia, tranquillità e, al tempo stesso, energia. La stessa cosa può accadere in un parco cittadino.

Proviamo a farci tornare alla mente la più bella biblioteca pubblica che conosciamo.

Io penso alla biblioteca di Parco Sempione, a Milano, dove ho studiato per anni ai tempi dell'università: un piccolo edificio circolare in cima a una bassa collina, con grandi vetrate aperte sul verde. Quanto possono valere in termini di qualità di pensiero, e quindi di maggior produttività, un paio d'ore trascorse nel silenzio di luoghi così belli?

Altre persone citano l'assenza di interruzioni.

La produttività aumenta perché si eliminano le distrazioni

Poter svolgere il lavoro con maggiore concentrazione

Ho lavorato di più e con meno fatica

Ricordiamo quanto possa essere faticoso lavorare in ambienti in cui si è interrotti in continuazione da colleghe e colleghi che passano vicino al nostro tavolo, dai telefoni che suonano, da persone che parlano a voce alta tra di loro, dai rumori dei condizionatori sempre accesi. Pensiamo invece alla tranquillità della nostra biblioteca pubblica.

Trovo molto interessante che le persone individuino subito la correlazione tra la maggior produttività che sperimentano e la responsabilità diretta sui loro obiettivi.

Il lavoro flessibile motiva fortemente nel raggiungimento degli obiettivi, grazie al clima di fiducia che si crea con il capo

Migliora l'auto-responsabilità

Ho svolto il mio lavoro [...] dandomi le priorità su quanto mi era stato assegnato

Il lavoro per obiettivi è più stimolante ed efficiente

È una cosa che mi colpisce molto: lavorare per obiettivi sembra più difficile in ufficio che da remoto. Come se le persone riuscissero a darsi meglio le priorità nel momento in cui si trovano da sole di fronte al proprio lavoro. Come se l'ufficio, la sua routine, l'orario rigido e il fatto di essere inseriti in un'organizzazione complessa, legittimassero le persone a lasciarsi guidare. Trovarsi da soli in un luogo diverso dall'ufficio, con la necessità di organizzare in autonomia spazi e tempi, porta l'attenzione delle persone sugli obiettivi per cui lavorano. Le spinge a definire con più chiarezza i risultati che devono raggiungere. La famosa cultura per obiettivi che le aziende cercano di mettere in atto con grande fatica emerge spontanea nelle esperienze dirette di chi fa lavoro agile. A volte è già più presente in loro che nella mente dei manager chiamati a svilupparla.

Le persone colgono anche un altro beneficio importante: insieme alla maggior responsabilità aumenta anche il senso di appartenenza.

Paradossalmente, più l'azienda lascia libere le persone di muoversi nello spazio e nel tempo, più queste si avvicinano.

La flessibilità è segno di fiducia reciproca azienda-lavoratore

Crea un solido e gratificante rapporto di fiducia con l'azienda

Crea affiliazione verso l'azienda

Il lavoratore sa che il datore di lavoro ha fiducia in lui

Maggiore motivazione al mio lavoro

Maggiore soddisfazione e motivazione

In queste parole troviamo la conferma che non sono né gli orari rigidi né gli uffici fisici a tenere le persone legate all'azienda. Sono le relazioni umane di qualità, la fiducia e la libertà di scelta il vero collante.

Non sono proprio queste le parole che cerchiamo quando lanciamo iniziative di coinvolgimento delle persone nelle aziende? Quelle che vorremmo leggere nelle cosiddette «analisi di clima», i questionari in cui cerchiamo di capire lo stato di benessere del personale di un'azienda? Quelle su cui misuriamo le capacità dei manager?

Ascoltando le voci delle persone emerge in modo chiaro che poter lavorare in autonomia, nello spazio e nel tempo, è una potentissima leva motivazionale che lega le persone all'azienda.

I vantaggi legati ai risparmi

Il lavoro agile produce risparmio. Lavorando in modo diverso, le persone spendono meno.

Durante la pandemia il tema del risparmio è diventato oggetto di grandissime discussioni.

Rinchiuse a lungo in casa, le persone hanno consumato la propria energia elettrica per alimentare i supporti tecnologici utilizzati, spesso privati. Riprenderemo questo aspetto più avanti, quando prenderemo in considerazione le distorsioni della pandemia.

In questo caso però stiamo parlando di lavoro agile puro, libero nello spazio e nel tempo. Stiamo parlando di un modo di lavorare che alterna l'ufficio ad altri luoghi, riducendo drasticamente i costi.

Diamo ancora voce alle persone.

> Ho risparmiato 4,40 euro di autostrada tra andata/ritorno, 3,00 euro di biglietto ATM, 2,10 euro di parcheggio
>
> Ho risparmiato benzina e viaggio
>
> Risparmio del costo dei mezzi pubblici. All'anno pago circa 1200 euro per un abbonamento treno/metropolitana
>
> Risparmio di carburante e usura automobile

Altre persone ci raccontano che hanno risparmiato per il pranzo, sicuramente più economico a casa o nei quartieri residenziali che non in bar del centro città, dove si trovano la maggioranza degli uffici.

Ma sono molte altre le voci di risparmio, ognuna legata alla specificità delle vite delle persone.

Per esempio: la «possibilità di accudire due bambini piccoli senza ricorrere a pesanti spese dovute a retta asilo nido e/o babysitter». Oppure, il risparmio di qualche giornata di stipendio della badante che accudisce un parente anziano o di una persona che assiste un familiare con disabilità.

Oltre i vantaggi individuali

C'è infine un altro aspetto interessante nelle parole di chi fa lavoro agile. Le persone hanno chiaro da subito che i benefici che sperimentano superano il loro benessere individuale e anche quello dell'azienda per cui lavorano.

Capiscono che i loro singoli comportamenti producono benefici per l'ambiente e la comunità.

Sono tantissimi i commenti espliciti su questi temi.

Mi piace poter contribuire a iniziative per tutelare l'ambiente

Ho inquinato meno

Salvaguardia ambiente

Minor impatto ambientale

Zero emissioni nell'ambiente

Non aver riversato nell'aria sostanze inquinanti emesse dall'autovettura

Meno smog nell'ambiente

Il risparmio non riguarda solo il carburante fossile ma anche «i consumi energetici dei trasporti [che] sono stati azzerati».

E ancora: «riduzione del traffico», «evitato traffico a Milano», «minor impatto sui mezzi pubblici che uso quotidianamente».

Non sentiamo forse tutti il desiderio di contribuire alla salvaguardia del pianeta? Non ci fa sentire bene, con le nostre azioni, con le nostre scelte, avere un impatto positivo sulla comunità di cui facciamo parte? Non vorremmo un po' tutti salvare il mondo?

Sono questi i benefici che le persone alle prime esperienze con il lavoro agile raccontano. Sono vari, sia quantitativi sia qualitativi. Sono intimamente legati alla specificità delle singole esistenze. Generano benessere personale, ma anche benefici per l'azienda, per l'ambiente e la collettività.

Cambiare modo di lavorare significa incidere profondamente sulla propria vita. Significa ritrovare tempo e dedicarlo ai propri affetti e alle proprie passioni; a volte significa anche solo potersi riposare dopo anni di estenuanti tentativi di tenere insieme lavoro e vita privata.

Ma cambiare modo di lavorare significa anche essere più

produttivi e ritrovare motivazione per il proprio lavoro, rinsaldando i legami con la propria azienda.

Accorgersi dell'impatto che si ha sulla comunità trovando soddisfazione nel ridurlo, a beneficio di tutti.

Ho avuto la fortuna di stare accanto a tantissime persone che, iniziando questa esperienza, hanno cambiato per sempre il loro modo di lavorare ed espresso sin da subito un profondo senso di gratitudine.

Trascrivo un messaggio a mo' di esempio dei tanti che ricevo: «Io ti ringrazio [...] e ti ringraziano indirettamente anche i miei bambini che hanno la sfortuna di avere un solo genitore, che in più lavora a più di un'ora di auto da casa [...] con lo smart working in cui hai tenacemente creduto, hanno ora la possibilità di vedere la loro mamma, almeno due giorni a settimana, all'uscita da scuola e non per un'ora scarsa stravolta al ritorno la sera. La qualità della vita, e anche quella del lavoro, senza [la] tensione di non riuscire a rientrare per dare un adeguato tempo di calore ai propri figli, è migliore per tutti». Sono parole di una donna che potrebbe parlare a nome di tantissime altre.

Sono parole vere: vera la situazione di vita che descrive, vera la gratitudine che traspare.

Dopo aver ascoltato le parole e le storie delle persone, mi piace concludere questa parte con alcuni semplici dati, per provare a quantificare il peso delle voci che abbiamo ascoltato.

Sono i dati che ritroviamo nelle misurazioni dell'Osservatorio Smart Working del Politecnico di Milano. «Gli smart worker [che noi sappiamo essere sinonimo di lavoratori agili] sono più soddisfatti del proprio lavoro (76% rispetto al 55% degli altri lavoratori), più orgogliosi dei risultati dell'organizzazione in cui lavorano (71% rispetto al 62%) e desiderano restare più a lungo in azienda (71% rispetto al 56%). Sono più soddisfatti dell'organizzazione del proprio lavoro (31% contro 19%), ma anche delle relazioni fra colleghi (31% rispetto al 23%) e della relazione con i loro superiori (25% contro il 19%).»

Quelle che abbiamo sentito, allora, non erano voci isolate, commenti di poche persone particolarmente entusiaste. Il lavoro agile migliora tutti gli aspetti del rapporto individuale con il lavoro. I benefici che offre alle persone sono ingenti: i numeri lo dimostrano chiaramente.

3.
I VANTAGGI PER L'AZIENDA

Un momento di rabbia e dolore

È un ricordo che fatico a ripescare dalla mente, sebbene sia piuttosto recente.

Ero stata incaricata di organizzare alcuni incontri in azienda, con l'obiettivo di diffondere la cultura del lavoro agile in modo omogeneo tra le direzioni. Anche nelle aziende che utilizzano il lavoro agile più avanzato, infatti, accade che ci sia ancora la necessità di rimuovere ostacoli alla piena accettazione delle nuove modalità di lavoro. Capita di incontrare manager che vi si oppongono con vigore.

Il gruppo in cui mi trovavo a parlare quel pomeriggio era proprio uno di quelli in cui il lavoro agile faceva fatica ad attecchire.

Mi rivedo nella sala riunioni al piano terra della palazzina di uffici, una stanza stretta e senza finestre. Sono in fondo al tavolo – alle spalle lo schermo con la mia presentazione – e racconto i vantaggi del lavoro agile; presento le testimonianze di chi lo fa già da anni, ne esalto i benefici; mostro alle persone come il tema sia ampio, coinvolga aspetti e mondi ben al di fuori della realtà aziendale. Per tutta la presentazione uso parole come *motivazione, ingaggio, tempo ritrovato* e *liberato, felicità.* Gli astanti mi ascoltano attenti, sono interessati, fanno qualche domanda, e io arrivo alla fine dell'esposizione.

Poi prende parola un signore in fondo al tavolo. Non lo conosco di persona, non l'ho mai incontrato nelle mie frequentazioni precedenti.

Parla in tono pacato. «Posso raccontare la mia esperienza?» mi chiede. Gli do ovviamente parola e lui inizia. Racconta di essere ligure, di essersi trasferito a Milano da anni, di aver richiesto il lavoro agile per alternare ai giorni in ufficio qualche giorno di lavoro dalla sua regione, ma di non averlo mai ottenuto. Neanche il mese precedente, pur avendolo richiesto più e più volte, dato che sua madre aveva problemi di salute. Inizio a sentirmi un po' a disagio, ma lui non perde la sua pacatezza. E prosegue: «Mia madre si è aggravata ultimamente, ma nonostante l'abbia richiesto con ancora più forza, il permesso di fare lavoro agile non mi è stato accordato. "La tua mansione non prevede lavoro agile", mi è stato detto, anche se io so che non è vero. Ho continuato a richiederlo, ogni settimana in modo più pressante, mentre diventava sempre più importante per me restare vicino a mia madre. Ma il permesso mi è sempre stato negato, non ho potuto far altro che venire tutti i giorni a lavorare in ufficio. Fino alla settimana scorsa, quando ho ricevuto la telefonata che mi chiedeva di tornare velocemente in Liguria, la situazione di mia madre si stava aggravando. Ho preso la macchina e sono corso da lei. Quando sono arrivato era morta. Morta da poco».

Nel silenzio di gelo che è calato in sala riunioni l'uomo ha concluso dicendo che apprezzava molto le mie argomentazioni. Forse più di chiunque altro nella stanza.

È una storia vera. Dolorosa. Si è conclusa con le mie scuse a nome dell'azienda e una successiva rabbiosa reazione verso la direzione delle risorse umane. Ma soprattutto si è chiusa con la profonda frustrazione di dovermi ancora confrontare con episodi così crudi e capi così miopi, anche nelle aziende più evolute. Credo che questo episodio esemplifichi una realtà molto più comune di quanto si pensi.

Ci sono ancora troppi manager che si sentono in diritto di decidere per le persone che lavorano con loro. Capi per cui gli impegni personali sono un fastidio, i figli un impedimento, le maternità un pericolo per la continuità del lavoro. Che faticano a riconoscere il tempo individuale delle persone, mentre il loro dovere sarebbe quello di metterlo al centro della propria attenzione. Che non capiscono che il lavoro va plasmato intorno al tempo grazie all'attribuzione di obiettivi chiari e controllando solo i risultati, e non come, e meno che mai dove, i collaboratori li raggiungano.

I vantaggi per le aziende che lavorano in modo diverso: l'aumento della produttività

Il lavoro agile è un'incredibile occasione di miglioramento per le aziende, che vengono letteralmente trascinate in un cambiamento virtuoso. Il lavoro agile, infatti, mette in discussione i processi non lineari, cancella le gerarchie esibite e ribalta gli spazi fisici, abbatte culture obsolete e di presenzialismo e apre le porte alla meritocrazia. E al futuro. I benefici per le aziende sono tanti, di grande impatto e in continua evoluzione. Sono ben documentati, perché, contrariamente a quelli legati alle persone, sono facili da misurare.

Partiamo dalla produttività.

L'Osservatorio smart working del Politecnico di Milano, che da anni si occupa di lavoro agile, ha cercato sin dall'inizio della sua attività di stimare l'aumento di produttività attraverso questionari e ricerche mirate.

«I benefici economico-sociali potenziali dell'adozione di modelli di lavoro agile sono enormi», spiega Mariano Corso, il responsabile scientifico dell'Osservatorio. «Si può stimare un incremento di produttività del 15% per lavoratore.»

Anche il progetto europeo E.L.E.N.A., coordinato dal Dipartimento per le pari opportunità della presidenza del Consiglio dei ministri, ha indagato l'aumento di produttività e provato a misurarne empiricamente il legame con il lavoro agile.

Lo studio è stato effettuato su un campione significativo di lavoratori di una grande società italiana e ha confrontato i risultati ottenuti da soggetti che hanno lavorato agilmente con quelli di chi lo ha fatto in modo tradizionale, su un arco temporale di nove mesi.

Alla fine del periodo di sperimentazione, tutte le misure

analizzate (auto-giudizio del lavoratore, valutazione del supervisore, dati oggettivi della società) hanno evidenziato una maggiore produttività nel gruppo di lavoratori in lavoro agile. Paola Profeta, docente dell'Università Bocconi alla guida del progetto, in un articolo sul «Sole 24 Ore» del 25 febbraio 2020, spiega come i risultati mostrino che «tutti gli indicatori di produttività vanno nella stessa direzione (positiva): la produttività è stata misurata in modo oggettivo sulla base dei risultati dei lavoratori, del rispetto delle scadenze e del numero di assenze e in base al giudizio dei supervisori di ciascun lavoratore».

La produttività dei singoli lavoratori aumenta. Di conseguenza aumenta quella complessiva dell'azienda. È facile capire che allargare la platea di persone che possono usufruire di modalità di lavoro agile è fondamentale per migliorare i risultati dell'azienda. Più le aziende consentono a collaboratrici e collaboratori di lavorare in autonomia di tempo e spazio, maggiore è l'impatto sui risultati complessivi.

C'è una prima considerazione su cui voglio soffermarmi. La produttività aumenta *semplicemente* cambiando il modo consueto in cui lavorano le persone. Non sono necessari acquisti di nuove tecnologie, brevetti, investimento nella formazione di nuove competenze. Basta usare il tempo in modo diverso. Il tempo è una risorsa intangibile, che ha un impatto diretto, misurabile e concreto sui risultati. Le aziende si trovano di fronte all'incredibile opportunità di ottenere una maggiore produttività senza alcun aumento di costi, senza alcuna particolare iniziativa se non quella di lasciare spazio a un nuovo modo di usare il tempo.

Nel capitolo precedente abbiamo visto che le persone percepiscono individualmente un incremento della propria produttività, ne comprendono le cause e le sanno raccontare. Ma non mancano ricerche specifiche che affrontano il tema anche a livello di azienda.

È ancora l'Osservatorio smart working che, in una ricerca effettuata su un campione di 8314 lavoratori durante il primo periodo del lockdown del 2020, consultabile sul sito degli osservatori del Politecnico, rileva che più della metà dei lavoratori ha dichiarato un impatto ottimo o buono sulla propria produttività. La ricerca elenca le cause e misura le percentuali di risposta più favorevoli del campione. Che nell'ordine sono: l'autonomia (89%), la responsabilizzazione su obiettivi e risultati (87%), l'efficacia del lavoro (85%), la fiducia tra capo e collaboratore e l'efficacia della comunicazione con i colleghi (entrambe all'84%).

L'efficacia delle riunioni da remoto viene valutata positivamente solo dal 60% del campione, ma il dato, se messo a confronto con rilevazioni fatte su lavoratori agili attivi da più tempo e comunque da prima del 2020, mostra un incremento di venti punti percentuali. Chi ha abbracciato il lavoro agile ha imparato a organizzare il proprio tempo e a gestire meglio le riunioni. Le valuta quindi molto efficaci quando sono da remoto (80%) e le mette direttamente in relazione all'aumento di produttività generale.

In effetti la realtà lavorativa tradizionale che conosciamo è fatta di estenuanti riunioni in presenza. È esperienza comune, per chi lavora in azienda, partecipare quasi costantemente a riunioni lunghe e faticose; per rendersi poi conto, magari solo alla fine, che sarebbe bastata un'e-mail.

Esattamente così si intitola il grafico elaborato da Evan DeFilippis, pubblicato da «The Economist» nell'articolo *Covid-19 has forced a radical shift in working habits*, che mette a confronto la durata delle riunioni nelle otto settimane precedenti al lockdown di marzo 2020 con quella delle otto settimane successive, rilevata in sedici città americane. Ebbene, la durata dei meeting è calata drasticamente dopo il lockdown, dimostrando che il lavoro a distanza rende più efficienti i momenti di lavoro collettivo.

Lo stesso articolo riporta uno studio, effettuato nel 2015 da Nicholas Bloom della Stanford University, su alcuni call center cinesi, i cui lavoratori lavoravano stabilmente dalle proprie abitazioni. Lo studio dimostra che chi lavora da casa è più produttivo (risponde a un maggior numero di telefonate). Un terzo dell'aumento della produttività è legato alla possibilità di lavorare in un ambiente più tranquillo.

Le ricerche citate sembrano suggerire che è proprio l'ufficio fisico a ridurre la produttività delle persone. È la convivenza forzata e continua con altre persone nello stesso spazio a generare inefficienza. È la presenza caotica e simultanea di molti individui che interagiscono tra loro, a volte disturbandosi, a interrompere i flussi di lavoro e creare dispersione. Le persone che hanno la possibilità di alternare la presenza in ufficio al lavoro fuori sede lavorano meglio e recuperano produttività.

I costi delle aziende si abbassano

L'aumento di produttività basterebbe a giustificare l'adozione di un modo nuovo di lavorare. Ma i benefici per le aziende vanno ben oltre. Il lavoro agile permette alle aziende di abbassare notevolmente i costi.

Partiamo dal risparmio legato ad alcune voci di costo del personale.

Chi lavora da casa o da un luogo a sua scelta diverso dall'ufficio racconta di riuscire a farlo in condizioni migliori, di avere minori problemi di sicurezza e di sperimentare un maggior livello di benessere. Come conseguenza diretta si assenta meno dal lavoro. L'Osservatorio smart working del Politecnico di Milano stima che la riduzione del tasso di assenteismo possa arrivare fino al 70%.

Nel corso delle nostre prime sperimentazioni in azienda, la riduzione di questa e di altre voci di costo del personale ci ha sorpreso: più aumentavano le persone coinvolte, più il risparmio diventa importante. Non era solo il tasso di assenteismo a calare drasticamente. Si riduceva anche il costo degli straordinari. I numeri in questione iniziavano a essere davvero rilevanti, come anche il loro impatto sul costo complessivo del personale.

Ma diminuivano anche le richieste di permessi giornalieri. Di conseguenza le persone che lavoravano all'amministrazione del personale avevano più tempo a disposizione: meno permessi da gestire, meno controlli da eseguire, meno riconciliazioni mensili di orari che non combaciavano, meno e-mail di sollecito per giustificare pochi minuti di scostamento dall'orario tassativo di entrata e uscita giornaliero.

La possibilità di gestire in modo autonomo il tempo di alcuni aveva come effetto una minore necessità di gestire burocraticamente il tempo di tutti. Regalava «tempo nuovo» a chi doveva occuparsene. Eravamo incantati dai risvolti inaspettati di questo nuovo tempo «liberato».

Inoltre, stavamo assistendo alla semplificazione dei primi processi aziendali, con la riduzione di costo che un processo più lineare porta sempre con sé.

I risparmi che osservavamo – oggi ampiamente misurati – non erano che la minima parte di quelli che il lavoro agile riesce a produrre. La parte più ingente è legata allo spazio, perché lavorando agilmente ne cala drasticamente il bisogno.

L'Osservatorio smart working attesta al 30% il risparmio di costi di gestione degli spazi fisici.

La società di consulenza Variazioni offre una stima puntuale dell'entità complessiva del risparmio che un'azienda può ottenere. A partire dal patrimonio di dati che ha raccolto nei suoi dieci anni di vita, e in particolare sulla base di ricerche condotte nel periodo 2015-2019 su un panel complessivo di oltre 12.000 lavoratori agili, secondo Variazioni è possibile ipotizzare un risparmio annuo tra i quattromila e i seimila euro a lavoratore, calcolato su un'ipotesi di lavoro agile che prevede da sei a nove giorni di lavoro da remoto al mese (quindi un'ipotesi di lavoro agile abbastanza conservativa).

Moltiplicare questo dato per il numero di persone che lavorano nelle organizzazioni rende evidente la portata del risparmio di cui le aziende possono beneficiare. Per le aziende di grandi dimensioni parliamo di milioni di euro. Sono numeri importanti, con un impatto evidente sul conto economico.

Questi dati circolano oramai comunemente nel mondo delle aziende; spesso servono a convincere manager scettici e li spingono ad abbracciare il cambio di mentalità che il lavoro agile richiede.

Forse sono la reale motivazione per cui – secondo un'indagine condotta da AIDP, l'Associazione dei direttori del personale – per oltre sette aziende su dieci i vantaggi del lavoro agile superano le criticità, tanto che il 68% di loro ha deciso che lo prolungherà anche nella fase di ritorno a una «nuova normalità», al termine dello stato di emergenza causato dal Covid.

Il vantaggio più importante: si apre la strada alla cultura dei risultati

L'aumento di produttività e il risparmio di costi sono i benefici più evidenti del lavoro agile per quanto riguarda le aziende. Il loro impatto sul conto economico è chiaro e misurabile. Concreta è la possibilità di migliorare costantemente l'efficienza e abbassare strutturalmente pesanti costi fissi.

Oltre ai benefici monetari esistono altri benefici intangibili, a mio avviso ancora più importanti dei primi. Perché mettono in atto un cambiamento aziendale più profondo.

Il beneficio più interessante è culturale: il presenzialismo viene progressivamente sostituito da una nuova cultura dei risultati.

Il lavoro agile, infatti, mette in discussione la necessità della presenza fisica e ogni sua distorsione. Non è più obbligatorio essere presenti tutti, alla stessa ora, in un luogo prestabilito; non serve più trovarsi a contatto fisico, vedersi reciprocamente, per lavorare. La presenza a oltranza non è più un fattore che può essere osservato, confuso con la produttività e l'attaccamento al lavoro, e quindi premiato. Ciò che conta davvero, che rimane concretamente visibile, è il raggiungimento degli obiettivi concordati, entro i termini stabiliti. Il tempo che si trascorre in ufficio perde rilevanza.

Se ciò è vero, diventa imprescindibile che sia chiaro cosa si deve fare. Cos'è chiamata a fare ogni giorno una persona? Che attività concrete deve portare avanti? Quali sono gli obiettivi che si prefigge di raggiungere?

Il lavoro agile va dritto al cuore del processo più importante della vita delle aziende: l'assegnazione degli obiettivi.

È il processo che, partendo dal dato di profitto generale

dell'azienda, determina i singoli obiettivi e li attribuisce specificamente a ogni persona.

Per riuscire a lavorare in autonomia nello spazio e nel tempo le persone devono conoscere esattamente gli obiettivi che sono chiamate a raggiungere, devono sapere con chiarezza che risultati sono attesi dal loro operato.

Chi ha lavorato in azienda sa però che nella maggior parte delle organizzazioni del nostro paese le cose stanno diversamente: spesso le persone non hanno chiari gli obiettivi del loro lavoro e non riescono a collegare i loro sforzi ai risultati che l'azienda intende raggiungere. Spesso lavorano a vista, rincorrendo le urgenze o portando avanti compiti assegnati in modo caotico, di cui la maggior parte delle volte non conoscono lo scopo.

È un approccio al lavoro che funziona, a fatica, solo nelle aziende di piccolissime dimensioni. Appena la complessità aumenta diventa problematico.

Nelle grandi aziende la mancanza di chiarezza di obiettivi crea una grandissima inefficienza. Lo sanno bene le persone che si trovano a lavorare in modo disordinato, con la sensazione di essere sempre travolte dalle urgenze. Lavorano in una cronica mancanza di tempo, individuando spesso come unica soluzione la richiesta di persone aggiuntive per gestire la mole di lavoro che l'inefficienza continua a generare; e con l'illusione di poter a un certo punto mettere fine al carico di lavoro eccessivo e disordinato, senza capire che in realtà è la mancanza di chiarezza di chi deve fare cosa ad alimentarlo. Come conseguenza di ciò il lavoro delle persone è complicato, faticoso, e alla lunga diventa arido. Il non capire davvero a cosa servono i propri sforzi, per quali obiettivi si utilizzano le proprie energie, rende il lavoro frustrante.

Purtroppo, è una situazione comune negli ambienti burocratici delle grandi aziende pubbliche, dove paradossalmente esiste un sistema di assegnazione degli obiettivi e di valutazione dei risultati, ma è talmente complesso e macchinoso da mancare completamente lo scopo per cui è stato introdotto. Le persone non solo non capiscono quali sono i risultati che sono chiamate a produrre, ma si trovano a dover affrontare un ulteriore adempimento burocratico di cui non capiscono l'utilità. Nella realtà continuano a eseguire compiti legati ad attività disorganizzate e, nella confusione generale, finiscono per limitarsi al mero rispetto della norma, che prevale sulla sostanza del rispondere alle richieste di cittadine e cittadini o dell'erogare servizi effettivamente utili.

È un modo di lavorare frustrante e altamente inefficiente.

Sono convinta che la presenza delle persone – tutte nello stesso luogo fisico, alla stessa ora – abbia a lungo offuscato l'inefficienza nascosta in questo modo di lavorare. I corridoi delle pubbliche amministrazioni sono attraversati da persone che si spostano portando fogli da un ufficio all'altro. Nelle aziende capita che intorno ai tavoli delle riunioni ci siano molte più persone di quante realmente ne servirebbero. Negli open space i lavoratori restano per ore davanti ai monitor dei loro computer a preparare presentazioni che gran parte delle volte non verranno neanche viste. Oppure mettono in copia conoscenza, nelle loro lunghe e-mail, persone non direttamente coinvolte nell'argomento, che a loro volta impiegheranno il loro tempo a leggerle, per capire solo alla fine che non era di loro interesse. Gruppi di lavoro si trovano a sviluppare progetti per i quali non sono stati ancora destinati fondi o attività che, arrivando troppo presto o troppo tardi rispetto alla tempistica desiderata, duplicano o rallentano il lavoro di altri.

Sono inefficienze ben conosciute da chi lavora nel mondo aziendale. Ma l'ufficio fisico le «contiene» e, per certi versi, le giustifica. Perché secondo il nostro schema mentale chi è in ufficio sta lavorando. Che sia efficiente o meno, che sia produttivo o meno.

È nel momento in cui le persone iniziano a essere fisicamente distanti che la verità emerge.

Chi decide di lavorare anche solo per qualche giorno lontano dal proprio ufficio deve organizzarsi. Deve sapere che risultati ci si aspetta dal suo lavoro, deve conoscere con esattezza gli obiettivi. Le sue mansioni devono essere chiare, i suoi carichi di lavoro valutati attentamente, semplici da trovare le informazioni che gli servono, facilmente reperibili e utilizzabili da remoto.

Ed è l'azienda che deve attrezzarsi perché ciò accada: deve strutturare il processo di assegnazione degli obiettivi, declinandolo e diffondendolo fino all'ultima persona che lavora al suo interno. Deve collegarlo con chiarezza al processo di valutazione dei risultati e a quello di riconoscimento degli stessi. Deve capire dove i processi aziendali si incrociano e lavorare costantemente alla loro semplificazione. E poi, più banalmente, deve organizzare, meglio di quando si lavorava in presenza, riunioni, progetti condivisi tra più persone, passaggi di informazioni nelle diverse fasi del lavoro.

Ecco il beneficio intangibile più importante di un nuovo modo di lavorare: i processi lavorativi si semplificano e le persone comprendono il collegamento tra il lavoro che svolgono e i risultati raggiunti, il che apre la porta a una vera cultura dei risultati.

Mi ha molto colpito, a tal proposito, che il sito dell'Esercito italiano, il 2 gennaio 2021, abbia voluto riprendere le parole della ministra per la gioventù Fabiana Dadone quando ha annunciato la proroga del regime di smart working. Vi ho ritrovato uno spirito che non sono abituata ad associare alle forze armate, una realtà – almeno nel mio immaginario – altamente burocratizzata e poco aperta all'esterno.

> Dall'adempimento al risultato, dalla procedura ben fatta al servizio ben erogato, dalla scartoffia in ordine alla soddisfazione dei cittadini: lo smart working a regime contribuirà a rendere più flessibile l'organizzazione del lavoro pubblico e la pubblica amministrazione potrà ambire davvero a essere traino d'innovazione per tutto il paese.

Lo sforzo, nell'esercito e nella pubblica amministrazione, dovrà essere titanico. Ma anche in questo caso siamo di fronte a persone che presentano le medesime dinamiche ed esigenze di chi lavora nel privato. Il lavoro agile può innescare cambiamenti profondi e, forse, condurre a una vera cultura dei risultati. Con soddisfazione di chi ci lavora e di tutti noi che ne siamo i «clienti».

Sono i manager che devono cambiare per primi

Arriviamo ora al punto più sensibile. I benefici che stiamo indagando sono legati a un cambiamento profondo del modo di lavorare, che è in primis un cambio culturale. Tali cambiamenti passano necessariamente dai manager: sono loro che devono decidere di abbandonare la cultura del presenzialismo per lasciare spazio alla cultura dei risultati; e devono esserne capaci.

Per farlo devono innanzitutto prendere la giusta distanza dal loro lavoro individuale e dedicare il proprio tempo a organizzare quello della squadra, perché non avranno più fisicamente al loro fianco persone a cui dare compiti a vista, nei momenti delle urgenze.

Devono assegnare obiettivi chiari e controllare unicamente i risultati. Non vedranno lavorare ogni giorno le persone, non potranno intervenire sul modo in cui lo fanno e dovranno aspettare a controllare l'esito del loro lavoro. Dovranno avere fiducia, attendere e delegare.

Devono imparare a fare un passo indietro e lasciare spazio a collaboratrici e collaboratori, perché spesso saranno lontani, si muoveranno e prenderanno decisioni senza il continuo confronto con loro. A volte significherà non proporre soluzioni che già si conoscono per lasciare che la proposta arrivi spontanea; altre volte vorrà dire dedicare il proprio tempo a verificare che tutti abbiano a disposizione le informazioni necessarie per portare a termine in autonomia il proprio lavoro.

Dovranno saper fare tutto ciò da lontano, senza la presenza fisica delle persone accanto.

Dovranno imparare a delegare, mentre fanno lavoro agile.

Per l'azienda è salutare. Passare dal raggiungimento diretto dei risultati al mettere gli altri nelle condizioni di raggiungere i propri, capendo che il vero obiettivo della squadra è la somma dei traguardi collettivi, è il senso del diventare capo. Significa cambiare il proprio modo di lavorare, significa evolvere come manager.

Ricordo l'esperienza di una ex collega. Ero alla ricerca di testimonianze di lavoratrici agili per alcuni miei studi e mi era venuta in mente lei, da sempre amante e sostenitrice attiva di questo modo di lavorare. Gestiva una squadra di otto persone e abitava in una città a un'ora di distanza dalla sede di lavoro abituale. Mi aveva descritto la sua vita: lavorava da remoto due giorni a settimana, riuscendo a conciliare il lavoro con la vicinanza ai due figli, che poteva accompagnare a scuola o assistere nei pomeriggi di compiti. Nelle altre giornate lavorava in sede, raggiungendo però l'ufficio il mattino tardi, dopo aver accompagnato i figli ed evitando le ore di punta, per poi trattenersi di più nel pomeriggio. Aveva trovato un equilibrio soddisfacente tra vita e lavoro. Ciò che mi colpì mentre la ascoltavo fu che non citò mai la modalità in cui lavoravano i suoi collaboratori. Non chiarì mai se lavoravano in sede o da remoto. Fu lei a stupirsi quando le chiesi come faceva a gestire il gruppo di lavoro. «In che senso gestirlo?» rispose. «Io do loro gli obiettivi e comunico i risultati che mi aspetto. Poi sono loro che gestiscono tempi e spazi. A me basta sentirli quando dobbiamo sentirci, poi onestamente non so cosa fanno o dove scelgono di stare.» Quando provai a chiederle come faceva a controllarli, lei rispose con sicurezza: «So sempre cosa stanno facendo, perché sono io che ho bisogno dei loro risultati. Se i risultati arrivano so che stanno lavorando, se non arrivano è il momento di capire perché. E di aiutarli». Le sue parole rimangono per me una delle descrizioni più efficaci – e autentiche – di delega mai ascoltate.

Ma non è facile.

Non nella cultura manageriale media delle aziende italiane; ancora meno nella pubblica amministrazione, dove molti manager rimangono ancorati a un modo di lavorare tradizionale, basato sulla presenza fisica, che oscilla tra il completo disinteresse per le persone a disposizione e una soffocante ingerenza.

Sono i capi asserragliati nei loro uffici, indisturbabili perché perennemente impegnati a portare avanti in prima persona il lavoro di cui è responsabile l'intera squadra – mentre magari gli stessi collaboratori stanno rilavorando attività già svolte da altri. Sono i capi incapaci di dedicare anche solo un'ora a settimana a organizzare il lavoro dei team.

Ma sono anche i massimi esperti in *micromanagement*: pretendono di approvare ogni singola e-mail e stanno perennemente con il fiato sul collo delle persone con cui lavorano.

Per queste tipologie di manager il lavoro agile è un vero incubo. I più feroci oppositori del lavoro agile sono i manager che non sanno delegare: quasi sempre collocati a metà della scala gerarchica, pensano che esista un tempo unico, imposto rigidamente dall'azienda – spesso coincidente con il loro tempo personale –, e non riconoscono le necessità delle persone che lavorano con loro, non colgono le diversità e le complessità delle loro vite e chiudono gli occhi di fronte ai loro bisogni.

Così finiscono per creare ambienti rigidi e irrispettosi del prossimo, vere e proprie sacche di infelicità.

Ecco il vero nodo critico dell'introduzione del lavoro agile.

Cambiare modo di lavorare è l'occasione per sviluppare e far evolvere le capacità manageriali. L'introduzione del lavoro agile è la cartina al tornasole delle competenze manageriali presenti. Mette in evidenza chi ha solide competenze di leadership e lo distingue da chi ne è carente. Chi si interessa davvero al benessere delle persone con cui condivide obiettivi di lavoro da chi se ne dimentica.

La cultura dei risultati trova spazio solo in un'azienda in cui le competenze manageriali di gestione delle persone sono solide. Lì, i processi funzionano meglio e le persone lavorano con più facilità. E felicità.

Dove nasce la creatività?

Ci sono altri benefici che le aziende possono ottenere attraverso il lavoro agile.

Sono i benefici intangibili dell'apertura alla creatività, all'innovazione e dell'immagine attrattiva che l'azienda può dare di sé.

Riporto un pensiero che ho pubblicato su Instagram nel 2019. «Se solo le aziende capissero che fuori c'è il mondo; e che le persone questo mondo lo devono poter abitare. Che la creatività sta fuori dalle mura di un ufficio. Che non servono corsi di innovazione, ma immergersi nel nuovo, nell'altro, per trovare in sé stessi il pensiero laterale, le tanto ricercate intuizioni. Che è solo uscendo che si ritorna poi con valore nuovo, per lavorare meglio. Se solo le aziende dessero alle loro persone il tempo per farlo.»

Ero arrabbiata quel giorno. Avevo appena parlato con un conoscente, avvilito perché l'orario troppo rigido dell'azienda in cui lavorava gli aveva impedito di partecipare a un'iniziativa pubblica, negandogli l'occasione di conoscere qualcosa di nuovo, di informarsi, di aprire la mente, precludendo un possibile stimolo alla sua creatività, alla sua capacità di tornare in ufficio con idee nuove, nuove soluzioni.

Ripensavo a quante volte, lavorando nella direzione del personale, avevo proposto corsi di creatività. Quanti interventi avevamo programmato nelle nostre riunioni plenarie per stimolare la mente delle persone, per farle riflettere? Quanti speaker avevamo invitato per portare in azienda i contenuti del mondo esterno? Avevamo sempre inteso la creatività e l'innovazione nel modo più tradizionale, come se fossero informazioni da infilare nella testa delle persone.

Avevamo dato per scontata la presenza fisica del personale negli uffici: li confinavamo in rigidi recinti di spazio e tempo provando poi a «portare *dentro* l'esterno».

Senza capire invece che la creatività è intorno a noi e che la cosa più semplice è lasciare libere le persone di incontrarla: l'innovazione tanto ricercata tra le mura degli uffici è in realtà nelle strade, nei bar dove fare colazione, negli spazi di coworking dove lavorare a contatto con sconosciuti, facilitando le connessioni casuali.

Il lavoro agile ribalta il paradigma di spazio e tempo e porta le persone fuori dagli uffici. Così facendo, crea occasioni di incontro, lascia spazio al nuovo e piano piano sollecita l'attitudine alla flessibilità mentale.

Il lavoro agile apre la mente delle persone, porta innovazione, regala creatività senza ricorrere a corsi appositi, ma lasciando alle persone il tempo di andare in giro a cercarla.

Quando le aziende iniziano a lavorare in questo modo trasmettono un'immagine diversa. Sono aziende in sintonia con il mondo esterno. Migliora la loro reputazione non solo agli occhi di lavoratrici e lavoratori, ma anche nella percezione dei consumatori. Parliamo di aziende che sanno cosa vogliono le nuove generazioni: nei processi di selezione, un'azienda che fa lavoro agile si presenta attenta alle necessità di equilibrio tra la vita professionale e la vita privata del personale; si qualifica come azienda aperta al mondo; guadagna punti preziosi agli occhi dei potenziali candidati, aumentando in modo significativo la possibilità di attirare i migliori talenti.

Sono questi i benefici che le aziende ottengono quando abbandonano il modo tradizionale di lavorare: da una parte, impatto immediato sul conto economico, aumento della produttività e significativo abbattimento di costi strutturali; dall'altra, tutti i benefici intangibili che sono determinati dalla trasformazione della cultura del presenzialismo in cultura dei risultati, con conseguente evoluzione delle capacità manageriali, apertura alla creatività, all'innovazione e al mondo, e un potente miglioramento dell'immagine di sé che l'azienda proietta all'esterno.

Il perché sia importante aprirsi al lavoro agile a questo punto ci è chiaro.

Ci serve da ultimo provare a dare un peso a questi benefici.

Ricorriamo ancora una volta ai dati dell'Osservatorio smart working, tenendo presente che si tratta di rilevazioni precedenti al 2020, quindi prive delle distorsioni emerse in seguito alla pandemia.

Nelle grandi imprese il primo motivo per cui si portano avanti iniziative di lavoro agile è il miglioramento dell'equilibrio tra lavoro e vita privata dei lavoratori (78% del campione), seguito dalla capacità di attrarre e coinvolgere i talenti

(59%) e dal desiderio di assicurare un maggior benessere organizzativo (46%).

Per le piccole-medie imprese le motivazioni sono collegate al miglioramento del benessere organizzativo, indicato da un'impresa su due, e al miglioramento dei processi aziendali (26%).

Per le pubbliche amministrazioni i più importanti benefici sono una migliore conciliazione tra vita privata e vita professionale (78% del campione), maggior benessere organizzativo (71%), aumento della produttività e della qualità del lavoro (62%).

Sono numeri che, anche questa volta, parlano chiaro.

4.
I VANTAGGI PER LA COLLETTIVITÀ

I numeri di una città (viva)

Sto scrivendo questo libro nel 2021, in piena emergenza Covid. Le giornate scorrono monotone mentre si alternano zone rosse, arancioni e gialle. Le strade sono vuote. La maggior parte dei negozi sono chiusi, così come i bar e i ristoranti. E tutti gli impianti sportivi. Anche gli uffici sono meno frequentati, alcuni grattacieli della mia città sono deserti da mesi. È in atto il coprifuoco. E pur iniziando alle ventidue, anche nel corso della giornata le persone girano poco, perché in fondo rimanere in casa è considerato da tutti l'opzione migliore per uscire più velocemente da questo periodo faticoso.

Per pensare ai benefici del lavoro agile sulla nostra collettività, sull'ambiente in cui viviamo, devo in questo momento fare uno sforzo di immaginazione. Devo tornare con la memoria alla vivacità delle città percorse da gente che vive, lavora, studia o semplicemente transita; che frequenta piazze, strade e spazi pubblici. E proiettare quest'immagine in avanti, nel futuro che tutti ci auguriamo possa arrivare il più velocemente possibile.

Dopo gli anni delle sperimentazioni all'interno delle singole aziende – con la misurazione di benefici e risultati – sono state le sperimentazioni su base cittadina a farci rendere conto dell'entità che il fenomeno avrebbe potuto raggiungere e del fatto che i benefici sono in grado di interessare l'intera collettività.

Torno allora ai dati milanesi. Gli spostamenti con mezzo privato evitati nella Settimana del Lavoro Agile del 2019 ammontano a 74.390 km. «Come girare due volte intorno all'equatore», si legge nel documento di presentazione dei risultati.

Su base giornaliera le percorrenze complessive evitate hanno ridotto notevolmente i principali inquinanti. Lavorando agilmente per una giornata sola, nel cielo di Milano non si sono riversate 14 tonnellate di anidride carbonica, 9,7 kg di biossido di azoto e 28,9 kg di ossidi totali di azoto.

Per comprendere la portata di tali dati il rapporto del comune evidenzia che le quantità evitate corrispondono a circa il 30-35% delle emissioni medie giornaliere prodotte dal traffico stradale circolante in Area C (l'area del centro della città in cui si accede pagando un pedaggio); per alcuni inquinanti (come il biossido di azoto) si arriva fino al 50%.

Sono dati estremante chiari nel quantificare il primo beneficio che il lavoro agile apporta alla comunità: la riduzione dell'inquinamento e il miglioramento della qualità dell'aria in città.

È il vecchio paradigma lavorativo che ci vuole ancora tutti in ufficio alla stessa ora a provocare le code sulle tangenziali, la congestione nelle ore di punta in città. È la necessità ormai del tutto superata di lavorare tutti i giorni in un luogo lontano dalla propria abitazione che determina un consumo esagerato di combustibile e la continua emissione di inquinanti. Il lavoro agile dimostra non solo che si può lavorare diversamente, ma anche che, lavorando diversamente, è possibile ridurre in modo evidente l'inquinamento che produciamo. Per grandi città intossicate come Milano basterebbe questa evidenza per far crollare ogni scetticismo sull'introduzione del lavoro agile.

Grazie ai dati raccolti dal Comune di Milano durante le sperimentazioni, possiamo stimare il minor utilizzo dei mezzi pubblici nelle ore di punta. Che è un altro oggettivo beneficio per la collettività. Durante la settimana del 2019 hanno lavorato agilmente 53.520 lavoratori; dai questionari risulta che il 59% dei loro spostamenti avviene solitamente su mezzi pubblici. Ciò significa che in una sola giornata più di 30.000 lavoratori non hanno preso i mezzi pubblici. Se ce li immaginiamo, come è realistico pensare, concentrati nelle ore di punta, ci viene facile capire che la loro assenza ha sicuramente reso più agevole il viaggio di chi quello stesso giorno ha dovuto recarsi sul posto di lavoro.

Stiamo iniziando a capire che una pratica di benessere individuale ha effetti benefici sull'intera collettività, di cui fanno parte anche le persone che quella stessa pratica non possono applicarla. Lavorando meglio singolarmente si produce benessere anche per gli altri, un benessere collettivo. La felicità individuale va di pari passo con quella pubblica.

Muoversi in modo intelligente

Quando ragioniamo in termini di collettività, i numeri in gioco si fanno davvero impressionanti e immaginare l'impatto del lavoro agile diffuso diventa estremamente interessante.

Moovit, l'applicazione per la mobilità urbana che aiuta le persone a muoversi nelle grandi città, ha calcolato i tempi medi di spostamento per studio e lavoro di alcune grandi città. A Istanbul i minuti sono 72, 69 a Città del Messico, 67 a Rio, a New York ne servono 54. Per quanto riguarda l'Italia il tempo impiegato a Roma è di 52 minuti, 46 a Napoli e 43 a Milano.

Questi numeri hanno una base di calcolo molto più ampia rispetto ai primi dati che abbiamo rilevato nelle sperimentazioni della città di Milano, ma ne confermano sostanzialmente i risultati.

I numeri medi italiani rilevati da Moovit, se proiettati sull'arco temporale di una vita, confermano i due anni e mezzo spesi in viaggio che abbiamo visto nel capitolo relativo ai benefici per la persona. In altre città del mondo le medie possono essere ancora più feroci.

Se moltiplichiamo i due anni e mezzo del singolo individuo per il numero di persone che lavorano in una grande città, i numeri diventano intuitivamente da capogiro: centinaia di migliaia di anni spesi a muoversi da casa all'ufficio e viceversa.

Il modello tradizionale di lavoro di chi si reca tutti i giorni in ufficio prevede lo spreco di una componente molto elevata di tempo, quotidianamente dedicata ad attività non produttive, men che meno generatrici di benessere per le persone.

Ma questa enorme richiesta di tempo per il movimento ha davvero ancora senso? La necessità di andare fisicamente tutti insieme negli stessi uffici, storicamente legata al vincolo dell'utilizzo della carta, è oggi venuta meno. Perché allora continuiamo a muoverci ogni giorno, a investire così tanto del nostro tempo di vita nel percorso casa-ufficio-casa?

Delle analisi di Moovit mi hanno colpito soprattutto le punte estreme.

La possibilità di muoversi – lo stiamo capendo in questi mesi di restrizioni continue – è sicuramente salutare: favorisce il benessere delle persone e rappresenta un tempo sospeso, uno stacco netto tra attività lavorativa e vita privata.

Ma ciò vale per spostamenti brevi, piacevoli, a piedi o in bicicletta. Come molti hanno la fortuna di fare. Per altri i viaggi possono essere davvero estenuanti. A Milano, per esempio, il 15% dei lavoratori impiega tra una e due ore di tempo per raggiungere il posto di lavoro, che diventano circa tre ore complessive al giorno. Sono migliaia le persone che ogni giorno, con condizioni meteorologiche favorevoli o avverse, si mettono in viaggio su treni e mezzi pubblici, con la fatica di cambi e trasferimenti, orari da rispettare, coincidenze da non perdere. O con la macchina, percorrendo strade trafficate, che possono diventare pericolose per le nebbie invernali o trasformarsi in trappole a causa degli ingorghi.

Ora che stiamo ragionando su un livello più ampio di quello della singola azienda e i numeri assumono proporzioni ingenti, non risulta chiaro il loro legame con il benessere della collettività? Non è evidente che lasciare alla singola persona la libertà di scegliere se fare o non fare questi spostamenti crea un enorme beneficio alla collettività intera?

Per tantissime persone la possibilità di lavorare da remoto non esiste. La tipologia del loro lavoro richiede necessariamente la presenza fisica: medici e infermieri che lavorano negli ospedali, insegnanti delle scuole, forze di polizia, negozianti, gestori di attività commerciali e di ristorazione. Ed è proprio su di loro, su chi necessariamente deve raggiungere il posto di lavoro, che lo spostamento evitato da chi invece può scegliere ha una ricaduta positiva.

Chi fa lavoro agile ed evita parte dei tragitti quotidiani lascia spazio a chi non ha la medesima scelta. Può sembrare un paradosso, ma ragionando a livello di collettività risulta chiaro che il lavoratore agile aiuta anche chi non può lavorare agilmente.

Aggiungiamo un altro elemento. Il lavoro agile offre flessibilità non solo nella scelta del luogo da cui lavorare, ma anche nell'uso del tempo. Perché rompe lo schema orario fisso giornaliero, con rigidi lassi di tempo per l'entrata e l'uscita dagli uffici. Le persone possono quindi decidere di andare a lavorare in ufficio arrivando più tardi rispetto all'orario canonico d'ingresso oppure lavorando la mattina da casa per poi raggiungere la sede aziendale il pomeriggio. Anche questo uso flessibile del tempo ha impatto sulla collettività. Chi lavora così non si muove nelle tradizionali ore di punta e, sempre per il meccanismo di generazione incrociata di benefici che il lavoro agile riesce a mettere in atto, la possibilità individuale di un viaggio più rilassato coincide con la diminuzione delle punte di massimo utilizzo dei mezzi. Chi lavora agilmente nel tempo aiuta chi deve rispettare rigidi orari di ingresso. È la prospettiva di una collettività di persone interdipendenti che ci fa capire quanto i benefici di un modo diverso di lavorare trascendano la singola persona, per trasformarsi in vantaggi per tutti.

Una comunità più sicura

I benefici per la collettività non si fermano a una migliore possibilità di spostamento. Pensiamo alla sicurezza delle persone. Meno mezzi in circolazione creano meno problemi di viabilità, meno incidenti stradali. Ripensiamo ai numeri che abbiamo visto nelle pagine precedenti, all'incredibile quantità di ore che le persone trascorrono sui mezzi pubblici o in macchina. È facile capire di quanto si possa abbassare la probabilità di incorrere in problemi di sicurezza e rendersi conto di quante vite umane possa salvare il lavoro agile.

Esattamente come nelle aziende, il lavoro agile diffuso ha effetti anche sugli spazi cittadini, portando altri cambiamenti benefici.

Quando le persone iniziano a lavorare in luoghi diversi rispetto all'ufficio, la città deve attrezzarsi per accoglierle: potenziare la disponibilità di wi-fi pubblico, arricchire i servizi nati per una specifica funzione, le piscine per esempio, in modo che possano ospitare anche lavoratori agili – predisponendo tavoli o angoli dedicati al lavoro –, creare luoghi di coworking. Milano ha aperto la strada su questo tema, proponendosi come prima città smart d'Italia.

Prima del marzo 2020 in città esistevano già più di cento spazi di coworking privati che il Comune di Milano ha censito e coinvolto in azioni di promozione collettive; nel corso degli ultimi anni sempre più bar si sono attrezzati per ospitare chi lavora, offrendo tavoli ampi su cui potersi trattenere per diverse ore consumando anche solo un caffè; nelle biblioteche cittadine, accanto agli studenti, è consueto incontrare lavoratori da remoto. I parchi pubblici sono muniti di tavoli, spesso utilizzati per festeggiare i compleanni dei bambini ma con altrettanta frequenza da lavoratrici e lavoratori che approfittano del clima favorevole per fare lavoro agile all'aperto.

Se le persone, in numero crescente, non identificano più nell'ufficio l'unico luogo in cui poter lavorare e cercano spazi diversi della città in cui farlo, anche la pianificazione urbanistica deve iniziare a tenerne conto.

Nel piano territoriale degli orari approvato durante il mio mandato da assessora abbiamo indicato tra le diverse linee strategiche la «plurifunzionalità dei luoghi pubblici». Con questa espressione abbiamo voluto evidenziare il fatto che il lavoro agile diffuso avrebbe condotto le persone a usare i luoghi pubblici in modo diverso da quello per cui erano stati pensati in origine, ampliandone quindi la funzionalità.

Il lavoro agile, infatti, rende possibile lavorare dagli spalti di una piscina o nelle aule vuote di una scuola in orario extrascolastico. Chi gestisce i luoghi pubblici deve intercettare il fenomeno e ripensare le possibilità d'uso dei luoghi stessi.

La realtà è che le persone hanno vite complesse e bisogni in continua evoluzione. Devono riuscire a conciliare il lavoro con la cura dei figli o con il desiderio di occuparsi del proprio benessere fisico. Perché non dare alle persone la possibilità di lavorare comodamente dal bar della palestra in cui hanno portato i figli o in cui hanno appena finito di allenarsi? E perché no, anche dagli asili in cui accompagnano i figli, così come nelle esperienze che stiamo iniziando a vedere in qualche paese nordico.

Quante persone nella vita quotidiana sono *caregiver*, si occupano cioè della cura dei familiari, e affrontano lunghe ore di attesa negli ospedali, negli ambulatori o nelle residenze per anziani? Le città devono iniziare a pensare anche ai luoghi di cura come spazi in cui si possa lavorare e attrezzarli, con wi-fi e aree dedicate al lavoro.

Se il lavoro agile diventa la modalità di lavoro diffuso, le comunità devono imparare a ripensare i luoghi, le amministrazioni devono ridisegnare gli spazi pubblici per accogliere le funzioni miste che le persone avranno bisogno di ritrovare. Per riuscire a ricomporre in questi luoghi tutte le parti delle loro vite.

La pandemia, con lo svuotamento dei centri delle città, ha indicato chiaramente come il modo in cui lavoriamo plasmi il tessuto urbano. Una volta superata l'emergenza, sarà interessante capire come un modo nuovo di lavorare, suddiviso tra casa, ufficio e luoghi pubblici, si ripercuoterà sul disegno delle città e come le politiche pubbliche saranno capaci di interpretare questo fenomeno. Quello che mi sento di dire già da adesso è che i cambiamenti saranno migliorativi. Vivremo città più animate, con servizi più diffusi nei vari quartieri, comunità più vivaci, e quindi più sicure.

Come abbiamo visto nel caso delle singole persone e delle aziende, anche città e cittadini avranno modo di apprezzare i benefici che il lavoro agile è in grado di creare.

C'è un aspetto importante dell'impatto che il lavoro agile può avere sulla collettività. È di nuovo relativo al tempo. Sappiamo ora che il primo beneficio che le persone indicano quando iniziano a cambiare il loro modo di lavorare è il recupero di tempo. Il lavoro agile libera il loro tempo e le persone possono decidere di riversarlo in attività per la collettività: per renderlo più ricco e restituire qualche cosa agli altri.

È un concetto che le aziende – in particolare chi si occupa di risorse umane – devono comprendere. La volontà di attivarsi per la collettività è spesso un bisogno reale di chi lavora; le persone, soprattutto chi lavora per la maggior parte del suo tempo in ambito privato, sentono l'esigenza di fare qualcosa che vada oltre il loro lavoro in senso stretto. Vogliono aiutare gli altri, essere cittadini attivi nel contesto in cui vivono. Desiderano andare oltre una mera donazione di soldi.

Nel 2017 ho introdotto nell'azienda in cui lavoravo le Comunità Emozionali. La denominazione era stata scelta per indicare con chiarezza alle persone la possibilità di incontrarsi, in orario lavorativo, in comunità che condividevano interessi non strettamente legati alle loro professioni.

Sono nate così comunità dedicate alle tematiche di genere, alla disabilità, al mondo LGBT e ai padri che volevano potersi occupare di più dei loro figli.

La comunità che ha avuto da subito il maggior numero di iscritti ed è riuscita a realizzare velocemente i primi progetti è stata quella del volontariato.

Le persone avevano l'urgenza di occuparsi di problemi più grandi di quelli che vivevano nella loro vita quotidiana, avevano voglia di aprirsi a realtà esterne e capire dove potevano portare un impatto positivo, dove potevano mettere al servizio di bisogni più grandi le competenze che avevano affinato con il loro lavoro. Volevano mettere il loro tempo a disposizione degli altri. Avevano voglia di partecipare alla vita della loro collettività.

Ho fatto l'assessora in una giunta votata alla partecipazione. L'attivazione di cittadine e cittadini era stata la vera spinta all'elezione del sindaco Pisapia e «partecipazione» è diventata la parola chiave che ha guidato per cinque anni la maggior parte delle nostre scelte; è stata il nostro collante con la città, il faro nelle decisioni più difficili; e anche la fatica quotidiana delle migliaia di progetti portati avanti direttamente con i cittadini.

Di questi ultimi, ricordo l'entusiasmo, l'orgoglio di mettere a disposizione di tutti le proprie capacità e la soddisfazione di vedere realizzati concretamente i loro progetti; ma anche la necessità di tempo da dedicare a tutto ciò.

Un'esperienza tra le più interessanti è stata quella dei «giardini condivisi». Venivano così chiamati i giardini pubblici gestiti direttamente da associazioni di cittadini. Spesso costruiti direttamente da loro.

Con una delibera di giunta avevamo dato veste giuridica a queste realtà, riconoscendo le associazioni di cittadini che se ne prendevano cura, stabilendo chiaramente il confine tra le responsabilità del comune e quelle delle associazioni stesse.

È così che sono nati a Milano, nel giro di pochi anni, parecchi giardini condivisi, di dimensioni e tipologie diverse, disseminati in tante zone della città. Il Giardino nascosto, gli Orti di via Padova, il grandissimo Giardino di san Faustino e tanti altri ancora. Spazi degradati o incolti si sono trasformati in bellissimi giardini pubblici, curati direttamente dalle persone e aperti a tutti. I cittadini hanno visto rifiorire sotto i propri occhi spazi abbandonati, li hanno visti trasformarsi da luoghi chiusi e transennati a luoghi vivi, animati e curati; grandi distese di prati incolti si sono trasformate in orti, boschetti sbarrati da rovi e spazzatura sono tornati a essere di nuovo accessibili e piante e fiori colorati hanno preso il posto di macerie e immondizia. In alcuni giardini condivisi sono arrivate anche le api. Le persone sono tornate ad abitare quei luoghi, a sedersi su panchine fatte con il legno dei pallet o su sedili realizzati con i ceppi d'albero, godendosi la natura ritrovata. Hanno organizzato momenti di socialità collettiva, pic-nic all'inizio, poi manifestazioni culturali più complesse a mano a mano che i giardini si strutturavano. Molti eventi di PianoCity e BookCity, manifestazioni culturali diffuse nella città di Milano, sono stati ospitati nei nuovi giardini condivisi; la manifestazione Green City, sempre patrocinata dal comune, li ha più volte raccontati e resi protagonisti.

I giardini condivisi vivono grazie alla sinergia tra un'amministrazione pubblica capace di riconoscerli e la volontà e la tenacia di cittadini illuminati che se ne prendono cura.

Ma vivono soprattutto del tempo che le persone riescono a dedicare loro. Coltivare un giardino richiede tempo.

È così che una modalità lavorativa che libera il tempo delle persone può diventare preziosa anche per la collettività: grazie al tempo ritrovato le persone riescono ad avere impatto sulla loro comunità.

Ancora una volta siamo in presenza di un beneficio che riversa i suoi effetti ben oltre la singola persona.

Il lavoro agile restituisce tempo alle persone e le persone, quando lo utilizzano per essere cittadini attivi, lo restituiscono a loro volta alla collettività di cui fanno parte, migliorandola.

Ho raccontato la storia dei giardini condivisi per l'amore profondo che ancora oggi provo per queste realtà, ma sono tanti gli esempi di partecipazione: quelli nati negli anni del mandato Pisapia, come le scuole aperte e le social street, ma anche il volontariato più classico e l'associazionismo in senso generale.

Se il lavoro imprigiona il tempo delle persone in orari rigidi, come si possono portare avanti attività come queste? Se le persone oltre al lavoro quotidiano sono costrette a spendere ore e ore in lunghi spostamenti, quando trovano il tempo da dedicare alla collettività?

Sono meravigliose le parole della canzone di Giorgio Gaber: «La libertà non è uno spazio libero, libertà è partecipazione».

Ma se le persone non ne hanno il tempo?

Il lavoro agile come strumento inclusivo

C'è un ultimo aspetto da analizzare per comprendere appieno i benefici che il lavoro agile è in grado di produrre per la collettività.

Il tradizionale paradigma di lavoro che impone la presenza fisica quotidiana nel luogo di lavoro, pesante per le persone in generale, può diventare proibitivo per chi ha difficoltà di salute o disabilità di qualsiasi tipo. Dover raggiungere tutti i giorni l'ufficio può essere uno sforzo eccessivo per chi, per esempio, ha difficoltà motorie o sensoriali; i tragitti possono rivelarsi una fatica esorbitante. Dover mangiare sempre fuori può essere rischioso per persone con problemi di salute, cronici o meno. La convivenza stessa negli uffici può essere difficilmente sopportabile per certi tipi di malattie o disabilità.

La possibilità di lavorare in modo flessibile è per moltissime persone l'unica possibilità di lavorare; o perlomeno la possibilità di lavorare meglio, senza aggiungere stress a situazioni già complicate.

Il lavoro agile può diventare uno strumento facilitante: perché permette di lavorare con minore difficoltà a chi, in certi momenti della vita, dell'anno, della giornata, oppure per sempre, è impossibilitato a svolgere i propri compiti in modo tradizionale.

Al tempo stesso è uno strumento che non discrimina. Essendo una modalità di scelta utilizzabile da tutti, è indifferente alla distinzione tra disabili e normodotati, non divide la platea di lavoratori in categorie. È dunque uno strumento facilitante e inclusivo.

Ricordiamo che uno dei motivi di insuccesso del telelavoro risiede proprio nella sua applicazione a precise categorie. Veniva principalmente concepito per risolvere problemi specifici e concesso a determinate tipologie di persone: le madri con figli a carico, i lavoratori con problemi di salute, le persone con disabilità di diverso tipo, per le quali era più semplice lavorare da casa. In questo modo le «condannava» a un'invisibilità sociale e a un perenne isolamento.

Se invece è il lavoro di tutti a essere flessibile, tutte le persone possono alternare modalità di lavoro a prescindere dalla natura dei loro bisogni, che, come deve essere, restano di pertinenza esclusiva della singola persona e non di una categoria generalizzata.

Quando la società tutta accoglie questa modalità di lavoro e plasma comunità e città su di essa, la collettività intera diventa flessibile e cadono molte distinzioni: tutte le persone decidono il luogo più idoneo in cui lavorare, alternando la casa all'ufficio, ad altri luoghi ancora.

In una società intera che lavora in modo agile chi è costretto a lavorare da casa non è solo, non è discriminato; è parte di una forza lavoro diffusa, che lavora per obiettivi, prescindendo dalla presenza fisica e imparando a cooperare nelle situazioni più diverse.

Ecco perché tra i benefici del lavoro agile c'è anche la reale inclusione delle persone.

Solo una società capace di includere tutte le persone che la compongono, nella vita quotidiana di tutti i giorni, è una società che ha veramente a cuore il benessere collettivo.

5.
I VANTAGGI PER LE DONNE

Una storia ancora attuale

Un'amica mi ha invitato a pranzo. Con mia grande gioia, ha cucinato piatti a base di verdure; dopo una minestra di coste fresche, sto assaporando degli spinaci dolcissimi.

Siamo solo io e lei, sedute una di fronte all'altra al tavolo della sala; tra di noi ci sono piatti colorati, un'alzatina di ceramica e una grande tovaglia rossa. Stiamo bene, ci godiamo l'intimità che si instaura quasi immediatamente tra due donne che si conoscono a fondo. Parliamo a ruota libera di quello che accade, a noi e al nostro lavoro. Lei sa che sto scrivendo un libro, molti passaggi li abbiamo discussi insieme. A un certo punto un'idea le si affaccia alla mente, i suoi occhi si fanno più vaghi, un po' assenti. Poi mi dice: «Ti ho mai raccontato cosa è successo a me?».

Era responsabile marketing e delle pubbliche relazioni di un'azienda multinazionale che realizzava software per effetti speciali. Dopo una precedente esperienza molto negativa in un'azienda padronale, era entusiasta del nuovo lavoro, dell'ambiente che aveva trovato, l'età media bassa e il grande coinvolgimento delle persone. Il suo ruolo prevedeva che fosse spesso all'estero: aveva quindi l'opportunità di viaggiare, vedere posti nuovi e incontrare persone. Lavorava con una buona dose di autonomia e responsabilità, le capitava di organizzare per l'azienda grandi eventi e aveva imparato a gestire emergenze importanti.

Poi era rimasta incinta della prima figlia e, all'ottavo mese, era entrata in maternità. Per una circostanza molto poco prevedibile, che accade raramente, era rimasta subito incinta della seconda figlia. Non era quindi riuscita a rientrare in azienda al termine della prima maternità, dato che la seconda era subentrata in continuità.

In tutto era rimasta assente dal lavoro per quasi due anni; nello stesso lasso di tempo era cambiato il direttore generale dell'azienda, da cui prima dipendeva direttamente.

Poco prima di tornare riceve la chiamata dell'ufficio del personale e concorda la data del rientro. Per telefono non viene menzionato il suo futuro ruolo.

Il giorno in cui rientra fisicamente in ufficio ritrova la sua scrivania, e niente altro: nessuno si fa vivo, nessuno la convoca per un chiarimento, neanche la persona che lei identifica come il proprio nuovo capo.

Passano tre giorni, la scena si ripete ogni giorno. Lei non capisce, non osa andare a chiedere, aspetta che qualcuno le chiarisca la situazione. Il rientro dalla maternità è sempre frastornante, lei ne ha affrontate due e, a casa, si occupa delle bimbe piccole che assorbono gran parte delle sue energie. Usa quel tempo sospeso per provare a reinserirsi nell'ambiente che aveva lasciato, per riassestarsi, nell'attesa che la sua situazione personale si chiarisca. Finché riceve una telefonata: il direttore generale le vuole parlare.

L'incontro con lui rimarrà il primo e l'ultimo. Da dietro la scrivania le comunica che l'azienda è cambiata, che il suo ruolo non esiste più e che non ve ne sono altri adatti alle sue competenze. L'unica offerta che si sente di farle è la reception. Mentre la mia amica cerca di elaborare la notizia che sta ricevendo – lei, laureata, che ha lavorato nell'azienda ben prima che lui arrivasse, che ha risolto situazioni complesse e portato a casa risultati importanti – il direttore aggiunge che l'azienda non prevede alcun tipo di flessibilità, che l'impegno di tempo richiesto alle posizioni di responsabilità è sicuramente alto e che con due bambine piccole farebbe bene ad accettare un posto più tranquillo.

Ripresasi dall'umiliazione, dopo pochi giorni, la mia amica contratta una buona uscita, la ottiene e lascia l'azienda. Allo stesso tempo, però, lascia per sempre il mondo del lavoro nelle grandi aziende, in cui non riuscirà mai più a rientrare.

«Oggi credo di essere più felice di allora», mi dice alla fine, «ma ogni tanto penso a come avrei potuto reagire diversamente; mi chiedo ancora se avrei potuto cambiare il corso della mia vita.» Sento nella sua considerazione finale che la frustrazione è sempre viva; le pesa ancora quella scelta imposta da altri, nel momento in cui era più debole, in cui non aveva la lucidità e le forze per argomentare, per proporre alternative, per far valere la sua posizione e i suoi diritti. Sento che l'umiliazione subita le provoca ancora dolore.

Il racconto della mia amica è vecchio di più di vent'anni, ma credo che sia di dolorosa attualità. Le donne pagano ancora un prezzo altissimo per la maternità. Il mercato del lavoro non ne concepisce la rilevanza sociale e la paternità è un concetto che fatica a trovare spazio nel corpo delle leggi sul lavoro del nostro paese. Dunque, la maggior parte delle aziende fa ricadere il tema interamente sulle spalle delle donne.

In Italia, sono 37.611 le donne che si sono dimesse dopo il parto nel 2019, i dati sono raccolti nell'ultimo bollettino dell'ispettorato del lavoro. Le ragioni della scelta sono varie, ma la più diffusa è l'impossibilità di conciliare il lavoro con la vita privata.

Nello stesso anno solo il 21% delle richieste di lavoro part-time o di flessibilità lavorativa presentate da lavoratrici e lavoratori con figli piccoli, è stato accolto.

Sono le donne che portano sulle spalle la quasi totalità del lavoro di cura; che non riescono a farlo coesistere con i ruoli di responsabilità che già rivestono o a cui ambirebbero. Sono loro le prime a essere obbligate a fare scelte, a rinunciare. Non è giusto. Le soluzioni ci sono e sono possibili. La chiave sta, ancora una volta, nel tempo.

Donne che propongono soluzioni

Torniamo al 2005, nell'azienda dove tutto è iniziato. E torniamo precisamente al 22 marzo.

La sala, grande, è nel piano interrato dell'albergo che abbiamo raggiunto a piedi. Siamo uscite tutte insieme quel pomeriggio, abbiamo abbandonato le scrivanie sotto gli occhi stupiti dei nostri colleghi maschi.

Ci siamo incontrate nell'albergo indicato sull'invito, riconoscendoci durante il tragitto, poi incrociando sguardi divertiti nella grande hall, alla fine ritrovandoci tutte sedute sulle sedie allineate.

In fondo alla sala c'è un grande palco, dove, insieme a me, si alternano diverse donne che raccontano perché siamo lì. Lavoriamo tutte nella stessa azienda e condividiamo gli stessi problemi, ci chiediamo come mai ci sono così poche donne dirigenti, quali sono le nostre esigenze sul lavoro.

Si percepisce il nostro entusiasmo, l'atipicità di una riunione così grande composta solo da donne, l'energia che circola libera tra di noi. La voglia di interrogarsi, capire, prima di iniziare a fare.

Io oscillo tra l'eccitazione di vivere un momento eccezionale e la paura che sorgano imprevisti o incomprensioni, che le cose possano non andare per il verso giusto in quel fondamentale momento iniziale.

Poi sul palco sale una donna giovane, alta, decisamente molto bella. Prende uno sgabello e lo porta al centro del palco. Si siede e, aggiustandosi i lunghi capelli dietro alle spalle, dice: «Io voglio tutto».

Quelle tre parole arrivano dritte al cuore, si fissano per sempre nella nostra mente e diventano il manifesto esplicito del motivo per cui siamo lì.

Da quella prima riunione, sono passati più di quindici anni, ma la sostanza per le donne che lavorano risiede ancora in quelle tre semplici parole. Le donne devono poter «volere tutto». Devono poter rincorrere le loro ambizioni, di qualsiasi natura esse siano. Devono potersi affermare sul lavoro senza rinunciare alla voglia di maternità o a coltivare le loro passioni più intime.

Dopo la prima riunione plenaria ci sono stati anni di incontri e confronti in azienda.

Un nucleo di donne, appassionate al tema della disparità

di genere e intenzionate a capire quali fossero gli ostacoli che incontravano nella loro carriera, si era offerto di lavorare insieme. Aveva così preso vita un progetto che chiamammo Iniziativa Primavera. All'inizio erano semplici pranzi. Ci era sembrato naturale iniziare così, mangiando panini o insalate chiuse in piccole sale riunioni. Per parlare liberamente. Di noi, delle nostre vite e delle difficoltà che dovevamo affrontare. Accorgendoci che erano uguali per tutte. Tutte ci sentivamo imprigionate in un orario troppo rigido. Quelle di noi che avevano figli provavano la medesima fatica a stare lontane da loro per un tempo troppo lungo. Tutte sentivamo il peso di un orario che la maggior parte dei giorni si trascinava fino alla sera e che ci impediva di fare ciò che volevamo fare al di fuori della vita di ufficio; che fossero le nostre necessità familiari, la cura del nostro corpo o semplicemente la voglia di inseguire i nostri desideri. Tutte avevamo paura che questa situazione fosse immutabile e si riproponesse giorno dopo giorno, compagna non voluta di una vita intera. Temevamo che non fosse neanche ipotizzabile cambiare, vivere almeno qualche giornata in modo diverso.

È un disagio che ricordo benissimo. L'ansia di non poter assistere agli allenamenti di basket dei miei bambini, di non riuscire a capire se la musica che stavano studiando piacesse loro veramente. La tristezza di non esserci mai: mai all'uscita da scuola, mai un pomeriggio al parco insieme. Con la sensazione angosciante di essere perennemente divisa tra due vite inconciliabili, tra due passioni che si autoescludevano, sempre con la testa da una parte e il cuore dall'altra. La consapevolezza dolorosa che l'unica via d'uscita sarebbe stato scegliere.

I pranzi delle donne di Iniziativa Primavera si erano trasformati in uno spazio libero, in cui potevamo confrontarci senza timori. Stava nascendo la consapevolezza del nostro disagio comune, ma stavano arrivando anche le prime soluzioni. All'inizio le richieste erano semplici: volevamo un po' di flessibilità. Sarebbe stato tutto più facile se avessimo potuto organizzare le nostre giornate con qualche margine di scelta in più. Accompagnare i figli a scuola arrivando più tardi in ufficio; uscire prima per passare da una madre a cui portare la spesa.

Oggi so che le nostre esigenze, che ai tempi ci sembravano strettamente personali, sono in realtà comuni a tutte le donne. Alcune città modellano i loro piani urbanistici sulle esigenze di vita femminile ed erogano servizi pubblici che tengono conto del diverso modo di muoversi delle donne rispetto agli uomini. È il fenomeno del *trip chaining*: mentre per la maggior parte degli uomini il tragitto giornaliero è tendenzialmente lineare – il percorso di andata casa-ufficio e quello di ritorno ufficio-casa – per le donne la faccenda si complica. I loro tragitti per arrivare in ufficio sono fatti di più segmenti concatenati, le tante tappe necessarie per portare a termine le incombenze del lavoro di cura che grava spesso interamente sulle loro spalle; la stessa modalità la riutilizzano poi anche per il ritorno verso casa. Non è questo il momento per chiedersi se sia giusto – e no, non lo è – né come sia possibile ridurre tale peso. Ciò che è chiaro però è che il tragitto delle donne è evidentemente più lungo di quello degli uomini e necessita di più tempo e flessibilità.

Noi allora non lo sapevamo, ma istintivamente chiedevamo soprattutto flessibilità. Volevamo poter gestire le nostre incombenze in un tempo più libero che ci permettesse di recuperare le ore di lavoro in altri momenti. Proprio dalla flessibilità oraria infatti, come ho già avuto modo di raccontare, partirono le prime mosse nella nostra azienda.

Mi sembra importante ricordare qui che ora, a distanza di più di quindici anni, secondo una rilevazione di ADP, società multinazionale di servizi per le risorse umane, solo il 44% delle aziende dispone di politiche ufficiali di flessibilità. Vuol dire meno della metà. Vuol dire che nella parte restante le donne sono ancora intrappolate in un orario rigido che frammenta le loro vite. Nel 2019 la percentuale era un esiguo 24%. Il dato, seppur in forte aumento, è lontano dal 100%, ovvero dalla situazione di normalità che permetterebbe, a donne e uomini, di lavorare e vivere meglio.

Torniamo al gruppo di donne della mia azienda. Il confronto tra di noi si faceva sempre più ricco. Avevamo trovato una modalità di lavoro che era profondamente diversa dal solito. Eravamo riuscite ad aprire un grande spazio di ascolto prima di arrivare a generare soluzioni. Stavamo usando il tempo in modo diverso: non lavoravamo per il raggiungimento di uno specifico obiettivo, non avevamo scadenze e non controllavamo assiduamente l'avanzamento delle fasi del nostro progetto. Lo utilizzavamo invece per capire, per conoscere a fondo gli elementi dei nostri ragionamenti, per individuare i nostri veri bisogni. I nostri desideri.

Riconoscevamo la forza di un lavoro collettivo, la ricchezza dello scambio tra menti diverse. Lasciavamo circolare le idee, accogliendole per quello che erano, facendo fluire le parole di chi le proponeva in quelle di chi le commentava, le rielaborava, aggiungeva pezzi, ne toglieva altri, fino alla nascita dell'idea collettiva più efficace, la sintesi di tutti i contributi.

Mentre scrivo mi rivedo ancora lì, un gruppo di donne libere nello spazio di una stanza chiusa, sedute in circolo, entusiaste di poter mettere mani, testa e cuore nella ricerca delle soluzioni per migliorare la loro vita; rivedo i sorrisi, l'ironia; ne sento ancora la complicità, l'empatia creatasi in uno spazio-tempo morbido, per una volta privo di scadenze e obiettivi da raggiungere, ma modellato solo sulla nostra voglia di riempirlo.

Oggi la riconosco come una modalità di lavoro tipicamente femminile e sono in grado di apprezzarne l'efficacia. La ritrovo nelle aziende guidate da donne con cui entro in contatto e cerco a mia volta di portarla in ogni contesto aziendale con cui mi ritrovo a collaborare. Perché è una modalità estremamente efficace, che fa ancora fatica a trovare il giusto spazio.

Eppure, funziona: aiuta a uscire dalla logica, prevalente nelle aziende, per la quale la velocità è la dimensione dominante, lo scopo dei progetti sempre e solo il raggiungimento del risultato nel minor tempo possibile. La modalità femminile insegna che si può lavorare avendo chiaro l'obiettivo di fondo, anche solo una visione sfocata, senza ancora conoscere né le strade da percorrere né, soprattutto, il tempo necessario. Bisogna trovare il coraggio di non avere fretta, di non misurare nulla – almeno per un po' – e di lasciare spazio alle idee delle persone, qualsiasi esse siano. È una modalità controintuitiva per le aziende, poco presente nell'immaginario collettivo di manager chiamati sempre e comunque al raggiungimento di risultati concreti in tempi brevissimi.

È una modalità tipicamente femminile. Ed è una modalità generatrice, che fa spazio a una creatività nuova, ricca di soluzioni e prospettive inconsuete.

Grazie a un lungo confronto, proseguito per mesi, capimmo che non stavamo più parlando soltanto di flessibilità oraria. Ho già raccontato come sono nate le prime sperimentazioni. Quello che mi interessa evidenziare ora è la matrice femminile del bisogno da cui le stesse sono nate. E come dietro a questa matrice ci fosse una visione intrinsecamente nuova del modo di lavorare.

Perché continuando a parlare tra di noi, a riflettere, prendendoci il tempo necessario, avevamo spostato la nostra attenzione un passo più avanti: ciò che davvero ci limitava era un lavoro in cui la presenza fisica era considerata imprescindibile. Ciò contro cui continuavamo a sbattere la testa, e le nostre intere esistenze, era la visione maschile di lavoro entro cui eravamo costrette. Visione a cui dovevamo adattarci continuamente. Pagando un prezzo altissimo.

Confrontandoci avevamo capito che la visione di lavoro dominante nella nostra e in altre aziende si fondava su un paradigma di tempo rigido e totalizzante. Un paradigma adatto a chi poteva dedicare la quasi totalità del proprio tempo all'azienda; a chi non aveva incombenze di cura; a chi, anzi, aveva alle spalle persone dedite al proprio accudimento.

Di colpo ci sono apparsi davanti agli occhi i nostri top manager. Uomini dedicati al cento per cento al lavoro, con una solida famiglia alle spalle di cui potevano non prendersi cura direttamente; quasi sempre sposati con mogli pronte a soddisfare ogni loro bisogno, a seguirli nelle loro carriere internazionali, a traslocare e a occuparsi delle necessità della famiglia in ogni momento, ovunque il lavoro li avesse portati.

Ne ho conosciute molte di queste mogli, a volte felici, a volte disorientate in quello che per loro era l'ennesimo paese straniero; mogli che, tra le varie incombenze, preparavano anche la valigia ai mariti, come ho sentito più volte raccontare – incredula – dai miei colleghi manager maschi.

Ecco il modello di riferimento su cui si basava il paradigma del nostro lavoro. Di conseguenza, la presenza fisica, la disponibilità totale era considerata «normale».

La scansione del nostro tempo lavorativo era pensata su quella tipologia di lavoratore: l'orario rigido, giorno dopo giorno, non è un problema per chi non deve fare altro che recarsi in ufficio; né lo sono le lunghe giornate che spesso sconfinano ben oltre quell'orario.

Dai nostri confronti invece emergeva che quel paradigma ci stava stretto.

Non solo l'orario di lavoro, non solo il luogo fisico da cui lavorare, ma la concezione stessa del lavoro.

Di colpo appariva chiaro il significato più profondo dell'appassionato appello della nostra collega di qualche anno prima. «Io voglio tutto» voleva soprattutto dire voglio una dimensione lavorativa che non mi chieda di uniformarmi a un modello di vita maschile, che non sento come mio, perché non *è* mio. Voglio essere una donna che lavora con modalità diverse da quelle forgiate su misure maschili, adatte alla vita di un uomo. Desidero il mio paradigma, che dia spazio e riconoscimento al mio tempo, ai miei bisogni, al mio modo di intendere il lavoro in armonia con le esigenze della mia vita.

Era chiaramente uno sforzo arduo. Stavamo provando a mettere in discussione il modello lavorativo dominante, che sopravviveva da più di un secolo.

Il lavoro agile non è per le donne

A lungo, infatti, il lavoro agile è stato percepito come uno strumento di conciliazione per donne. Come una concessione dell'azienda ad alcune categorie di lavoratori – in questo caso le donne – che hanno bisogni specifici da soddisfare. Il lavoro agile era la deviazione da un modello lavorativo standard, usato per venire incontro alle esigenze di una categoria bisognosa.

Ricordo una campagna di promozione del lavoro agile di una grande azienda, che stava avviando le prime sperimentazioni e lo comunicava con soddisfazione al personale.

Nel breve video animato, con una voce (maschile) narrante, si vedevano le mani di una donna, con le unghie laccate di rosso, scrivere al computer in un ambiente domestico. La voce fuori campo raccontava che la lavoratrice aveva risparmiato le ore del tempo del trasferimento e stava lavorando con tranquillità e concentrazione nella propria abitazione. Le immagini successive mostravano la stessa persona uscire da casa e tornare, poco dopo, carica di sacchetti della spesa. Nella parte finale del video la si rivedeva cucinare, sorridente, il cibo appena acquistato.

Credo che il brivido di disagio che è corso lungo la mia schiena mentre vedevo il video, sia lo stesso provato da molte altre donne. Davvero il lavoro agile era inteso così? Come una nuova possibilità di prenderci ancora più cura delle cose che già dovevamo fare?

Davvero noi tutte chiedevamo con forza la possibilità di avere più tempo... per riuscire a fare meglio i mestieri di casa?

Considero quel video solamente goffo, probabilmente la mossa di un'agenzia di comunicazione poco attenta al tema. Ma in generale, per un lungo periodo, l'idea che lavorare in modo diverso fosse solo l'esigenza di una determinata categoria di persone ha reso la vita difficile a tante donne. In molte lo raccontano bene: gli sguardi che hanno dovuto sopportare ogni volta che uscivano prima degli orari «canonici», come diventassero improvvisamente invisibili quando lavoravano da casa. Ricordano le battute, lo scherzo che a poco a poco si tramutava in un vero e proprio stigma. Pur in presenza di regolamenti di lavoro agile già avanzati, decidere di andare a prendere all'uscita di scuola i propri figli era comunque considerato bizzarro, a volte proprio sbagliato. Magari in silenzio, senza un commento esplicito, il gesto era giudicato una deviazione dalla norma. Lavorare da casa era visto come una concessione da fare a persone con vite familiari complicate. Non trovare in ufficio la persona a cui chiedere all'ultimo un'informazione era per molti manager una scocciatura, un intralcio alla modalità consueta di lavoro in presenza.

Solo pochi anni fa, per fare lavoro agile ci voleva coraggio. A parte qualche pioniere di sesso maschile, il coraggio, ancora una volta, lo hanno avuto le donne. Prima di inventarlo, di volerlo con forza; poi di iniziare a usarlo. Anche sotto il peso degli sguardi giudicanti.

Oggi il tema si sta trasformando. Da una concessione alle donne il lavoro agile sta diventando un tema di organizzazione, di efficienza, di modernità addirittura. Oggi finalmente la situazione sembra invertirsi. Sono i capi che non accolgono la nuova modalità lavorativa a essere «guardati strano», sono loro che iniziano a essere considerati incapaci di abbracciare il cambiamento.

La strada della trasformazione, però, è lunga. Il paradigma di lavoro ancora dominante si basa su una configurazione di genere per la quale è l'uomo a lavorare a tempo pieno e a portare il reddito principale in famiglia, mentre la donna lavora solo se riesce anche a soddisfare allo stesso tempo gli impegni di cura. Su questo paradigma si basa ancora la struttura della società intera.

Cito un passaggio da un articolo di Michele Tiraboschi, pubblicato su «Bollettino ADAPT» il 12 gennaio 2021: «La diffusione dello smart working è un forte segnale della disgregazione della grande invenzione del capitalismo moderno, quella del "mercato del tempo di lavoro". Un mercato sostenuto da una precisa idea economicista di cosa sia "lavoro" (il "lavoro produttivo") e da relativi ruoli sociali fuori mercato, secondo una configurazione di genere ancora dura a tramontare nel nostro paese».

Mi impressiona capire ora su cosa ragionavamo nei nostri pranzi di donne, agli albori del lavoro agile.

I cambiamenti che abbiamo introdotto in azienda sono andati a beneficio di tutti. Dal bisogno originario di conciliazione è nato un modo di lavorare che ha liberato energie nuove, coinvolgendo a mano a mano sempre più uomini.

Nel nostro percorso verso il lavoro agile abbiamo incontrato uomini capaci di mettersi in discussione, che hanno intuito la portata del cambiamento e hanno compreso da subito l'impatto che avrebbe avuto anche sulle loro vite. Hanno capito che poteva essere una possibilità di cambiamento in meglio per le donne, per l'azienda, e anche direttamente per loro. Ci hanno aiutato a renderlo possibile, solidali al nostro pensiero e appassionati esattamente quanto noi.

Le nuove generazioni, uomini e donne, nascono con un'idea di vita diversa da quella del passato e si affacciano al mondo del lavoro in modo totalmente differente da quello degli uomini che hanno avuto nelle mani il potere decisionale negli ultimi vent'anni.

I «nuovi padri» accompagnano a scuola i figli; per molti di loro non riuscire a essere presenti alle recite scolastiche dei bambini crea la stessa sofferenza che abbiamo patito per anni noi donne lavoratrici. Perché stanno scoprendo una dimensione che la società aveva negato ai loro padri. Vogliono stare con i propri figli, vogliono passare più tempo con loro, gli piace e ci stanno prendendo gusto. Se anche non hanno figli, non sono più disposti a regalare il tempo della loro vita privata alle organizzazioni per cui lavorano. Hanno una concezione molto più chiara di quanto siano preziosi il loro tempo libero e i loro interessi personali. Si sentono chiamati direttamente in causa quando si parla di flessibilità, della possibilità di lavorare in modo diverso, di lavoro agile.

Ciò mi fa ben sperare sul fatto che il futuro contemplerà una visione di lavoro basata su un uso diverso del tempo e dello spazio, più flessibile, circolare, fluida, valida sia per gli uomini sia per le donne.

Il lavoro agile come equalizzatore di possibilità

Torniamo alle donne. È facile comprendere che il lavoro agile può essere definito, tra le altre cose, come un equalizzatore di possibilità; riusciamo ora a capire che il lavoro agile, in moltissimi casi, ha dato alle donne la possibilità concreta di lavorare. Lavorare gestendo in modo flessibile i propri orari è, ancora oggi, l'unica opportunità concreta per una donna di conservare il proprio posto di lavoro. O di iniziare a lavorare. La questione non è puramente femminile. È sociale, è politica. Ed è economica.

Azzurra Rinaldi, economista dell'Università degli Studi di Roma e attivista del movimento Il Giusto Mezzo, spiega che «per ogni donna che inizia a lavorare ed esce di casa, si creano tre posti di lavoro: il suo, e quelli di altre due persone che vengono retribuite per svolgere i lavori di cura per cui lei non era retribuita».

La Banca d'Italia ho stimato che se tutte le donne disoccupate, dati del 2020, lavorassero, il PIL crescerebbe del 7%.

Il lavoro agile, dunque, è un equalizzatore di possibilità per le donne, che attraverso il loro lavoro generano effetti positivi sulla società intera.

Sono le donne che hanno voluto all'inizio lavorare in modo diverso per loro stesse, per soddisfare i loro bisogni. Ma hanno poi generato un beneficio per tutti. Quanto è femminile questa modalità generativa? Non è forse l'essenza più pura della femminilità?

Voglio inserire una considerazione finale: occorre rimettere con forza gli uomini al fianco delle donne.

Il lavoro agile diventerà un vero equalizzatore di possibilità solo quando cambierà anche il ruolo sociale degli uomini. Quando gli uomini accetteranno di dare rilevanza sociale alla loro vita privata, alla loro presenza attiva nella vita affettiva e familiare, quando lo considereranno prestigioso. Lavorare in modo diverso risolverà le disuguaglianze di genere solo se, nel momento in cui lo faranno anche gli uomini, loro stessi useranno il proprio tempo liberato per prendersi sulle spalle la metà del lavoro di cura. Perché il lavoro agile permette alle donne di lavorare meglio, ma non le libera dal fardello del lavoro di cura. A quest'ultimo aspetto devono pensare gli uomini. Finché non si metteranno in gioco anche loro, se non rinunceranno agli agi e ai privilegi di un paradigma di vita che li vuole dedicati unicamente alla professione, se non impareranno a prendersi i congedi che spettano loro per stare più vicini ai figli, a sentirsi co-responsabili del lavoro di cura, le donne non potranno beneficiare appieno della trasformazione. Non riusciranno a godere dei benefici di un modo di lavorare diverso. Il «voglio tutto» finirà per schiacciarle sotto il peso insostenibile di un lavoro coinvolgente e di un soverchiante impegno al di fuori dal lavoro.

Se ripenso a che cosa ci ha permesso di sperimentare e inventare un modo totalmente nuovo di lavorare in azienda, penso a una fortunata interazione: un gruppo di donne caparbie e decise a cambiare le cose, un amministratore delegato illuminato, capace di sostenere a distanza grandissimi processi di cambiamento, un gruppo di uomini dapprima curiosi, poi complici e coraggiosi nel portare avanti il progetto. Alla sperimentazione iniziale hanno partecipato un uomo e una donna; alle prime riunioni uomini interessati facevano capolino sporadicamente, altri hanno iniziato a darci consigli su come comunicare, su come innalzare la questione a interesse generale; moltissimi poi hanno iniziato a usare la flessibilità e, quando ce n'è stata l'opportunità, ad avviarsi come pionieri sulla strada del lavoro agile. Nella mia esperienza personale gli uomini, non tutti ma qualcuno sì, sono stati al fianco delle donne.

Una società è davvero egualitaria se la nuova concezione di lavoro riesce a mettere in discussione i ruoli sociali, ancora oggi cristallizzati, di uomini e donne.

«È necessario ridisegnare lo stato sociale partendo dalle nuove esigenze delle donne, che sono le esigenze di tutti: spostare risorse e poteri a favore dei tempi e non del lavoro, rallentare il ritmo della vita, costruire una società più umana.» Lo ha detto la deputata e presidente della camera Nilde Iotti anni fa. A noi donne la risposta giusta è sembrata il lavoro agile, e in tante lo abbiamo intrapreso. Ora tocca agli uomini, tutti, percorrere con forza lo stesso cammino.

6.
I VANTAGGI PER IL PAESE

Nuove geografie

È stata la pandemia del 2020 a farci capire la portata del lavoro agile su scala nazionale.

Ma che lavorare in modo diverso potesse avere un effetto sull'intero paese, andando ben oltre la portata della singola azienda, era già chiaro qualche anno fa. Ai tempi, però, era stato preso in considerazione solo il risvolto economico complessivo legato al miglioramento di produttività delle singole persone.

L'Osservatorio smart working del Politecnico di Milano ha provato a fornire una prima stima dell'impatto del lavoro agile sull'aumento di produttività del paese: «Se la nuova organizzazione di vita professionale che il lavoro agile produce fosse messa a regime nel sistema paese garantirebbe un incremento della produttività quantificabile in 13,7 miliardi di euro. Una cifra "monstre" che potrebbe essere raggiunta allargando la platea dei fruitori dello smart working, dagli attuali 305.000 dipendenti ai 5 milioni potenziali».

Il lavoro agile aumenta la produttività del singolo lavoratore, aumento che va in primis a beneficio dell'azienda. Quanto più si allarga la platea di persone che lavorano agilmente, tanto più l'aumento di produttività supera la dimensione della singola azienda e porta i suoi effetti sull'intero paese.

Quello che non era stato compreso a suo tempo lo abbiamo visto accadere durante la pandemia del 2020, quando il diverso modo di lavorare di così tante persone ha iniziato a cambiare la geografia dell'intero paese.

Lavorando in modo diverso le persone cambiano il modo in cui organizzano la loro vita, a partire dai loro spostamenti quotidiani. Se poi a spostarsi in modo diverso sono milioni di persone, l'impatto diventa rilevante e a cambiare sono gli equilibri tra centro e periferie delle città, tra piccoli paesi e agglomerati metropolitani, addirittura tra Nord e Sud del paese.

Le grandi città hanno risentito per prime dell'impatto del cambio di modo di lavorare, quando i loro centri si sono improvvisamente desertificati.

Il sindaco di Milano Beppe Sala ha vissuto un momento critico quando, incrinando la sintonia nella comunicazione con i suoi concittadini, ha invitato le persone, alla fine del primo lockdown di marzo 2020, a «uscire dalle grotte e tornare a lavorare». Una frase che ha offeso migliaia di milanesi che avevano continuato a farlo da casa, costretti a adattarsi nel giro di pochi giorni, soffrendo le costrizioni di una lunga permanenza forzata nelle loro abitazioni e ritrovandosi sovente a lavorare molto di più di quanto avrebbero fatto in ufficio.

Riletta a debita distanza però, si capisce che la frase «tornare a lavorare» esprimeva la preoccupazione per un cambiamento che vedeva avvenire in città: il centro di colpo svuotato, i bar e ristoranti più centrali in grande sofferenza, i grattacieli sede di uffici di grandi aziende – ancora oggi – deserti.

Bloomberg ha fotografato il calo dell'occupazione degli uffici nel centro di alcune grandi città americane; la rilevazione risale alla prima settimana di dicembre 2020. Se in città come Dallas e Houston gli uffici sono pieni rispettivamente per il 38,9% e il 36,3% della capacità, gli uffici del centro di New York e San Francisco si sono riempiti solo per il 14% e per il 13%. Si capisce allora perché si parla di desertificazione dei centri città.

Per alcuni sindaci l'avvento di un nuovo modo di lavorare è stata l'occasione per rafforzare la visione della loro città. Il sindaco di Lisbona, Fernando Medina, per esempio, ritiene che la capitale portoghese, come conseguenza al nuovo modo di muoversi e di lavorare, debba cambiare pelle. Mentre i lavoratori agili si spostano in aree esterne alla città, alla ricerca di verde e natura, il centro può trasformarsi in zona residenziale per i lavoratori e le lavoratrici impegnate fisicamente in ruoli di servizio alla collettività – la sanità, la scuola – e in ruoli di accoglienza per il turismo – la ristorazione, gli alberghi. Per facilitare questo travaso di abitanti il comune è intervenuto con politiche abitative idonee a sostenere l'arrivo nelle aree centrali di popolazione con un tenore di vita più basso. Insomma, una nuova visione di città in cui i movimenti dettati da un modo diverso di lavorare diventano l'asse strategico sui cui impostare politiche pubbliche di sviluppo e rilancio della città stessa.

È il nuovo modo di usare il tempo e lo spazio che permette alle persone di spostarsi con modalità diverse e questi spostamenti, quando il numero di persone cresce, rimescolano le carte e cambiano le regole del gioco.

Lasciamo le città e rivolgiamo lo sguardo sull'intero paese. Per l'Italia si apre una nuova concreta possibilità di riequilibrare il divario tra Nord e Sud. I numeri iniziano a essere estremamente significativi.

Svimez, l'Associazione per lo Sviluppo dell'industria nel Mezzogiorno, ha presentato nel suo rapporto 2020 un'indagine sul fenomeno del *south working* – un neologismo che indica chi fa lavoro agile in una regione del Sud per un datore di lavoro ubicato in una regione differente – da cui emerge che, dall'inizio della pandemia, 45.000 lavoratori hanno lavorato per grandi imprese del Centro-Nord in smart working da una regione del Sud Italia. L'indagine è stata fatta su un campione di 150 grandi imprese. Se consideriamo la forte presenza di imprese medio-piccole, molto più difficili da rilevare, Svimez stima che il fenomeno potrebbe aver riguardato circa centomila lavoratori.

Sono numeri importanti. Ma, come abbiamo imparato, quando si parla di persone e della loro vita reale, accanto ai meri dati numerici è interessante andare a capire le motivazioni delle persone.

In questo caso le informazioni le fornisce l'associazione South Working, Lavorare al Sud, fondata da ragazze e ragazzi che hanno visto nel lockdown l'opportunità di continuare a lavorare per lo stesso datore di lavoro tornando però ad abitare nella loro terra d'origine.

Per capire se il fenomeno è temporaneo o se sia invece legato a motivazioni più profonde, e quindi strutturali, hanno intervistato un campione di circa 1800 lavoratrici e lavoratori in prevalenza giovani (quasi l'80% ha un'età compresa tra i 25 e i 39 anni). Il 52,7% degli intervistati è in possesso di una laurea magistrale, il 15% è in possesso di un master di secondo livello, il 7,2% di un dottorato di ricerca.

Mi colpisce particolarmente un dato che la ricerca mette in evidenza: l'insoddisfazione delle persone per la loro situazione di vita prima del lockdown, determinata dal modello tradizionale lavorativo che, richiedendo la presenza fisica obbligatoria, ha costretto le persone a trasferirsi nella regione del datore di lavoro, generalmente al Nord.

Il 58,1% degli intervistati ha infatti risposto che non vive nella regione in cui vorrebbe vivere, dato che sale a 60,5% se si proietta l'idea a cinque anni e a 63,2% a dieci anni.

Il campione mostra dati di infelicità evidenti, soprattutto se letti alla luce della giovane età dei rispondenti e del loro elevato livello di scolarizzazione: solo il 10,6% è molto soddisfatto della qualità della sua vita; solo l'8,5% è felice. Lo stesso campione ha dichiarato che, per l'85,3%, tornerebbe a vivere al Sud se potesse mantenere il suo posto di lavoro e lavorare a distanza.

La ricerca di South Working indica che la tendenza di questi primi spostamenti potrebbe essere strutturale. Le motivazioni delle persone sono evidenti: lasciare il proprio territorio di origine, se non è una libera scelta, crea infelicità; poter lavorare da remoto per un'organizzazione ubicata in un'altra parte del paese, o del mondo, aumenta la qualità della vita.

Sono convinta che in futuro si continuerà a lavorare in modo diverso da quello tradizionale soprattutto perché, a livello di sistema, ci sono importanti vantaggi economici. Ma so anche per esperienza che, quando le persone realizzano che esiste un modo in cui la qualità di vita può migliorare, la spinta al cambiamento diventa irrefrenabile.

Nelle aziende che hanno introdotto il lavoro agile le persone hanno espresso livelli elevatissimi di soddisfazione, hanno toccato con mano l'impatto immediato sul loro benessere e sulla qualità della loro vita e difficilmente pensano di tornare indietro. Secondo un'attualissima ricerca di Rete del Lavoro Agile, con questionari erogati a tremila persone, 95 lavoratori su cento vorranno lavorare agilmente anche dopo l'emergenza Covid.

Molti hanno capito, o stanno capendo, che l'intero modello di vita può essere diverso; che la volontà di rimanere nei territori d'origine, al Sud in particolare, può coniugarsi con la possibilità di trovare lavori remunerativi e qualificanti. Difficile pensare che le persone si lascino portare via un'occasione così importante per la loro felicità individuale.

Anche dal punto di vista delle aziende stanno emergendo benefici legati a queste nuove possibilità di vita: il bacino dei talenti diventa di colpo infinitamente più ampio. Se la presenza fisica quotidiana non è più una necessità, perché le aziende dovrebbero limitare le loro ricerche a chi è vicino o disposto a trasferirsi? Perché non possono ricercare le persone più adatte alle posizioni vacanti, con i requisiti migliori, a prescindere da dove vivono?

Durante l'emergenza del primo lockdown le aziende hanno assunto personale da remoto, facendolo poi lavorare a distanza, senza che nessuno fosse obbligato a trasferirsi. Quello che è nato come risposta a un'emergenza si sta rivelando una straordinaria opportunità: maggiore flessibilità del lavoro, minore necessità di presenza fisica, più ampia la possibilità di cercare ovunque, in tutto il paese e oltre, la persona più adatta al ruolo, le migliori capacità, i più grandi talenti.

Il posto più bello del mondo

La mia idea è molto semplice: se l'Italia, il «Belpaese», è il posto più bello al mondo in cui vivere, non può diventare anche il più bello in cui lavorare?

L'intero paese deve guardare al lavoro agile e coglierne le potenzialità. Il nuovo modo di lavorare può diventare un asse strategico potente di sviluppo e la politica deve riuscire a cogliere quest'opportunità, proponendo politiche pubbliche adeguate.

E se davvero si può lavorare dappertutto, perché non proporre l'Italia al resto del mondo come il miglior luogo in cui scegliere di programmare periodi lavorativi?

L'Italia può diventare il paese del lavoro agile e attirare lavoratrici e lavoratori di tutto il mondo; persone agili che decidono di abitare, o di trascorrere parte del loro anno lavorativo, nel paese con una delle qualità della vita più alte al mondo.

L'Italia deve iniziare a guardare il suo patrimonio di turisti con occhi diversi, offrendo loro nuove motivazioni per venire nel nostro paese o per allungare il periodo in cui decidono di fermarsi. Se i lavoratori nel mondo diventano sempre più agili, perché non si può pensare che decidano di trascorrere nel nostro paese i mesi estivi, alternando settimane di vacanza a settimane di lavoro da remoto?

O che, sfuggendo agli inverni rigidi del loro paese d'origine, decidano di lavorare dalle nostre miti regioni costiere, dai climi piacevoli del Sud Italia?

Credo che il sistema ricettivo del nostro paese abbia di fronte a sé grandissime opportunità. Lo sforzo dovrà essere quello di ampliare l'offerta per accogliere turisti che sono al tempo stesso anche lavoratori; persone che, oltre alle necessità legate alle vacanze, o insieme a quelle, hanno anche l'esigenza di lavorare. E quindi necessitano di connessioni efficienti, di spazi separati all'interno delle camere o degli appartamenti che affittano, di servizi dedicati alle attività d'ufficio e di orari più flessibili in cui poter mangiare o di accedere ai servizi degli alberghi.

L'Italia è davvero il paese ideale per chi vuole trascorrervi periodi anche lunghi del proprio tempo di vita: per il clima e per il cibo, conosciuti e amati in tutto il mondo; per la varietà del suo territorio; per il patrimonio artistico; per lo stile di vita, per la sua «italianità».

Italianità che potrebbe essere prerogativa non più solo di chi è nato nel nostro paese o di chi viene a visitare l'Italia come turista, ma anche di chi decide di spenderci un po' del suo tempo lavorativo.

L'Italia potrebbe assecondare i desideri di una platea mondiale di lavoratori agili che sempre più cercheranno luoghi in cui coniugare lavori qualificanti e alta qualità della vita.

Ciò succederà solo se chi è alla guida del paese avrà la lungimiranza di capire da subito le potenzialità del nuovo modo di lavorare e la sua enorme portata di rilancio.

Servono una visione sistemica del fenomeno e politiche pubbliche chiare ed efficaci per strutturarlo.

Partendo innanzitutto dalle infrastrutture digitali che devono essere diffuse in egual modo in tutto il paese; facilitando accordi internazionali tra aziende di nazioni diverse per favorire la mobilità dei lavoratori; attrezzando i territori con servizi pensati per chi lavora agilmente: dalla creazione di spazi di coworking all'erogazione di supporti anche temporanei alle famiglie.

Investendo su un «paese agile» saranno sempre di più le persone che decideranno di venire a lavorare in Italia, portandosi dietro tutti i benefici che ciò comporta.

Carriere internazionali agili

Mentre ragiono sulle persone che si spostano per lavoro, mi ritrovo a pensare alle carriere internazionali e a come questo argomento sia sempre stato per me un elemento di problematicità e frizione nel rapporto con l'azienda.

Il modo di lavorare tradizionale prevede carriere internazionali rigide e strutturate. In un contesto in cui la presenza fisica è obbligatoria e quotidiana, le esperienze di lavoro all'estero richiedono trasferimenti fisici, necessariamente lunghi, che impattano pesantemente sulla vita quotidiana.

In moltissime aziende multinazionali – nella mia sicuramente – l'esperienza all'estero è imprescindibile per l'avanzamento di carriera dei manager. Per me, però, è sempre stata un tabù. Non sono mai riuscita a immaginare di trasferire la mia famiglia in un altro paese; non ho mai neanche ipotizzato di poter essere io, nella coppia, la persona per cui il compagno lascia il lavoro e segue la famiglia all'estero; non ho preso in considerazione la possibilità di vivere giorni e settimane interi lontana dai miei figli. Anche se ho visto tante persone farlo. Ora, a distanza di anni, penso che molti dei miei ragionamenti siano stati influenzati dal mio essere donna. Capisco che, a una scelta puramente personale, si sono aggiunti i condizionamenti di una società in cui è presente una forte disparità di genere. La mia scelta, in quanto donna, avrebbe richiesto più coraggio rispetto a quella di un uomo, più capacità di credere in me stessa e più energia per coinvolgere le persone attorno a me nella decisione che le avrebbe interessate.

Non ne sono stata capace. So che questa incapacità di scegliere ha limitato la mia possibilità di crescita. Alcune posizioni a cui avrei potuto ambire sono inibite a chi non ha esperienza internazionale. Forse è stato anche per questo motivo che è stato semplice, a un certo punto, lasciare l'azienda.

Ma oggi ho chiara una consapevolezza nuova: quello che ha bloccato me – e ha reso difficile la scelta per molte altre persone, donne o uomini che fossero – è stata la rigidità con cui era concepita l'esperienza internazionale.

Perché era un'esperienza totalizzante. Il trasferimento doveva essere radicale, preferibilmente con la famiglia al seguito, e durare anni. Comportava sempre un trasloco, la scelta di una nuova scuola per i figli, la ricerca di un nuovo lavoro per il o la partner; oppure la sua rinuncia al lavoro. Il modo stesso in cui era concepita la rendeva più semplice da accettare a un uomo con famiglia tradizionale, meglio se sostentata esclusivamente dal suo salario, con tanto di moglie disposta a seguirlo in ogni trasferimento.

L'esperienza si basava su rigidi presupposti di spazio, tempo e ruoli, e impattava con forza sugli assetti familiari.

L'avvento del lavoro agile ha iniziato a mettere in discussione questa modalità. Se la presenza fisica non è più vincolante, perché non ipotizzare esperienze all'estero più flessibili? Incarichi internazionali svolti in parte dalla propria abitazione e in parte nel nuovo paese; possibilità di muoversi senza trascinare con sé tutta la famiglia; possibilità di gestire gruppi di lavoro dislocati in diversi paesi, alternando lavoro da remoto a incontri in presenza fisica. Oggi sembra una modalità fattibile, alternativa a quella tradizionale. E può avere lo stesso valore per chi decide di mettersi alla prova.

Se avessi avuto la possibilità di accedere a questo tipo di esperienza estera, forse l'avrei accettata.

So bene che per molte persone, d'altro canto, la prospettiva di trascorrere anni all'estero è elettrizzante ed è spesso la motivazione principale per cui scelgono di lavorare in una multinazionale.

Ma ho anche visto tanta infelicità: persone costrette a scegliere, a prendere decisioni drastiche che spezzavano i legami all'interno della famiglia o quelli della famiglia stessa con la sua comunità di riferimento. Un'infelicità legata alla modalità rigida imposta dal modo tradizionale di intendere il lavoro.

Come un orario rigido su base giornaliera ha lungamente causato fratture dolorose nelle vite delle persone, così la scelta di carriere internazionali con presupposti rigidi ha spesso obbligato a scelte drastiche. Causando sofferenze. Sia quando le proposte venivano accettate, sia in caso di rinuncia.

Lavorare in modo agile apre anche in questo campo una prospettiva completamente diversa. Le carriere internazionali possono diventare passaggi fluidi, scelte adattabili alle diverse fasi della vita, possibilità di arricchimento professionale senza un prezzo troppo alto da pagare.

Proviamo ancora una volta ad alzare lo sguardo e a ragionare in una prospettiva più ampia rispetto a quello che può fare una singola azienda, ma anche un singolo paese.

È necessario che nazioni diverse coordinino la loro politica del lavoro, rendendo agevoli passaggi più fluidi.

Trasferire il personale all'estero è una pratica estremamente costosa e complessa per le aziende, soprattutto dal punto di vista burocratico. Chi lavora spostandosi tra paesi diversi ha grandissime difficoltà a riconciliare contributi, omogeneizzare logiche di carichi fiscali diversi, gestire spese e risparmi accumulati in paesi con legislazioni che non si parlano.

L'Europa potrebbe fare molto su questo tema, semplificando nei suoi trattati le procedure di chi lavora agilmente tra stati membri. Potrebbe facilitare questa transizione a carriere internazionali flessibili.

Anzi, *agili.*

L'Italia, forte della sua volontà di diventare il miglior paese al mondo in cui fare lavoro agile, potrebbe proporsi come capofila per un ragionamento comunitario di questo tipo.

Forse sto solo fantasticando, forse invece c'è qualcuno che già pensa e agisce in questo modo.

Quello che però a me fa venire i brividi è ricordare che anni fa lavorare in modo diverso era la richiesta di un gruppo di donne che volevano solo tenere insieme i pezzi della loro vita; oggi invece può essere la strategia di rilancio di un intero paese.

Potenza del lavoro agile.

PARTE TERZA

1.
GLI OSTACOLI AL CAMBIAMENTO

Perché non lavoriamo tutti agilmente?

I benefici del lavoro agile sono numerosi, li abbiamo incontrati nelle pagine precedenti. Possono migliorare davvero la nostra vita. E non solo la nostra: abbiamo capito che esiste una sorta di crescendo, per cui dal nostro nuovo personale benessere si irradiano una serie di effetti che si espandono, attraversano l'azienda in cui lavoriamo, la nostra comunità di riferimento, per arrivare a coinvolgere l'intero paese. E vanno oltre. Abbiamo compreso che sono in gioco temi importanti, risparmi ingenti e migliore qualità di vita, nuove opportunità e sfide, nuove felicità.

La domanda che dobbiamo farci è: perché non lavoriamo tutti agilmente?

Se i vantaggi sono così tanti e tanto evidenti, cosa ci frena dall'abbracciare con entusiasmo questo nuovo modo di lavorare?

Sicuramente non ostacoli concreti. Di fatto non esistono barriere al lavoro agile.

Non la tecnologia, che lo supporta ampiamente e ha dimostrato di reggere anche nei momenti di massimo utilizzo. Nemmeno altri aspetti potenzialmente critici, come il diritto alla disconnessione, la privacy e la sicurezza, sono muri insormontabili. Sono temi da regolare, su cui il dibattito pubblico è già in corso. Ma sono risolvibili grazie alle scelte che le aziende e i decisori pubblici effettueranno e dalle azioni concrete che ne deriveranno.

Gli ostacoli sono sempre e solo culturali. Sono legati alla

visione del lavoro che abbiamo interiorizzato. Sono dentro la nostra mente e si nutrono della nostra paura del cambiamento.

Perché un modo diverso di lavorare porta con sé un profondo cambiamento. Che è innanzitutto psicologico: mette in discussione i nostri schemi, il modo in cui abbiamo sempre fatto le cose. E allora noi ci opponiamo. Anche inconsciamente.

Sono le abitudini che rendono difficile il cambiamento. La consapevolezza che, mentre modifichiamo il nostro modo di lavorare, cambiamo profondamente, e per sempre, anche il nostro modo di vivere. E questo ci fa paura.

Ma raggiungere i propri desideri è sempre un percorso a ostacoli.

Andiamo a conoscerli. Per imparare a superarli.

2.
LE RIGIDITÀ CULTURALI

Occhi nuovi sulle cose di sempre

Conclusa la mia esperienza politica da assessora, nel 2016 ho deciso di concedermi un anno sabbatico. È un'esperienza che mi piacerebbe che in molti potessero fare.

È stato un anno intenso, una pausa importante tra gli anni precedenti e quelli successivi. Un anno di tempi lenti e caffè al bar, di letture senza scopo e tranquille visite a mostre e musei; un anno di passeggiate e nuovi scorci della città in cui vivo da sempre; di pomeriggi pigri e pensieri liberi; un anno di tempo ritrovato.

Un anno al termine del quale ho preso la decisione di tornare nella mia azienda.

L'effetto del rientro è stato singolare. Mi sono ritrovata, a distanza di sei anni, in un contesto che conoscevo molto bene ma che, allo stesso tempo, vedevo profondamente cambiato. Lo erano gli uffici – durante la mia assenza era cambiata la sede –, qualcuno era andato via, qualcun altro era rientrato da un'esperienza all'estero.

Il cambiamento più profondo, però, era avvenuto dentro di me. Ero stata via a lungo, avevo conosciuto altri mondi, altri modi di parlare: mentre i miei colleghi avevano continuato a lavorare in azienda, io avevo lavorato in modo diverso. Avevo dunque l'inusuale possibilità di tornare a vedere le cose che già conoscevo con una prospettiva nuova.

Mi era chiaro che quello sguardo diverso sarebbe sopravvissuto per poco tempo: nel giro di qualche mese mi sarei di nuovo uniformata al contesto, avrei ripreso a utilizzare il gergo comune e non avrei notato più alcune cose.

Allora mi sono messa a scrivere. Ho preso nota di tutte le sensazioni che provavo, ho annotato le modalità di comportamento che mi colpivano. Rileggendo le mie parole a distanza di tempo ritrovo esattamente le rigidità culturali di cui sto parlando ora.

La prima sensazione che mi colpisce al rientro infatti è quella di «blocco». Mi sembra di ritrovare i miei colleghi irrigiditi, bloccati nei confini della loro azienda, impermeabili alla realtà esterna. È come se girassero a una velocità diversa rispetto a quella del resto del mondo.

Cerco allora di capirne le cause. Innanzitutto i troppi livelli di autorizzazione necessari per ogni tipo di decisione, a volte del tutto inutili e responsabili di tempi eccessivamente lunghi.

Mi stupisce per esempio che non venga usato il meccanismo del silenzio assenso. L'ho conosciuto nella pubblica amministrazione, l'ho visto funzionare e non capisco perché non trovi spazio nel privato.

Perché, almeno nelle situazioni più semplici, non può bastare un'e-mail ben indirizzata, con tutte le informazioni necessarie e il meccanismo per il quale se nessuno risponde entro un termine stabilito, la decisione viene considerata validata?

Quello che vedo invece sono decisioni, di qualsiasi peso, rallentate dall'attesa, a volte estenuante, delle autorizzazioni.

Sono poi colpita da come vedo applicare il meccanismo di delega. In realtà da come *non* lo vedo applicare. Per molti progetti – uno in particolare mi coinvolgerà direttamente per mesi, con grande rabbia e frustrazione – non viene assegnata la responsabilità precisa a una singola persona, non viene definito a priori un budget e non si concorda in anticipo la scadenza.

I progetti vengono allora continuamente presentati ai manager – e la cosa si ripete a qualsiasi livello della scala gerarchica, ricordate il paradosso? – perché decidano. Il che spesso avviene nell'ambito di riunioni interminabili. O magari alla fine di questi incontri, quando tutti sono troppo stanchi per ragionare su un argomento nuovo e finiscono per fare l'unica cosa che minimizza i rischi di una decisione sbagliata, ovvero rimandare.

Annoto nelle mie osservazioni i tempi lunghissimi con cui le cose sembrano muoversi. Rilevo la staticità delle carriere: molte persone che ho lasciato anni prima continuano a lavorare nello stesso identico ruolo, con le stesse mansioni. Spesso con un'insoddisfazione repressa che cresce di giorno in giorno.

Mi colpisce la routine quotidiana. I miei anni trascorsi nel pubblico sono stati vari e movimentati: ogni singola giornata era diversa dalle altre, sia nella programmazione degli impegni sia in relazione ai luoghi che avrei visitato. Ora invece mi accorgo che la maggior parte delle persone siede ogni giorno alla stessa scrivania, davanti allo stesso muro, osserva il cielo dalla stessa finestra. E magari lo fa da anni. E continuerà a farlo per anni.

Poi percepisco paura. Una paura leggera, ma costante. Come un sottile disagio che permea l'atmosfera degli uffici. È la paura dell'errore, di sbagliare nei momenti delle decisioni, di prendersi responsabilità. Ma è anche la paura della novità, della diversità, di scelte che in qualche modo rischiano di deviare dal pensiero dominante. Che fa il paio con il timore di aprirsi all'esterno, di capire dove sta andando il mondo, di guardare cosa succede al di fuori delle mura, fisiche e virtuali, dell'azienda.

Da ultimo mi colpisce l'autoreferenzialità. La sento nelle persone, nel loro modo di ragionare. La colgo nel loro dare un'importanza assoluta a qualsiasi avvenimento all'interno dell'azienda, a volte ingigantendo questioni di rilevanza assolutamente marginale.

Sono sicura che queste cose sono comuni in molte aziende.

So che chi ci lavora fa fatica a riconoscerle, per abitudine o per una sorta di conformismo che si sviluppa nelle organizzazioni. Ma è importante metterle in evidenza perché sono proprio il tipo di rigidità culturale che fa da ostacolo al cambiamento.

Nella cultura aziendale sono i tempi lunghi che rallentano il cambiamento, così come l'attesa estenuante di autorizzazioni prima di decidere. Lo rallentano la non chiarezza di responsabilità e le scelte continuamente procrastinate. Arrivano a bloccarlo del tutto la paura di commettere errori e l'impermeabilità al mondo esterno, la chiusura ermetica a qualsiasi tipo di novità.

Se c'è un cambiamento che ha bisogno di coraggio e apertura mentale è proprio quello del lavoro agile; allora purtroppo, sono precisamente queste rigidità diffuse nelle culture aziendali a frenarlo.

Il mondo del lavoro si muove più lentamente della società in cui viviamo

Il modo in cui lavoriamo discende dalla nostra cultura generale. Ne riflette le concezioni, i valori e i ruoli sociali. Ma se la cultura evolve nel tempo, in certi casi anche con scarti rapidi, il lavoro sembra avere una traiettoria di cambiamento più lunga. All'interno delle organizzazioni il cambiamento è spesso in ritardo rispetto all'evoluzione del resto del mondo. Nell'ambito del lavoro permettiamo modalità relazionali e atteggiamenti che non accetteremmo più nella nostra sfera privata. Proviamo a pensarci.

Nel suo libro *Smart working. La rivoluzione del lavoro intelligente* (Marsilio, Venezia 2020), Domenico De Masi introduce il concetto di «supina ambiguità».

> Durante tutti i due secoli della società industriale in molti scienziati dell'organizzazione, in molti capi del personale e nelle aziende in genere ha covato il sogno di un controllo totale del dipendente: tenerlo imbrigliato senza accontentarsi di tenere il prodotto del suo lavoro con relativo plusvalore, ma pretendere di dominarlo attimo per attimo, quando arriva, mentre lavora, mentre pranza, mentre consuma un caffè o fuma una sigaretta, mentre fa i suoi bisogni, quando esce.

Parole che evocano ambienti aziendali conosciuti, in cui

il desiderio di controllo è forte e ben presente. Controllo che si esercita con atteggiamenti, modalità relazionali, a volte anche con l'uso di alcune parole – pensiamo al peso del termine «dipendente», per esempio – ma soprattutto, a mio avviso, attraverso la gestione del tempo. Che è un tempo rigido, totalizzante, una sorta di gabbia invisibile intorno al lavoratore.

Questo sogno di controllo totale cristallizza i ruoli, legittima la gerarchia, giustifica manager che faticano a delegare. Molti di noi ancora non lo mettono in discussione. Lo accettano con «supina ambiguità».

La gerarchia merita una riflessione particolare. È a mio avviso una delle rigidità culturali più resistenti, e quindi uno dei maggiori freni ai processi di cambiamento.

Devo subito introdurre una distinzione. Esiste una gerarchia che è funzionale all'organizzazione del lavoro, soprattutto negli ambienti complessi. È la gerarchia che attribuisce maggiori responsabilità alle persone che coordinano il lavoro di tante altre, che devono gestire processi produttivi sofisticati, prendere decisioni che hanno impatto su un numero elevato di variabili. In aziende articolate sono necessari e funzionali livelli gerarchici plurimi, collegati tra loro, cui corrispondono diverse fasi di lavoro e di controllo. In questa suddivisione del lavoro è corretto che a maggiori responsabilità corrisponda una retribuzione più elevata.

Ma credo che la differenza debba esaurirsi qui. A livelli gerarchici diversi corrispondono diversi livelli di stipendio. Nulla più. Tutto il resto, a mio avviso, è inutile, è il retaggio di una cultura superata, una manifestazione di potere. È una gerarchia esibita. Parlo di uffici più grandi e arredi diversi, di privilegi nei viaggi di lavoro – i posti in business class in aereo e le stanze di categoria superiore negli alberghi –, dell'uso esclusivo di autisti personali e segreterie dedicate. Cose che non hanno più nulla a che fare con l'organizzazione e l'efficacia del lavoro e tanto meno trovano corrispondenza nel mondo fuori dall'azienda.

Pensiamo alla famiglia. Oggi è socialmente apprezzato un modello di famiglia, comunque sia composta, costruito su relazioni paritarie. A volte anche tra genitori e figli. Tendiamo a considerare disfunzionali le famiglie in cui vige un'impostazione troppo gerarchica.

Mentre il concetto stesso di capofamiglia vacilla, iniziamo a valutare con occhio diverso le famiglie di stampo dichiaratamente patriarcale, in cui è una sola persona a dettare tempi e regole validi per tutti. Iniziamo a non tollerare più l'idea che non debba essere disturbata mai quando riposa e sempre assecondata nelle decisioni, che abbia diritto a essere servita per prima a tavola e a ricevere la parte migliore del piatto.

Forse non è ancora dappertutto così. Ma sicuramente la gerarchia pura fatica ormai a trovare spazio nelle nostre relazioni familiari.

Nel contesto aziendale, invece, la tolleriamo anche quando supera le ragioni funzionali. Accettiamo che esista un autorità con privilegi e modalità di comportamento che metteremmo immediatamente in discussione al di fuori dell'ambito lavorativo.

Con un paradosso che mi colpisce sempre. Soprattutto nelle organizzazioni più complesse, le persone sono inserite in un'unica grande scala gerarchica. Chi ha un ruolo di responsabilità e gestisce collaboratori è a sua volta sottoposto all'autorità di altri. Ogni capo ha a sua volta un ulteriore capo. Se la gerarchia è un esercizio di potere, questo esercizio si ripete lungo la scala gerarchica che attraversa tutta l'azienda.

Citiamo ancora De Masi.

> Non importa se si tratta di operai, impiegati o manager: c'è sempre qualcuno sopra qualcun altro, e questo pretende la potestà assoluta sull'anima e sul corpo dei propri dipendenti per il semplice fatto di esserne il capo. Non ne è convinto solo lui perché autoritario fino alle midolla: purtroppo ne sono convinti anche i suoi dipendenti perché integralmente alienati.

Sono parole forti, ma fotografano una situazione che è ancora presente nelle nostre aziende. Luoghi in cui accettiamo modalità relazionali che non accetteremmo più in altri contesti. Dove giustifichiamo una gerarchia che va oltre lo scopo per cui è chiamata a esistere.

Per molte persone la gerarchia esibita esercita tuttora un grande fascino. Tanti manager sono ancora attaccati ai venti centimetri in più di scrivania e gioiscono della loro pianta rigogliosa, delle sedie comparse davanti ai loro tavoli nel momento in cui hanno ricevuto una promozione. È un atteggiamento pericoloso, non solo fine a sé stesso. Perché l'esibizione della gerarchia fa male. Fa male alle persone che la sopportano, giorno dopo giorno. Forse senza accorgersene. A uno sguardo più attento la gerarchia esibita si mostra per quello che è davvero: un sopruso, una negazione tangibile del concetto di uguaglianza. Se anche provoca solo un leggero fastidio, spesso inconscio, alle persone che la subiscono, alla lunga ha la capacità di mandare un messaggio distorto cristallizzandolo con l'inesorabilità e la tenacia delle azioni ripetute, giorno dopo giorno. Lame affilate in grado di arrivare pian piano a colpire nel profondo.

Di nuovo provo a chiedermi se tollereremmo tutto ciò al di fuori del mondo aziendale. Funzionerebbe quando prenotiamo un viaggio con un gruppo di nostri amici? Accetteremmo che uno di loro, per un qualsiasi motivo – forse perché è la persona che ha già visitato il paese – viaggiasse sul nostro stesso pulmino, ma in un posto più spazioso degli altri?

Ancora: saremmo d'accordo se il condomino che ha l'appartamento più grande usasse sempre l'unico posto auto ombreggiato?

La verità è che nella vita reale non accettiamo privilegi all'interno di un gruppo che consideriamo paritario. Men che meno se questi privilegi sono visibili, come, per esempio, l'uso dello spazio. Ci danno fastidio, non ne capiamo il senso e li percepiamo come lesivi del concetto di uguaglianza. In azienda, invece, li tolleriamo.

Pensiamo allo spazio fisico. In azienda lo spazio e il suo uso testimoniano ancora l'importanza della persona e indicano con precisione la sua posizione nella scala gerarchica. Sono tanti gli uffici in cui tutto ciò è leggibile; sono tanti i metri quadri improduttivi di grandi stanze che i manager lasciano spesso vuote.

Non pensiamo che negli open space ciò non accada. Perché anche in quegli ambienti capita di imbattersi in una contraddizione evidente. Se nella dimensione verticale dei muri leggiamo scritte che celebrano il valore dell'uguaglianza, immagini che richiamano la centralità di tutte le persone, su quella orizzontale dei pavimenti poggiano tavoli tutti uguali tra loro, ma spesso accostati a una pianta, a una cassettiera in più, a una paratia un po' più alta degli altri; piccoli particolari che tradiscono le differenze di ruolo.

Sul controllo e sulla gerarchia poggia uno degli ostacoli più resistenti al cambiamento. Ma il lavoro agile mina questi fenomeni alle fondamenta. Quando le persone sono lasciate libere di lavorare nel tempo, gli ordini diretti, le informazioni passate all'ultimo, il controllo a vista smettono di funzionare.

E quando diventano libere di scegliere lo spazio in cui lavorare, l'ufficio perde la sua centralità e, con lui, la perdono anche tutti i simboli di esibizione della gerarchia: gli uffici chiusi, i ficus, i lunghi tavoli di vetro e le sedie di design.

Quanto siamo liberi di essere noi stessi nelle nostre aziende?

C'è un aspetto più sottile di rigidità culturale nelle aziende. Non riguarda direttamente il lavoro e i suoi meccanismi, ma si avvicina all'essenza delle persone, alla sfera intima delle loro vite, e, anche in questo caso, la società evolve più rapidamente del mondo del lavoro.

Pensiamo all'orientamento sessuale. In molte aziende è ancora difficile comunicare liberamente di essere omosessuali. In moltissimi luoghi lavorativi, le persone sono costrette a tenerlo nascosto. Ogni *coming out* aziendale è una scelta sofferta. Se ciò può risultare estremamente difficile per uomini gay, so esserlo proibitivo per donne lesbiche, mentre altri orientamenti non sono neanche presi in considerazione.

Ciò significa che persone che nella sfera privata vivono relazioni omosessuali con piena accettazione da parte delle loro famiglie e della cerchia delle amicizie, non possono poi fare lo stesso nell'ambiente lavorativo. Rinunciando alla loro autenticità. Con tutto lo stress e il dolore che una tale forzatura può generare.

Ho già parlato delle Comunità Emozionali che ho lanciato in azienda al mio rientro. Era stata un'idea per far spazio a tematiche nuove, per lasciar emergere temi che coinvolgevano emotivamente le persone.

Mi piaceva introdurre un concetto nuovo di comunità, che si affiancasse a quelle già presenti in azienda. Esistevano già comunità professionali, composte dalle persone che lavoravano negli stessi ruoli nelle diverse sedi nazionali dell'azienda, o quelle di «categoria», formate cioè dalle persone che lavoravano sullo stesso tipo di prodotto.

Io però intuivo il bisogno di comunità che vertessero su interessi trasversali e comuni, su emozioni condivise. Volevo che le persone si ritrovassero per parlare di temi come il sentimento di paternità e la difficoltà di essere padri, la possibilità di coniugare una passione sportiva a un ruolo di responsabilità, l'esigenza di sentirsi utili per gli altri attraverso il volontariato o la voglia di capire e conoscere da vicino le diverse disabilità.

Le difficoltà arrivarono soprattutto all'inizio, perché stavamo introducendo una novità. Anche il modo in cui volevamo lavorare era nuovo. Ancora una volta ci scontravamo con le consuete rigidità della cultura aziendale.

Volevamo sederci in cerchio, ma le persone facevano fatica a farlo; volevamo che al momento dell'ingresso, in qualsiasi momento ciò avvenisse, ogni persona si presentasse agli altri, ma le persone avevano il timore di interrompere. Volevamo parlare di sentimenti, ma le persone facevano fatica a superare il senso del pudore.

Poi ci scontravamo con le abitudini. Le Comunità Emozionali erano intese come luoghi di confronto, spazi di pensiero non necessariamente finalizzati a un risultato concreto. Volevamo ragionare sul senso dei temi che stavamo affrontando e cercavamo il tempo necessario per calarci nell'intimità delle nostre emozioni. Ma la mente delle persone correva verso azioni da compiere, risultati da realizzare velocemente per poter essere misurati e raccontati.

Ci scontravamo però soprattutto con il senso di colpa: l'idea di fermarsi, anche solo per un'ora, durante l'orario di lavoro a ragionare su aspetti non strettamente legati al lavoro stesso instillava ansia nelle persone, e la presunta necessità di dover tornare velocemente in ufficio ostacolava il piacere di far parte della comunità.

Piano piano queste rigidità sono state superate: oggi le comunità esistono ancora, sono sopravvissute alla mia uscita dall'azienda, e in alcuni casi continuano a essere molto vitali.

Il mio ricordo va alla comunità LGBT perché, se è vero che è diventata una delle comunità più vivaci, riuscendo nel giro di pochi mesi dalla sua nascita a portare l'azienda intera a sfilare nel 2018 al Milano Pride, il suo esordio invece è stato particolarmente difficile.

Per il lancio delle comunità avevamo invitato tutte le persone della sede milanese a un incontro nella hall dei nostri uffici, senza specificarne il motivo. Mentre i presenti chiacchieravano tra di loro, sorseggiando caffè e degustando gelati, sei persone, mescolate tra la folla, con un microfono in mano, hanno iniziato a raccontare a turno le proprie storie personali. Ogni storia era legata ai temi che avevamo scelto per le comunità. In molti si erano stupiti di quello che stava succedendo, ma i racconti erano stati ascoltati in profondo silenzio, provocando a volte commozione, a volte divertimento, sempre l'emozione di vedere i colleghi sotto un'altra luce, fuori dai loro ruoli, portatori di storie di vita reale.

Ma uno dei sei non volle parlare in prima persona e ci mandò una lettera affinché qualcun altro la leggesse per lui. Era gay e non ebbe il coraggio di farsi riconoscere. Attraverso le sue parole capimmo che non si sentiva pronto, che non si fidava delle reazioni che avrebbe suscitato, che non sapeva come l'azienda avrebbe preso la notizia. Ne percepimmo nettamente il disagio, la sofferenza e la paura.

Le sue parole sfondarono un muro di carta. Nella mia azienda il tema delle differenze sessuali, una volta uscito allo scoperto, non ha fatto fatica a trovare velocemente tutto lo spazio che meritava.

Ma sono sicura che in moltissime altre aziende ci sono ancora rigidità culturali che non danno spazio alle diversità; e che ciò causa alle persone profonda sofferenza.

Spazi fisici ancora troppo rigidi

Le rigidità culturali che stiamo passando in rassegna si riflettono anche nell'ambiente degli uffici, luoghi ancora estremamente rigidi, così come è rigido il modo in cui li usiamo. Anche se è in corso un grande dibattito su come dovranno essere gli uffici del futuro, essere costretti a frequentarli ogni giorno è oggi estremamente faticoso.

Come si può pensare che un lavoro intellettuale possa essere svolto sempre nello stesso luogo? Come si possono riuscire a trovare concentrazione, ispirazione, creatività, rapidità di pensiero, capacità di analisi, sintesi, rimanendo sempre nello stesso luogo, nella medesima postazione fisica, addirittura con la medesima postura?

Anni fa ho frequentato una scuola di scrittura. I nostri docenti ci raccontavano i diversi modi in cui scrivevano grandi autrici e autori del passato: Fëdor Dostoevskij in piedi al mattino; Lev Tolstoj sdraiato nel letto; Virginia Woolf seduta nello studio con le vetrate rivolte verso il suo grande giardino. In classe eravamo estasiati e li immaginavamo nello sforzo di comporre i loro capolavori. Ciò che mi colpiva in particolare era soprattutto il fatto che ognuno di loro avesse abitudini diverse: diverso era l'uso che facevano del tempo e dello spazio per massimizzare i loro talenti.

L'azienda invece presume che si possa essere tutti produttivi nello stesso luogo, nello stesso lasso di tempo, tutti seduti alle stesse scrivanie.

La realtà è che anche noi, come i grandi scrittori, siamo diversi; abbiamo le nostre personali abitudini, che difficilmente si adattano a uno schema unico e rigido di uso dello spazio e del tempo. Perché siamo diversi anche nel corso del tempo; perché diverse sono le esigenze di lavoro e diversi siamo noi nell'arco della stessa giornata.

Mi capita spesso di lavorare seduta ai bar della mia città. A volte grandi, brulicanti di gente, rumori, profumi; con musica in sottofondo e la possibilità di intercettare conversazioni di altri, scampoli di vita, le conversazioni tra studenti, i commenti di turisti stranieri durante le loro visite milanesi. Sono luoghi pieni di energia ed è utile lavorarci quando la mente è in fase creativa, alla ricerca di spunti nuovi. È uno stato mentale ben preciso e riconoscibile. Quando cerchiamo il pensiero innovativo, lavorare da casa rischia di distrarci; andando in ufficio però il rischio è di essere travolti da altri impegni e scadenze e non riuscire a ritagliare il tempo per il nostro momento creativo. Un luogo affollato, caotico ma anonimo, è l'ideale.

Ci sono altri stati mentali che richiedono altri tipi di spazi. Come per esempio quello dell'approfondimento, delle analisi dettagliate o della scrittura. In quei momenti personalmente io detesto il rumore delle persone intorno, soffro qualsiasi tipo di musica e desidero solo essere in una stanza silenziosa, con la luce del sole che entra da un'ampia finestra e spazi bianchi intorno a me.

La realtà è che lo spazio adatto a ogni tipo di lavoro non esiste. Lo spazio è adatto a seconda di chi lo usa, a come si sente, a cosa deve produrre quel giorno, allo stato necessario per raggiungere il risultato desiderato.

Uno spazio rigido, utilizzabile sempre e solo nello stesso modo, non si adatta alle diverse esigenze della mente di una persona che lavora. La costringe invece a adattarsi creando fatica e sofferenza. È la possibilità di scelta a seconda delle proprie necessità a potenziare le capacità delle persone di lavorare e ad assicurarne il maggior benessere.

Mi torna alla mente il ragionamento illuminante del preside di un liceo artistico milanese, frequentato dal mio secondo figlio. Aveva introdotto nell'istituto, unico esempio che io conosca, la rotazione delle aule: non erano quindi i professori a spostarsi tra le diverse classi, ma i ragazzi a dover cercare a ogni cambio d'ora l'aula in cui si sarebbe tenuta la lezione successiva. La scelta, mi raccontava, era nata dalla necessità di ottimizzare gli spazi. Il liceo aveva tanti studenti e poche aule. Cambiando le modalità d'uso e invertendo il compito di muoversi tra studenti e professori, era riuscito a migliorarne la capienza. Ma l'effetto più interessante era ciò che aveva osservato sui ragazzi: dopo l'iniziale fatica ad abituarsi si dimostravano più attenti, più energici. Ciò era dovuto semplicemente al fatto di essere forzati a spostarsi tra le aule. Poi erano più organizzati, più responsabili del materiale scolastico che dovevano trasportare con sé. Ho avuto l'occasione di vederli al cambio dell'ora. Chiacchieravano tra loro camminando, gli zaini sulle spalle e i rotoli dei disegni in mano, i sorrisi soddisfatti nell'incontrare il ragazzo o la ragazza di un'altra classe, quando lo sguardo furtivo d'intesa veniva ricambiato.

Il solo spostarsi nello spazio, dunque, li rendeva da una parte più energici, dall'altra più responsabili.

L'esperimento è a mio avviso estremamente interessante. Credo che aiuti a capire quanto un uso rigido dello spazio sia dannoso per le persone, per la loro produttività e il loro benessere.

Con situazioni a volte paradossali. Durante un corso di formazione aziendale per facilitare il passaggio alle scrivanie non assegnate, chiedemmo alle persone di scrivere su un foglio i vantaggi che, a loro avviso, questa nuova modalità lavorativa avrebbe comportato. Un ragazzo si alzò e lesse il suo. «Sarà bello», disse, «finalmente potrò capire, guardando dalle finestre, se piove o se c'è il sole.» Dalla scrivania abituale a cui lavorava da anni, infatti, vedeva soltanto un muro.

Voglio spendere ancora qualche parola sugli open space. Confesso che li detesto.

Passare dagli uffici singoli agli open space è stato, a suo tempo, un passo in avanti nella trasformazione dei luoghi di lavoro. Ricordo la volontà di abbattere i muri degli uffici chiusi per creare maggior contatto tra le persone, per facilitare le relazioni e il passaggio delle informazioni.

Ma è stato solo un mezzo passo in avanti. Con gli open space le aziende non hanno fatto il vero salto verso una nuova concezione di spazio di lavoro; anzi, per certi versi ne hanno acuito ancora di più le rigidità.

Perché negli open space lo spazio individuale viene uniformato, vengono eliminate tutte le differenze. Il passaggio agli uffici condivisi ha nei fatti trasformato le aziende in file ininterrotte di scrivanie tutte uguali dove le persone sono costrette a lavorare fianco a fianco, condividendo spazi spesso risicati. Nella realtà dei fatti gli open space hanno strutturato l'immobilità.

Davvero riteniamo positivo lavorare su banchi allineati? Non ricordiamo più che già alle elementari ci stavano stretti? Perché, finita la scuola, siamo tutti diligentemente ritornati a sederci nei banchi?

È ancora la rigidità della cultura aziendale a farci sembrare naturali abitudini che naturali non sono.

Abbiamo accettato, senza metterlo in discussione, che fosse normale sedersi e rimanere fermi, stanziali in un metro quadro per tutto il giorno. E sopportare tutto. Il ticchettio continuo delle tastiere dei computer intorno a noi. Le telefonate di lavoro urlate, in genere più quelle di successo che quelle problematiche. Le telefonate di vita privata appena sussurrate: gli appuntamenti medici, i bisbigli apprensivi per la salute di qualche caro, i toni sbrigativi – ora non posso – per le richieste di un figlio alla ricerca di una voce. E poi il rumore di chi mangia qualcosa, magari sempre alla stessa ora, di sicuro sempre troppo vicino per non disturbare, quando apre l'ennesimo pacchetto di cracker. E ancora il collega esuberante che racconta la sua vacanza urlando all'altro capo della fila dei tavoli; o il saluto dal corridoio che, come un lampo accecante, fa svanire il pensiero che stavamo faticosamente cercando di formulare nella nostra testa.

Non è normale rimanere tutto il giorno nello stesso spazio fisico. Non è normale essere costretti a sopportarne tutti i disagi.

Gli open space, tra l'altro, possono anche rivelarsi nemici della multiculturalità e non agevolare le relazioni tra persone provenienti da paesi diversi. Ricordo il racconto di un collega al ritorno da un'esperienza all'estero. Era alle prese con un dubbio importante. In Francia veniva considerato segno di maleducazione salutare le persone al mattino, al momento dell'ingresso in un open space. Il gesto veniva visto come un'interruzione inopportuna del lavoro degli altri. In Italia invece era considerata maleducazione non salutare al mattino. O quantomeno si correva il rischio di essere considerati poco socievoli, ombrosi. Quindi lui, francese di nascita ma lavoratore italiano ormai da anni, al ritorno da un'esperienza lavorativa nel paese natio era assolutamente confuso. Possiamo pensare che siano semplici problemi di etichetta, ma la ripetitività della situazione li rende pressanti. Com'è possibile iniziare la giornata di lavoro tutte le mattine con il dilemma di scegliere tra essere inopportuno o scortese?

C'è un ultimo aspetto degli open space che mi turba profondamente e contribuisce a consolidare la mia antipatia nei loro confronti. È la sfrontatezza con cui calpestano il più basico concetto di estetica. La loro esigenza di funzionalità vince sempre su qualsiasi attenzione alla bellezza. Per poter suddividere lo spazio esiguo in cui le persone sono costrette a lavorare, nel tentativo di recuperare un minimo di privacy, si inseriscono divisori, barriere, pannelli. Nel tentativo di non vanificare la vocazione originaria di spazio aperto a tutti, ma al tempo stesso di ridurre i disturbi che la convivenza forzata arreca, ciò che si sacrifica è sempre l'estetica. Gli open space finiscono per essere in realtà un unico spazio rigido stipato di tavoli, uno vicino l'altro, uguali e anonimi, quasi sempre brutti. Tavoli che, con l'aggiunta di divisori, si trasformano in cubicoli.

Moltissime persone sono costrette a lavorare tutto il giorno, tutti i giorni, in cubicoli. Spesso orrendi. Se avessimo il coraggio di chiamarli con il loro vero nome, forse percepiremmo con maggiore chiarezza la loro bruttezza e l'assurdità di un uso così rigido dello spazio.

Un modo diverso di mangiare

Un ultimo aspetto legato alla vita negli uffici che rivela una rigidità culturale dura a morire è quello delle mense.

La mensa è un altro esempio di uso del tempo e dello spazio inutilmente rigido. Come l'open space, è un retaggio diretto della nostra esperienza scolastica. Un altro momento in cui noi adulti accettiamo di essere riportati a un livello di infantilità che nella nostra vita esterna abbiamo archiviato. È un altro esempio di come la cultura aziendale si muova più lentamente di quella del mondo esterno.

Se così non fosse, come potremmo razionalmente accettare, in un momento preciso della giornata, di essere improvvisamente costretti a mollare il nostro lavoro, sospendere le riunioni o le attività che stiamo facendo, e convergere tutti nello stesso luogo, dove ci mettiamo disciplinatamente in una lunga fila con un vassoio in mano, attendendo pazienti il nostro turno?

Per poi dover mangiare in ambienti affollati, rumorosi, tutti insieme, magari velocemente per recuperare il tempo perso.

Perseguiamo la produttività e l'efficienza in tutte le nostre azioni, ma poi lasciamo che la consuetudine si mangi – letteralmente – una quota importante del nostro tempo lavorativo.

Perché? La risposta è ancora una volta in un uso rigido, e per questo sbagliato, di tempo e spazio.

La mensa è ancora concepita come il luogo fisico in cui si riversano alla stessa ora tutte le persone che lavorano negli stessi uffici. Di conseguenza il suo spazio e le sue modalità di fruizione sono pensati in modo massivo, adatto ad accogliere tante persone nello stesso momento; modalità che necessariamente penalizzano la qualità del momento stesso.

Con, anche in questo caso, un paradosso. La mensa, da momento accessorio al lavoro, diventa centrale nella vita aziendale. Raramente, nella mia esperienza nella direzione del personale, ho visto discussioni più accese di quelle inerenti alla mensa. Si litigava per la composizione dei pasti, si dedicava tempo infinito all'ipotesi di cambiare un tipo di dessert. Le discussioni più feroci le ho viste nei tentativi ardui, e spesso rimasti irrealizzati, di aumentare il contributo richiesto alle persone, anche solo di pochi centesimi; come se non fosse noto a tutti il costo reale per mangiare nel mondo al di fuori dell'azienda.

Di contro ho sentito innumerevoli volte le persone lamentarsi della qualità del cibo, del servizio offerto, anche nelle mense più accurate, con gli alimenti migliori e le offerte più variegate. Ho ancora ben chiara la sensazione provata al mio primo rientro in azienda, dopo due anni trascorsi in consulenza mangiando panini costosissimi nei bar milanesi del centro. Ascoltavo incredula le lamentele dei colleghi di fronte a vassoi di verdure fresche cotte e crude, alla scelta tra carboidrati integrali e riso in bianco, ambitissimo sogno di qualsiasi libero professionista con lo stomaco segnato dai troppi panini consumati in piedi.

Se mi interrogo sulla modalità in cui personalmente preferisco mangiare, penso a due situazioni, entrambe lontane anni luce dal modo in cui si mangia tipicamente in una mensa.

Mi piace mangiare da sola, in silenzio, leggendo un libro. Oppure mi piace trasformare il pasto in un momento conviviale, con più persone, chiacchierando in un luogo dove sia facile ascoltarsi. Nulla a che vedere con il livello medio dei decibel in una mensa che a fatica ci consentono di ascoltare le parole di un collega, magari già di per sé non estremamente interessanti.

Se proviamo anche in questo campo ad applicare i concetti del lavoro agile, possiamo ripensare completamente il modo in cui mangiamo in ufficio.

Una diversa modalità di lavorare nel tempo e nello spazio richiede una mensa sempre aperta, con possibilità di trovare in ogni momento qualcosa da mangiare – magari anche un pasto freddo, ma di qualità – da consumare secondo i tempi e i ritmi della singola persona.

Perché anche le nostre esigenze alimentari sono diverse. Dipendono da come ci sentiamo, dal lavoro che dobbiamo finire, dagli impegni sportivi nel corso della giornata. Possono dipendere dall'ora in cui abbiamo fatto colazione o dal fatto che abbiamo alzato la testa dal computer solo dopo una fortunata sessione lavorativa in cui il nostro flusso creativo non è stato interrotto. E si è fatto tardi.

Una mensa agile sempre aperta potrebbe, per esempio, prevedere una fascia oraria per i pasti caldi e, diluendo la frequentazione delle persone nell'arco della giornata, offrire spazi più confortevoli e tavoli più raccolti che permettano interazioni piacevoli tra le persone durante il loro pranzo.

La realtà però è che con il lavoro agile le persone possono mangiare dove preferiscono. È splendido d'estate mangiare all'aperto, in un giardino magari. Un sogno poterlo fare in riva al mare. A volte può essere utile mangiare in sala riunioni, per non interrompere un collegamento o un ragionamento articolato. Oppure portare al ristorante la persona che sta imparando a lavorare con noi, per regalarle un momento di ascolto esclusivo e prezioso.

Anche nel caso della mensa le possibilità di cambiamento esistono già e sono solo le nostre abitudini a creare ostacoli.

Chiediamocelo davvero per un'ultima volta: ha ancora senso continuare a infliggerci la fatica di andare a mangiare tutti nello stesso luogo, alla stessa ora?

Persone divise tra mondi che vanno a velocità diverse

A volte ho la sensazione che le aziende abbiano perso il passo con l'evoluzione del resto mondo.

Credo che la loro velocità di cambiamento sia molto inferiore a quella del contesto esterno e che il principale freno siano le rigidità culturali. So per certo che questa asincronia tra azienda e mondo è estremamente dolorosa per le persone, che si trovano ad agire in un modo nella vita privata e sono poi costrette ad agire in modo differente in quella lavorativa.

Penso a chi ancora oggi non fa *coming out* in azienda e convive tranquillamente con il proprio compagno o compagna. Penso a chi porta lo stigma di impiegato mediocre relegato in ruoli poco interessanti e poi, magari perché attivista appassionato nella vita privata, riceve dall'esterno solo riscontri positivi. Penso a chi è costretto a lavorare quotidianamente in brutti cubicoli senz'anima e vive in una bella casa di cui cura personalmente ogni singolo dettaglio.

Credo davvero che le persone sentano e soffrano questa differenza di passo tra azienda e mondo esterno.

Il lavoro agile, rovesciando il paradigma, mette in discussione le rigidità culturali che abbiamo incontrato, l'uso di spazio e tempo, l'ordine delle cose. Libera le persone, che ritrovano maggiore serenità.

Se possiamo lavorare dove vogliamo ha ancora senso ambire a un ufficio più prestigioso?

Se possiamo decidere dove e quando mangiare, la mensa aziendale è ancora al centro dei nostri pensieri?

Se il mondo diventa il nostro ufficio, quanto riescono ancora a tenerci prigionieri le rigidità culturali di cui abbiamo parlato?

3.
LA MENTE CHE MENTE

Questione di abitudini

Abbiamo già incontrato la «mente che mente» quando abbiamo parlato del tempo.

È lei uno dei più grandi ostacoli al cambiamento. È lei che ci confonde e ci impedisce di abbandonare le nostre abitudini. È lei che ci mostra il cambiamento come uno sforzo impossibile. La mente mente quando ci presenta il lavoro tradizionale come l'unica modalità di lavoro possibile e ci mette in allerta ogni volta che proviamo a uscire dalle sue coordinate di spazio e tempo.

Le abitudini sono la strategia comportamentale con cui il cervello cerca di risparmiare energia. Siamo programmati così. La mente umana è sempre tesa a minimizzare gli sforzi che compiamo, a preservare l'energia per un'eventuale necessità improvvisa. Come conseguenza cerca di opporsi a ogni cambiamento, a ogni gesto che si discosti dalle nostre abitudini. Perché quel gesto implica uno sforzo, un dispendio di energia.

Questa è la modalità in cui funzioniamo anche durante il lavoro. Ci siamo abituati a lavorare all'interno di un confine spazio-temporale definito e facciamo fatica a uscirne. La nostra mente percepisce la volontà di cambiare come un attacco e, per difendersi, usa diverse strategie, tra le quali il senso di colpa è sicuramente la più efficace.

Se desideriamo lavorare in modo diverso dobbiamo imparare a riconoscere questi meccanismi. Dobbiamo imparare a smontare le strategie di difesa della nostra mente. Dobbiamo, soprattutto, liberarci dal senso di colpa.

La mente ci porta a credere che il lavoro vero è solo quello che si fa nell'orario canonico e si rifiuta di riconoscere come tale le attività svolte al di fuori di esso.

C'è un aspetto in particolare che mi porta a sostenere con convinzione che la necessità di rispettare un orario fisso di lavoro – lo schema 9-18 – sia solo una convenzione, o meglio una convinzione della nostra mente collettiva.

Non esistono riferimenti normativi che indichino con precisione quanto e quando sia necessario lavorare. Bisogna risalire a un regio decreto del 1923 per trovare una regolamentazione relativa alle ore di lavoro giornaliere – le otto ore valide ancora oggi che, allora, diventavano 48 ore a settimana. La Costituzione non fa alcun riferimento all'orario di lavoro, mentre il codice civile si limita a rinviare a leggi speciali e alla contrattazione collettiva per la sua determinazione puntuale.

Nel 1997 le ore complessive settimanali sono scese a 40 con la legge n. 196, che ha recepito le linee guida tracciate dalla prassi della contrattazione collettiva. A tale legge si è affiancato poi il decreto legge n. 66 del 2003 che, recependo le indicazioni contenute in una direttiva europea dello stesso anno, ha introdotto gli orari minimi di riposo, giornalieri e settimanali.

Da nessuna parte è stato mai indicato un orario giornaliero da dover rispettare.

Sono le singole aziende ad aver introdotto orari rigidi, basandosi sulla tradizione, sulla prassi e sulle abitudini delle persone. E noi sappiamo che la nostra mente si attacca alle abitudini con grande soddisfazione e facilità.

Sempre la nostra mente ci induce a pensare che il lavoro vero – per certi versi l'unico «degno» – sia quello svolto tra le mura di un ufficio. Noi sappiamo benissimo, quando la nostra mente non mente, che il lavoro è lavoro, ovunque lo si faccia. Abbiamo capito che il lavoro nelle organizzazioni è prevalentemente di natura intellettuale e che quindi può essere svolto in qualsiasi luogo, con il supporto di una tecnologia semplicissima. Conosciamo bene la difficoltà che incontriamo a produrre pensiero di qualità in ufficio. Conosciamo la fatica di rimanere nell'ambiente rumoroso di un open space quando abbiamo bisogno di approfondimento, di pensieri lucidi e di concentrazione. Sappiamo che è improbabile riuscire a trovare la soluzione di un problema nella stessa sala riunioni in cui magari siamo seduti da tutto il giorno.

Ma non siamo ancora sufficientemente bravi a riconoscere che esiste una parte di lavoro che potrebbe essere portata avanti al di fuori dalle mura dei nostri uffici.

Quando siamo in cerca di creatività e ispirazione, sappiamo che basta uscire dagli spazi in cui per abitudine ci confiniamo e prendere il tempo di guardarci attorno. È fuori dagli uffici che riusciamo con facilità a trovare le soluzioni, le risposte ai nostri dubbi, le diverse prospettive di cui abbiamo bisogno.

Ma la nostra mente tende a non accettarlo.

La nostra mente influenza profondamente la percezione che abbiamo delle cose. Per esempio può mandare messaggi sbagliati sulla creatività.

Siamo abituati a reputare «creativi» gli artisti o le persone che lavorano in campi come la moda, il design, la musica, la cucina. Ma solo loro.

Il dizionario Treccani però definisce la creatività come: «la capacità di creare con l'intelletto». Non è quindi necessariamente legata all'estro o alla produzione artistica. È creativo l'atto di pensare in sé e quindi fa parte della creatività la ricerca delle soluzioni a ogni tipo di problema, che sia il lancio di un nuovo prodotto, l'ideazione di un report o un modo diverso di codificare i dati.

È di nuovo la mente a indurci in errore.

Se sono creative solo le persone che fanno lavori artistici, allora solo a loro è concesso vivere e lavorare in modo creativo. Possono dormire di giorno e produrre di notte, dimenticarsi di mangiare, rapiti dall'estro creativo. Possono lavorare a casa, nel loro studio, sedute su una panchina o su una scogliera davanti al mare. Noi tutti, invece, dobbiamo confinarci entro schemi definiti di spazio e tempo.

Di nuovo, non è così. Il pensiero non ha confini. Anzi, ha

bisogno di stimoli: si nutre di incontri, scambi di idee e confronti. Fiorisce in luoghi diversi da quelli abituali, nei momenti in cui incrocia nuove prospettive. Confinarlo in un ufficio vuol dire impoverirlo, diminuirne la potenza.

Ma sarà difficile convincere la nostra mente, che continuerà a presentarci la sua versione di realtà e a condizionare le nostre abitudini, le nostre scelte e, infine, la nostra possibilità di abbracciare il cambiamento.

Noi però possiamo provare a dominarla. Iniziando a distinguere con chiarezza quando ci sta indirizzando correttamente o quando invece ci sta frenando nel tentativo di tenerci ancorati alle nostre abitudini.

Il tempo di cui abbiamo bisogno

Ripartiamo dal tempo. Tutti desideriamo più tempo. Soprattutto un tempo più lento. È la richiesta più pressante che sento quando mi confronto con le persone che lavorano nelle aziende. È un'esigenza che va al di là della mera necessità di conciliare gli impegni della vita lavorativa con quelli della vita privata. È qualcosa di intimo e profondo. Perché affonda le radici nella nostra specifica individualità.

Siamo tutti diversi. Abbiamo esigenze che ci rendono differenti l'uno dall'altro e che si modificano nel corso della vita. Pensiamo al nostro rapporto con il sonno. Qualcuno ha bisogno di dormire molto, a orari regolari; altri sono mattinieri, o invece prediligono le ore notturne per iniziare poi la giornata più tardi.

Come si conciliano queste nostre diversità con un unico schema di orario uguale per tutti? Il tempo unico mette in crisi le nostre necessità fisiologiche individuali di sonno.

Non è solo questo. Siamo tutti diversi e ognuno di noi cambia nel corso della giornata. Sono diversi e strettamente personali i momenti in cui siamo più lucidi. Sono diverse, e fortemente legate alla nostra energia e resistenza fisica, le pause di cui abbiamo bisogno. Sono svariate le nostre esigenze di muoverci nel corso della giornata. Di nuovo, come si concilia tutto questo con un orario unico?

Se iniziamo ad ascoltarci, a conoscerci, se siamo capaci di andare oltre a ciò che la mente vuol farci credere, diventa facile comprendere che un tempo rigido, con il medesimo orario di inizio e fine, sempre uguale a sé stesso, non ci permette di usare al meglio le nostre energie, limita la nostra produttività e mina il nostro benessere personale.

Si sta iniziando a riconoscere ora che l'impostazione scolastica tradizionale può essere estremamente faticosa, soprattutto per alcuni bambini. Le scuole che lo stanno capendo – nella mia esperienza di madre ne ho incontrate alcune, per fortuna – favoriscono il movimento, un avvicendamento delle ore di lezione che permetta ai ragazzi di variare le esperienze nel corso della giornata; spesso la disposizione dei banchi all'interno delle classi viene modificata, si prediligono le uscite, le lezioni all'aria aperta quando è possibile. Mi fa sorridere pensare che se da genitori approviamo una scuola che evolve in questa direzione, per noi stessi adulti accettiamo invece remissivamente di lavorare seduti, chiusi nello stesso ambiente, tutti i giorni, sempre alla stessa ora.

Solo perché la mente ci dice che si è sempre fatto così, e che quindi è giusto così.

Se iniziamo a indagare con attenzione il nostro individuale rapporto con il tempo, riusciamo a capire quale può essere il nostro schema lavorativo.

Siamo affascinati dagli scrittori che scrivono di notte o da chi sfrutta le prime luci dell'alba, ma continuiamo a reputare giusto lavorare sempre e solo nelle ore centrali della giornata.

Ricordiamo Alfieri che si legava alla sedia per riuscire a scrivere le ore necessarie alla stesura del capolavoro che aveva in mente. I professori ce lo proponevano come esempio di forza d'animo e di talento eccezionale. Noi non ci lasciamo legare fisicamente, ma accettiamo di lavorare fissi nel tempo e nello spazio. Non più corde, come Alfieri, ma lacci temporali di un orario rigido che ci fa correre tutte le mattine in ufficio.

Con una sottigliezza che la nostra mente conformista, a volte punitiva, ci propone.

Tutto ciò che si discosta dall'orario standard di lavoro, riducendolo, è mal visto. La nostra mente è pronta a ricordarci, attraverso il senso di colpa, che non stiamo lavorando nel lasso di tempo in cui lei è programmata per vederci al lavoro. Se però lavoriamo di più rispetto allo schema orario standard, non ci fa percepire lo stesso fastidio. Per un motivo che mi è oscuro, ma che forse va ancora una volta ricercato nei retaggi del passato, lavorare più dell'orario pattuito è considerato socialmente ben accetto.

Soprattutto nel nostro paese, attardarsi in ufficio non è sintomo di inefficienza, bensì dimostrazione di attaccamento al lavoro. La mente riconosce questa impostazione e ci indica come accettabile finire solo a notte fonda la presentazione che abbiamo portato a casa; ci lascia liberi di continuare a rispondere alle e-mail anche nel weekend, di rimanere oltre l'orario di chiusura dell'ufficio anche quando non siamo prossimi a una data di scadenza. Solo perché, ripeto, è una modalità di lavoro socialmente accettata.

La mente si adegua velocemente al pensiero culturale dominante e, nello sforzo di ridurre le possibilità di deviazione da sentieri conosciuti, ce lo propone come unica modalità di pensiero corretta.

È la stessa ragione per cui si oppone con veemenza al pensiero individuale. Ci fa sentire meno liberi di seguire i nostri bioritmi, se per esempio ci suggeriscono di svegliarci più tardi al mattino. Ci sentiamo ancora meno liberi di far sapere ai nostri colleghi che stiamo passeggiando in un parco, in un momento in cui assecondiamo la necessità di muoverci. Ci spaventa con il senso di colpa quando vorremmo semplicemente dire «oggi esco presto e vado a prendere mio figlio a scuola, ieri non l'ho neanche visto a cena, perché sono rimasta in ufficio fino a tardi».

Il tempo del nostro personale processo creativo

Penso al mio personale processo creativo. All'inizio ho fatto fatica a riconoscerlo come tale. Dopo gli studi in economia e dopo aver lavorato per anni nelle aziende, ero convinta di non essere una persona creativa. Anche io riservavo all'espressione artistica la valenza unica e generale di creatività. Poi ho iniziato a riconoscere che anche dentro di me, nei numeri oggetto delle mie riflessioni, dentro ai miei pensieri, risiedeva un elemento generativo; e quindi di creatività. Ho capito che trovare una soluzione è un atto creativo, così come lo è scrivere un testo, foss'anche una semplice e-mail.

Ma ho fatto fatica a riconoscere questa parte delle mie attività come lavoro vero e proprio. A riconoscere come lavoro il tempo dedicato al pensiero, alla generazione di idee.

La mia mente continuava a dipingermi il tempo lavorativo «vero», l'unico degno di essere definito tale, come quello speso seduta a una scrivania a scrivere o a parlare con altre persone, ma sempre nel contesto ben definito di un ufficio.

Continuando a scavare in me stessa ci sono arrivata. Ora so che è tempo lavorativo anche quello delle intuizioni, della ricerca del pensiero nuovo. Lo è il tempo della rilettura mentale di alcune discussioni già avvenute, quello della costruzione di prospettive diverse. Lo è l'*esprit de l'escalier*, le risposte che la mente elabora fuori tempo massimo e il tempo necessario per cercare l'occasione giusta per poterle riproporre.

Ho iniziato ad accorgermene quando ho realizzato che le soluzioni a problemi di lavoro potevano spuntare nel bel mezzo di una passeggiata domenicale. Quando mi ritrovavo sulla metropolitana a rispondere nella mia testa, a volte gesticolando, usando mentalmente le parole che avrei voluto saper pronunciare nella riunione appena finita. Quando, girando il mestolo in una pentola di sugo, riuscivo finalmente a trovare la chiave giusta per risolvere una questione delicata.

Allora ho iniziato a dargli la dignità di tempo lavorativo. E ho capito che il lavoro agile è davvero la modalità che meglio si adatta alle nostre esigenze individuali e assicura la nostra maggiore produttività. Come si può pensare che le intuizioni arrivino solo dalle 9 alle 18?

Mentre scrivo sono al mare, in una casa di vacanza dove è piacevole soggiornare anche in inverno. Ho deciso di prendermi qualche giorno di tempo da dedicare esclusivamente alla scrittura. Ne ho sentito il bisogno quando mi sono accorta che i ritmi della mia famiglia stavano ostacolando il mio lavoro.

Non è solo il tempo rigido dell'ufficio, dunque, a limitare la creatività. Sono anche le richieste dei figli, le continue interruzioni, le esigenze di una famiglia numerosa. È il mio tempo individuale che si scontra con il tempo collettivo della vita familiare.

Allora sono partita e ora sto trascorrendo un periodo sola con me stessa.

Sto osservando come la solitudine lasci spazio a un tempo più rispettoso delle mie esigenze fisiche e mentali. Mi accorgo che, se lasciato libero, il mio corpo non riconosce gli orari classici in cui siamo abituati a mangiare. Non ho mai fame la sera, riesco a scrivere e superare di molto l'orario abituale della cena. Realizzo che anche gli orari della nostra vita privata sono una convenzione, un modo per vivere in relazione con gli altri, organizzandosi intorno a scadenze comuni.

Sto capendo che la mattina la mia mente riesce a creare immagini e pensieri nuovi, ma è solo al calar del sole che entro in uno stato meditativo più profondo in cui la scrittura diventa fluida.

La possibilità di rimanere in silenzio, anche per parecchie ore di seguito, senza necessariamente dover parlare con altre persone, rende i miei pensieri più sciolti e meglio connessi tra di loro. Diventa naturale finire di scrivere, scendere a comperare qualcosa da mangiare, mentre la mente indisturbata continua a pensare a ciò che ho appena scritto e mi propone senza sforzo nuove idee, nuovi collegamenti. Come se scrivere e pensare fossero un tutt'uno e riuscissero a fluire in modo semplice nel mio corpo, senza interruzioni.

Ecco il concetto a me così caro di un tempo circolare. Quando ci si può dedicare senza interruzioni a un unico compito, anche il tempo sembra procedere ininterrotto in una sorta di rotazione continua, assecondando l'alternarsi delle nostre vere necessità. È un periodo in cui il tempo smette di imporsi come un continuo ostacolo o di fuggire molto più rapido di quanto vorremmo. È il tempo velocissimo dell'intuizione o lungo e lento di una passeggiata che schiarisce le idee. È il tempo che rende le mattine rapide e le lascia scivolare in continuità nei pomeriggi, nella sera e poi nella notte, dilatandosi insieme al pensiero che diventa più profondo.

È proprio il contatto con un tempo alleato e benefico come quello che sto vivendo in questi giorni che mi conferma l'assurdità del tempo unico che abbiamo, per convenzione, destinato al lavoro. Che la nostra mente riconosce come il tempo del lavoro. Che molti manager ancora considerano come la modalità unica in cui poter lavorare.

La conoscenza di noi stessi deve portarci a trovare il nostro tempo individuale; a capirne il ritmo. E un modo di lavorare diverso, slegato da imposizioni di tempo e spazio, deve diventare la possibilità concreta di assecondarlo. Per viverne tutti i benefici. La nostra mente deve solo arrendersi e accettarlo.

Ma noi non siamo soli. Siamo parte di una collettività e il nostro lavoro è fatto prevalentemente di relazioni con altre persone. Allora dobbiamo capire che in realtà passiamo la maggior parte del nostro tempo schiacciati da una pressione sociale che ci porta a rispettare le consuetudini. Che la nostra mente, sotto questa pressione, tenderà a seguire schemi preconcetti e a fornire giudizi che ostacolano la nostra capacità di comprendere davvero la realtà.

Perché altrimenti è difficile spiegare la contraddizione per cui sprechiamo tempo senza sentirci in colpa quando siamo con altri in ufficio, ma non riusciamo a fare lo stesso quando lavoriamo al di fuori di esso.

Mi colpisce sempre molto come, per esempio, sia socialmente accettata la chiacchiera, anche prolungata, alla pausa caffè in ufficio. Quando lo facciamo non proviamo alcun senso di colpa. Si fa così, fanno tutti così e quindi lo riteniamo normale. Ci risulta invece difficilissimo concederci una pausa quando lavoriamo in autonomia, che sia da casa o in qualsiasi altro luogo.

Se decidiamo di portare un documento in un altro ufficio, magari lontano, senza che ce ne sia una vera necessità fisica, ma solo perché abbiamo voglia di distrarci un po', non ci colpevolizziamo. Se decidiamo invece di fare una passeggiata tra la fine di un'attività e l'inizio di una nuova, mentre stiamo lavorando da remoto, dobbiamo giustificarlo, dobbiamo ricordare alla nostra mente che abbiamo lavorato e che riprenderemo a farlo subito dopo.

Riusciamo a divagare con la mente in una riunione noiosa senza provare alcun rimorso, ma facciamo fatica a concederci di dormire mezz'ora sul divano quando lavoriamo da casa.

È evidente che la mente non ci aiuta a cambiare modo di lavorare perché si aggrappa alle convenzioni sociali e alle abitudini che ne discendono.

Dobbiamo esserne consapevoli. Perché la realtà è che dobbiamo innanzitutto convincere noi stessi, se vogliamo convincere altre persone ad affrontare il cambiamento.

Il lavoro agile deve farsi strada tra opposizioni e resistenze di manager contrari. Se non conosciamo a fondo i metodi che la nostra stessa mente utilizza per tenerci agganciati a un'idea più tradizionale di lavoro, rischiamo di non avere sufficiente capacità per convincerli.

Quanto pesano le nostre necessità personali

C'è un livello ancora più profondo, un'argomentazione ancora più sottile, su cui la mente può fare leva per farci credere che un lavoro libero nel tempo e nello spazio non sia «vero lavoro».

In questo caso la mente può attaccare direttamente la nostra persona e la nostra centralità nel rapporto di lavoro.

Di nuovo provo a capire cosa succede dentro la mia testa, quali sono i miei pensieri quando faccio lavoro agile. Mi accorgo che la mente mi lascia intendere, in modo più o meno velato, che le urgenze degli altri sono sempre più importanti delle mie. Sono il vero lavoro. Se rispondo a una richiesta sono efficiente, sto effettivamente lavorando. Una telefonata di qualche collega è lavoro vero e passa in priorità rispetto a qualsiasi cosa io stia facendo. Rispondere velocemente a un messaggio di lavoro, qualsiasi sia il contenuto, è lavoro vero.

Non considero mai che le priorità degli altri sono interruzioni del mio lavoro e mettono in crisi la mia produttività.

Perché, di nuovo, così sono abituata. Perché gli uffici sono luoghi in cui l'interruzione è legittimata. Aprire una porta per chiedere un'informazione è tollerato, anche se interrompe una conversazione o un flusso di pensiero. Rispondere al telefono nel corso di una riunione è accettato, così come lo è coinvolgere in una conversazione ad alta voce un vicino di scrivania intento a lavorare al computer. Il lavoro è fatto principalmente di interazioni con altre persone e rispondere alle richieste degli altri, dando loro priorità assoluta, è considerato un buon modo di lavorare.

Tutto ciò mette in secondo piano le nostre necessità personali, sposta sul fondo le vere urgenze. Ci troviamo a fine giornata con il lavoro che avremmo dovuto fare che è scivolato in fondo e allora cerchiamo di ultimare in fretta quanto dipende solo da noi stessi.

Se questa modalità è la norma in ufficio, portarsela dietro nei tempi di lavoro agile diventa una conseguenza naturale. E allora ci sentiamo in colpa se una giornata trascorsa a casa è tutta dedicata alle nostre priorità. La mente ci manda un sottile segnale di disagio, come se non stessimo lavorando veramente, come se quelle ore in fondo fossero una pausa dal lavoro vero.

In questo modo non facciamo che convincerci da soli della verità di quel pensiero odioso che spesso sento esprimere da chi si oppone al lavoro agile, adducendo che le persone, quando sono a casa, poi «chissà cosa fanno davvero».

Pochi giorni fa ho ricevuto un messaggio da un amico che mi informava che la moglie era stata obbligata a rientrare in ufficio dopo un periodo di smart working. Il suo capo non si faceva scrupoli nell'affermare pubblicamente che era meglio che le donne rientrassero in ufficio perché a casa si distraggono e sono meno efficienti.

Se questo è il sentire comune, dobbiamo essere più che consapevoli che la nostra mente può provare a riproporcelo nel tentativo di ostacolare la nostra voglia di cambiamento.

Non ho difficoltà ad ammettere che provo ancora un sottile senso di colpa se, mentre sto lavorando da casa, mi attardo a sentire una bella musica che mi ha fatto scoprire mio figlio e mi viene voglia di mandargli un messaggio per ringraziarlo, approfittandone anche per sgridarlo, visto che ha lasciato la colazione sul tavolo prima di uscire. Ma sto imparando a ricacciarlo indietro, pensando che quello specifico momento fa parte delle mie necessità personali, la cui soddisfazione mi aiuterà a portare poi avanti i compiti individuali del mio lavoro con più facilità. E che ha la stessa dignità di un'interazione che avrei con altri colleghi se fossi in un ufficio. Se fossi lì, mi starei comunque attardando alla macchinetta del caffè, dedicando parte del mio tempo personale ad ascoltare chiacchiere di altri, probabilmente banalità di poco interesse, con persone che non fanno neanche parte del perimetro dei miei affetti. Ora ho capito che è solo per una convenzione sociale che quel tempo mi sembra legittimo, mentre il mio momento di piacere personale mi appare come una sottrazione al tempo lavorativo. Ho imparato a riconoscere i trucchi della mente.

Ma devo ammettere che faccio fatica anch'io. Tenere a bada questi meccanismi della mente è uno sforzo continuo. Ciò che serve è sviluppare una profonda conoscenza di sé stessi e una consapevolezza della fallacia della nostra mente.

Ho realizzato solo dopo anni di esperienza che la telefonata al mattino, mentre porto a passeggio il cane, è un vero momento di lavoro. Va conteggiata nelle ore complessive della giornata di lavoro agile, anzi forse è uno dei momenti più preziosi, perché il movimento fisico all'aria aperta e la solitudine favoriscono la piena concentrazione sui temi oggetto della telefonata. È molto più produttivo lavorare così che in un ufficio rumoroso. Lo capisco razionalmente e lo sento fisicamente, il mio corpo lo sa. È solo la mente che, ancora una volta, deve esserne convinta.

Voglio riflettere su un ultimo aspetto su cui la mente può continuare a ostacolarci. Per un retaggio di cui non conosco l'origine facciamo fatica ad ammettere che ci si può divertire lavorando. Teniamo separato il tempo del lavoro serio dal tempo del divertimento. O da quello del piacere. Per questo motivo, se stiamo lavorando a casa e sentiamo una musica che ci piace molto, il cervello si mette ancora una volta in allerta e ci comunica che forse non stiamo davvero lavorando. La situazione in cui siamo gli ricorda più una pausa che un effettivo momento di lavoro. Conosco da vicino la frustrazione di chi, facendo lavori creativi o legati in qualche modo all'arte, si sente dire che in fondo non fa fatica, perché chi lavora «divertendosi» non sta veramente lavorando. Di nuovo c'è una pressione sociale che ci porta a tenere separati gli aspetti. Il lavoro è serio, è fatica, richiede un tempo interamente dedicato, spesso ininterrotto. Il resto non è lavoro. La mente fatica a riconoscere il lavoro agile, perché esce da questa rigida interpretazione di cosa è lavoro e cosa no. Con il lavoro agile possiamo lavorare in spiaggia davanti alle onde del mare; possiamo, nelle pause, vedere un episodio dell'ultima serie che stiamo seguendo o invitare a pranzo una persona amica e dedicare del tempo a chiacchierare con lei, divertendoci. Tutto ciò all'interno di una vera giornata lavorativa. Il lavoro agile ci avvicina a una dimensione in cui si mescolano lavoro e divertimento, benessere fisico e produttività.

La mente qui si perde. Sta a noi ricondurla all'accettare che anche questo è lavoro. Lavoro vero. Lavoro in cui ci sentiamo finalmente bene.

4.
LE AZIENDE SENZA EMOZIONI

Un linguaggio che ci imprigiona

Nelle organizzazioni, pubbliche o private, che ho frequentato, raramente ho visto le emozioni delle persone trovare il giusto spazio. Anzi, ho spesso avuto la sensazione che venissero messe in secondo piano, sovente ignorate, a volte rimosse del tutto. Ciò rende le aziende meno umane. La disumanizzazione, oltre a essere fonte di profonda infelicità, è anche una delle forme più forti di resistenza al cambiamento verso un modo nuovo di lavorare.

Una spia di questa disumanizzazione è il gergo aziendale. Il gergo nasce dalla ricerca di rapidità ed efficacia nella comunicazione e dal fatto che persone che condividono quotidianamente argomenti lavorativi comuni possono parlarne senza nominarli in modo completo; è fatto di sigle, acronimi e neologismi. Le persone che vivono l'organizzazione dall'interno si abituano velocemente al suo gergo e finiscono per non accorgersi più che è un modo di parlare comprensibile solo a chi ne ha una certa familiarità. Ma basta incontrare ex colleghi o – come ho fatto io – rientrare nella stessa azienda a distanza di anni, per accorgersene. Ricordo la fatica di attribuire il significato corretto alle parole e di entrare in sintonia con le persone. Così come ricordo lo sconcerto di alcuni cittadini nel mio ufficio da assessora di fronte alle spiegazioni burocratiche dei lavoratori del comune, che facevano ampio uso di parole incomprensibili per chi non fosse più che addetto ai lavori.

L'uso eccessivo del gergo di un'organizzazione rischia di

creare una barriera immediata tra chi lo parla e chi no. La conseguenza diretta per chi lo utilizza è di isolarsi dall'esterno, con il rischio di rimanere prigionieri della propria autoreferenzialità. Tutti abbiamo provato l'esperienza della fatica e del disagio che si provano stando seduti davanti a una persona da cui dipende la soluzione di un nostro problema, che sia una tassa pagata in modo sbagliato o un'assicurazione da rinnovare, e non capire cosa dobbiamo fare, non comprendere le parole che ci vengono rivolte.

Il rischio più grande del linguaggio gergale, però, interessa le persone che operano all'interno dell'organizzazione medesima. Perché le parole hanno un peso e forgiano la realtà.

L'uso di termini tecnici, soprattutto se relativi alla sfera personale, rischia di spersonalizzare la realtà. Nasconde il fatto che dietro ad alcune parole esistono le persone e le loro emozioni.

Ho già spiegato quanto detesto la parola «dipendente». Al di fuori del contesto aziendale una persona dipendente è una persona che ha perso parte della sua autonomia, non ha raggiunto la piena responsabilità, vive in una condizione di debolezza. Nella vita privata proviamo una sensazione di fastidio a essere «dipendenti» da qualcosa, siamo al contrario orgogliosi della nostra indipendenza, magari conquistata a fatica. Ma allora perché in azienda non ne siamo disturbati?

Io credo che, a livello emotivo, un leggero fastidio lo provi chiunque. Ma stiamo parlando di emozioni, che trovano poco spazio nelle aziende, e quindi decidiamo di ignorarlo.

In azienda è considerato normale l'utilizzo di parole ancora più forti. Di nuovo entra in scena la gerarchia. E i vocaboli che in qualche modo la esprimono.

Sono i termini che le persone usano spontaneamente per evidenziare la loro relazione con altre persone in azienda. Suonano come tecnicismi per indicare il livello gerarchico di appartenenza. A me suonano minacciosi e mortificanti della dignità umana.

Penso a parole come «sottoposto» e «superiore». Sono accettate e comunemente usate in diverse aziende. Ma chi di noi potrebbe definirsi superiore a un'altra persona, al di fuori di un'organizzazione?

Fuori dal contesto lavorativo la parola suona superba, giudicante; recupera immediatamente il suo peso e, a mio avviso, anche una certa violenza. Credo che le persone non ci facciano caso perché sono parole che fanno parte del gergo aziendale, perché è semplice definirsi così, perché si è sempre fatto così. Ma sono convinta che relazionandosi continuamente con «i propri superiori» si corra il rischio, alla lunga, di sentirsi davvero «inferiori». Per quanto esplicito sia il contesto in cui tali parole vengono usate, credo che sotto sotto possa prendere forma una lieve sensazione di disagio e nascere un sentimento, per quanto debole, di disistima. Anche se le aziende sono ambienti in cui circolano poco, le emozioni continuano a sorgere e a scorrere dentro di noi, rimanendo in attesa di essere riconosciute.

Ho sempre voluto declinare le mie professioni al femminile. Anche quando «direttrice» faceva sorridere e «assessora» suscitava sarcasmo. Ho sempre voluto essere chiamata così perché mi è sembrata una possibilità semplice, a portata di mano, per affermare il mio attivismo femminista. Per proporre un modello concreto ad altre donne, magari più giovani, che avrebbero potuto immedesimarsi più facilmente nei ruoli che stavo ricoprendo.

Ma la vera motivazione interiore è sempre stata collegata al disagio che ho provato nei momenti in cui venivo presentata al maschile. Una sensazione, lieve, di straniamento. Una piccolissima discrepanza tra la mia essenza più intima e il modo in cui venivo chiamata. Un piccolo fastidio, qualcosa che non tornava, che mi creava sofferenza. Ero una donna, perché dovevo essere presentata, introdotta, chiamata come un uomo?

La verità, di nuovo, è che le parole non sono mai neutre, hanno un peso. Le parole hanno la capacità di colpire direttamente le nostre emozioni. Anche nelle aziende. Anche nei luoghi in cui le persone diventano risorse. Anche se aggiungiamo «umane». Le persone sono persone, sempre. Ogni locuzione che perifrasa questa parola, che la nasconde, che ne occulta il genere o la definisce con aggettivi ambigui, va a colpire le loro emozioni.

Continuiamo con esempi di linguaggio gergale nelle organizzazioni, con l'impatto che hanno sulle emozioni e i rischi che si corrono con il loro utilizzo.

Penso a quando le persone in ruoli di responsabilità inciampano nella locuzione «dal basso»: «siamo aperti ad ascoltare tutte le proposte che arriveranno dal basso». In che senso? Perché «dal basso»? Qual è il punto di vista di chi sta parlando? Il riferimento non esplicito è la gerarchia, ma sentirsi rivolgere la parola da qualcuno che si pone, anche solo idealmente, più in alto rispetto a noi non aiuta una buona comunicazione. Ci riporta a una relazione genitoriale incoerente con il nostro essere adulti capaci di relazionarsi tra pari. Va a sollecitare emozioni potenzialmente ambigue o negative. Al di fuori dell'azienda accetteremmo di sentirci trattare dai nostri amici, dai nostri familiari, dall'alto in basso?

Trascurare l'impatto emotivo che un certo tipo di linguaggio può avere è rischioso. Molti non ne sono consapevoli. Penso alla goffaggine di certi comunicati aziendali in cui l'intento di coinvolgere le persone e stimolare lo spirito di squadra viene vanificato dall'uso del pronome «voi». Il manager che parla da una parte e le persone a cui si rivolge – «voi» – dall'altra. La rinuncia all'utilizzo del pronome di prima persona plurale, del «noi», comunica un distacco a livello emotivo, come se le persone fossero sempre «altre» rispetto a chi guida le aziende.

Penso poi al gergo militare, ancora così presente nel linguaggio delle aziende. Le «strategie di attacco» della concorrenza, la «sconfitta» dei *competitors*, la voglia di «vincere la battaglia» sul mercato. Non lo amo, lo considero abusato e mi ha sempre lasciato fredda. Anzi, se mi ha colpito in qualche modo, si è sempre trattato di emozioni di rifiuto e distacco. Forse, a volte, persino di una sottile paura.

Un comunicato aziendale che vorrebbe motivare le persone

Le modalità di comunicazione delle aziende sono lo specchio di come esse, a volte, siano in realtà molto più rigide di come vogliono apparire. L'uso di certe parole, o intere frasi, senza prendere in considerazione le reazioni emotive che le stesse possono suscitare, rivela quanto poco spazio trovino le emozioni in azienda.

Trascrivo le parti di un comunicato interno che ho avuto occasione di leggere. L'intento era quello di informare le persone di un'iniziativa di volontariato in corso in azienda. L'obiettivo era renderle partecipi e generare un senso di motivazione e partecipazione positiva. Intento vanificato dalla scelta di alcune parole e dalla modalità con cui l'iniziativa viene raccontata.

Iniziamo:

> La felicità dei bambini è l'essenza della mission della nostra azienda. Il progetto [...] vi risponde perfettamente: qui è in gioco la vita stessa dei bambini. E non è un modo di dire, perché i bambini aiutati sono realmente bambini salvati.

Le prime righe circoscrivono subito con chiarezza il tema, che viene proposto con debita urgenza. Con il rischio, a mio avviso, di generare ansia in chi legge.

Ma proseguiamo.

> Proprio su questo elemento facciamo leva: i manager [...] che sostengono il progetto, a turno partecipano personalmente alle missioni insieme ai medici volontari in Paesi come...

Ecco che irrompe subito l'approccio gerarchico. Non sono persone, quelle che partecipano al progetto, ma manager. Rigorosamente definiti attraverso il loro ruolo e unicamente al maschile. Una collaboratrice donna che legge può iniziare a percepire un certo distacco. Se per lei il tema del genere è vitale, il distacco può diventare fastidio e la sensazione di esclusione può iniziare ad alimentare la sua rabbia.

Ma andiamo avanti.

> E tornano carichi di entusiasmo, perché hanno toccato con ma-

no quanto l'azienda riesca a fare la differenza nella vita di tanti bambini e delle loro famiglie.

"Ah, beati loro", viene da pensare. Continuo a immedesimarmi in chi legge e il mio distacco emotivo inizia a crescere. L'entusiasmo sbandierato su un tema tanto delicato mi suona forzato. «Entusiasmo» è una parola pericolosa, come «amore»: è un'emozione profonda, libera, che risponde a leggi proprie, decide dove andare, quando accendersi. Nominarlo a comando non mi convince.

Ma andiamo allora al capolavoro di incoerenza emotiva contenuto nella frase finale.

Un entusiasmo che a cascata i manager trasmettono ai collaboratori e che diventa una forte spinta motivazionale per tutti, anche per la promozione delle iniziative di raccolta fondi che ogni filiale è chiamata a realizzare.

Eccolo l'approccio *top down* – dall'alto verso il basso –, a questo punto chiaramente rivelato e sferrato con tutta la sua forza. Ecco le emozioni usate come se fossero risorse materiali da travasare da una parte all'altra, alla stregua di casse da spostare nei magazzini. Perché poi l'entusiasmo, come le casse, al limite si solleva. Come fanno i manager a trasmettere «a cascata» – ancora una volta un movimento dall'alto verso il basso – un'emozione a chi non l'ha vissuta? Con che sicurezza si afferma che l'entusiasmo di alcuni manager è una spinta motivazionale per tutti?

Si semplificano le emozioni che sottostanno alla motivazione di ogni singola persona, che può essere profondamente diversa e non può essere spinta o obbligata, ma coltivata con cura e attenzione. Mettiamoci per l'ultima volta nei panni di chi legge. Che emozioni può provare nel capire che la sua motivazione è stata data per scontata? Il non-detto di questo comunicato in realtà è che la sua individualità, le sue vere motivazioni personali non contano. Non fa male un messaggio del genere?

Chiudo sulla frase finale che chiama – non invita – le persone a donare soldi. Anche la donazione è un gesto che dovrebbe sorgere spontaneamente. La costrizione che emerge dalla scelta di queste parole può di nuovo provocare emozioni di distacco, o disagio. O, come sta accadendo a me, rabbia.

Troppo spesso le comunicazioni in azienda, che siano verbali o scritte, sono piene di contraddizioni, di parole usate senza la consapevolezza del loro impatto sulle emozioni. Perché, ne sono profondamente convinta, in azienda le emozioni non trovano il loro spazio. Ma senza emozioni si perde il contatto con le persone, con la loro individualità.

Dove sono finite le persone?

L'assenza di emozioni spersonalizza l'ambiente di lavoro in azienda. Le persone non vengono più viste nella loro unicità e interezza. Le loro vite private passano in secondo piano, come se fossero nettamente separabili dalla vita lavorativa, a volte come se non esistessero del tutto. Anche i bisogni vitali non vengono più riconosciuti come tali.

Nell'ultima sede della mia azienda mancava letteralmente l'aria. L'edificio aveva pareti esterne formate da vetrate continue e, di conseguenza, le finestre non potevano essere aperte. L'impianto di aerazione, però, era stato mal progettato e il ricircolo non era ottimale. L'aria era pesante già dall'ingresso e la sensazione aumentava camminando per i corridoi e attraversando i grandi open space. Entrare nelle sale riunioni, dopo che qualcun altro le aveva utilizzate, era faticoso, l'aria era cattiva, insalubre. Le persone si lamentavano in continuazione. Lo facevano a voce quando potevano, lo riportavano per iscritto nei questionari che venivano erogati. Era la causa principale del loro malessere. Alcune di loro addirittura manifestavano malori, accertati dal medico aziendale. Ciò che mi colpisce di questa situazione è che il problema non veniva riconosciuto dai manager come un bisogno vitale delle persone e, di conseguenza, non veniva affrontato con l'urgenza necessaria. Né con l'empatia che una situazione così pesante avrebbe richiesto. Il problema era visto come un guasto tecnico da risolvere o al massimo una responsabilità da accertare. Ricordo le riunioni in cui si affrontava la questione. Si andavano a ricercare anche i risvolti legali, ma con l'assoluta incapacità di ammettere che le persone stavano vivendo un disagio reale, che in alcuni casi creava sofferenza. Le emozioni non venivano prese in considerazione, non venivano neanche intercettate.

È lo stesso atteggiamento che mi ha sempre messo in allarme in tante riunioni nella direzione del personale. Gli argomenti vengono affrontati esulando dal loro risvolto sulle persone e sulle loro emozioni. Diventano tematiche astratte da risolvere. Le discussioni sulla sicurezza vengono inquadrate in statistiche che rendono anonimi i fatti reali, nascondono le persone dietro i numeri. Anche se il tema vero sono gli incidenti, gli infortuni, il dolore fisico e la sofferenza. In casi più drammatici persino la morte, con lo strazio delle famiglie coinvolte. Ho spesso assistito a lunghe discussioni sullo scostamento di un singolo numero dal trend dell'assenteismo, ma a pochissime riflessioni di qualità sul perché di quel dato. Perché le persone non vengono in ufficio? Quali sono le cause del loro malessere? C'è forse una componente emotiva legata alle condizioni messe in atto dall'azienda?

Le organizzazioni tendono a spersonalizzare i problemi per poterli affrontare in modo razionale. Ma questo è un approccio corretto solo fino a quando non cancella l'umanità che esiste dietro alla rappresentazione dei numeri, le persone che sono veramente coinvolte, con il portato delle loro emozioni.

Perché nelle aziende le emozioni esistono. Le aziende sono fatte principalmente di persone e delle emozioni che provano, positive e negative. Sono la loro vitalità, la loro energia. Le persone provano soddisfazione per il loro lavoro, portano le gioie della loro vita personale in ufficio; ma sono anche stanche, a volte insoddisfatte, e possono avere paura: di sbagliare, di affrontare la diversità o, semplicemente, di assumersi nuove responsabilità.

Le emozioni esistono, sempre, per quanto si tenda a rimuoverle. E quando vengono dimenticate, non significa che scompaiono; significa che non circolano liberamente, si bloccano e con loro si bloccano le energie delle persone. Che iniziano a soffrire.

Due storie di vita vera: quando si incontra la paura

La vita delle persone nelle organizzazioni è vera ed è fatta di momenti reali che, a volte, possono essere duri o dolorosi. Come è successo a me, anni fa.

All'epoca ero direttrice del personale. Stavo trascorrendo due giorni in montagna con il comitato di direzione, nella località di uno dei nostri stabilimenti produttivi. Avevamo coniugato la nostra consueta riunione di avanzamento mensile con una giornata di formazione. Ci piaceva visitare gli stabilimenti, programmare le riunioni in luoghi lontani dalla sede centrale e unire, quando possibile, giornate dedicate alla nostra crescita professionale. Avevamo trascorso la serata in un bel ristorante e ci eravamo salutati per rivederci a colazione la mattina dopo.

In realtà il nostro sonno è stato interrotto ben prima che suonasse la sveglia. Un messaggio, poche parole del nostro direttore tecnico, che ci informava di un incidente mortale avvenuto in un altro stabilimento.

Era la prima volta che accadeva, da tantissimi anni. Sicuramente la prima volta per me, nel mio ruolo.

Sono stata assalita da una sensazione di urgenza. Era necessario cambiare il programma, la mia tensione era tutta rivolta alla gestione di una giornata che deviava dal suo percorso stabilito.

Ricordo che ci siamo trovati nella sala della colazione per mangiare velocemente qualcosa e discutere sul da farsi. Pochi istanti dopo ero in macchina. Avevamo deciso che io e il direttore tecnico saremmo andati nello stabilimento dell'incidente per capire cosa era successo, per prendere in mano la situazione.

In quel momento ha iniziato a serpeggiare dentro di me la paura. Non ne sono fiera, ma ammetto che tra le emozioni di sconcerto, dispiacere, tristezza mescolate tra loro, il sentimento della paura era quello che sentivo più forte. Avevo paura di ciò che avrei visto, paura di quello che stavo per affrontare, paura di dovermi relazionare con gli altri, paura di essere investita dalle loro emozioni.

Il viaggio è durato qualche ora. Sono state ore silenziose, interrotte da poche telefonate prevalentemente inutili. La realtà era che non potevamo fare nulla, se non arrivare dove ci stavano aspettando.

Poi siamo arrivati. Lo stabilimento era immobile, immerso nel silenzio. Spente le linee produttive, fermi i macchinari, tutti i camion parcheggiati nel piazzale. Anche le persone erano ferme, e aspettavano mute.

Ci ha accolto il direttore di stabilimento, il volto contratto in una maschera di dolore. Ci è venuto incontro senza parlare, non ha aggiunto altre informazioni a quelle che ci aveva già dato per telefono. «Venite», ha detto, «le RSU – i rappresentanti sindacali – vi aspettano.»

Allora la mia paura si è trasformata in terrore. Di nuovo: non ne sono fiera, ma questo è il vero sentimento che provavo mentre seguivo il direttore di stabilimento lungo i corridoi, la sua schiena davanti a me mentre scendevamo le scale, i miei occhi fissi sulla sua mano che stringeva la maniglia della porta della sala riunioni.

Ho avuto il terrore che quelle persone si arrabbiassero con me. Che si sfogassero contro di me, in quanto direttrice del personale, rappresentante della sede centrale; ho temuto urla, aggressioni verbali, insulti. Ho dovuto tenere sotto controllo, con grande sforzo emotivo, la voglia di voltarmi e scappare.

Poi la porta si è aperta. Un lungo tavolo era posizionato orizzontalmente davanti a noi. Dietro al tavolo, già seduti, i rappresentanti delle organizzazioni sindacali ci stavano aspettando.

Ci siamo seduti dall'altro lato, seguendo la liturgia tipica delle negoziazioni sindacali, anche se, in questa occasione, era totalmente fuori luogo.

Poi si sono messi a piangere. Tutti. Chi sommessamente, chi in modo più evidente.

Non c'era alcuna rivendicazione in corso, nessuna rabbia. Un collega era appena morto in un tragico incidente, per molti un amico. Ci sono state solo parole di dolore, nel tentativo del tutto umano di provare a capire l'imponderabile, di dare un senso a un incidente assurdo. Nella stanza c'era solo la richiesta di conforto umano, di sostengo emotivo. C'era solo la necessità di farsi forza tutti insieme.

È stato allora che lo schema con cui ci eravamo seduti si è rotto e, dopo poche stentate parole, ci siamo alzati e ci siamo abbracciati, ognuno fuori dal proprio ruolo e dalle proprie posizioni. Eravamo solo esseri umani disperati, uniti da un momento tragico di cui nessuno riusciva a capire il senso.

Solo più tardi, rientrando verso casa, ho realizzato quanto fosse stata fuori luogo la mia paura. Ma io l'avevo provata. E non ne ho mai potuto parlare con nessuno. Nessuno mi ha chiesto come fosse andata dal punto di vista emotivo, se fosse stato difficile. Nessuno si è preso cura delle mie emozioni. Un attimo dopo, sono rientrata nel mio ruolo, ricaduta nell'urgenza delle cose da fare, dei report di aggiornamento da inviare, delle iniziative da avviare per lavorare ancora di più sulla sicurezza.

La mia paura autentica, insieme al momento di sublime empatia umana che avevo vissuto, sono stati ricacciati in un angolo della mia mente. Perché io stessa non li ritenevo importanti, sicuramente non funzionali alla mia attività. Ma soprattutto perché i sentimenti, in particolare quelli negativi, non erano contemplati nel linguaggio aziendale, erano rimossi dal ventaglio delle relazioni possibili.

Mi era già successo di aver paura, molti anni prima. Anzi di aver provato attimi di puro terrore. Devo tornare con la memoria al mio lavoro di venditrice. Ero responsabile di una zona di vendita e nella mia stessa area lavorava anche un altro venditore, che andava a visitare i supermercati dei clienti che seguivo direttamente. Ci incontravamo spesso, per programmare il lavoro insieme. Per consuetudine ci davamo appuntamento in un luogo preciso, che raggiungevamo ognuno con la propria macchina. Dopo aver lavorato insieme, ripartivamo separatamente. Un pomeriggio stavamo rientrando verso le nostre rispettive case. Lui era alla guida della sua macchina davanti a me. Io lo seguivo sulla mia. Stavamo percorrendo una strada tra i campi, a doppio senso di marcia, solo una linea bianca a terra a separare le due corsie. Il traffico era quello del tardo pomeriggio, intenso anche su una strada secondaria. A un certo punto l'ho visto sbandare pericolosamente, prima verso il centro della strada, poi verso i campi. Ho pensato che si fosse distratto. Ma poi ha ripreso a farlo, sempre più intensamente. Non ho capito cosa stesse succedendo, ho pensato stesse male, stesse perdendo i sensi, e mi è venuto istintivo incollare la mano al clacson per cercare di catturare la sua attenzione, di risvegliarlo. Ho vissuto attimi di terrore e disperazione, pronta allo schianto ogni volta che una macchina in senso inverso cercava di evitarlo, suonando a sua volta. Mi sono sentita sopraffatta dalla paura, disperata all'idea di vederlo morire, di non poter fare nulla se non suonare inutilmente il clacson, terrorizzata e impotente per quello che vedevo succedere davanti ai mei occhi.

Poi ha ripreso il controllo dell'auto e, alla prima piazzola di sosta possibile lungo la strada, ha accostato.

Sono scesa urlando, sconvolta per lo spavento, e l'ho visto attraverso la portiera aperta, accasciato sul sedile, sudato, il volto cadaverico, mentre cercava di riprendere il respiro allentandosi la cravatta, con le mani ancora scosse da un tremito incontrollabile.

«Soffro di crisi epilettiche», mi ha detto. «Stai tranquilla che ora tutto passa. E non dire niente a nessuno. Se lo fai, perdo il posto di lavoro e questa è la mia vita, non posso fare altro, non so fare altro.» Poi mi ha chiesto di andarmene. Ero giovane, troppo più giovane di lui per ribattere, per prendere in mano la situazione o anche solo aiutarlo in quel momento drammatico. Così sono risalita in macchina e sono ripartita e al terrore che avevo appena vissuto si è aggiunto un profondo malessere. Per non aver capito cosa stesse succedendo, per non averlo saputo aiutare di più, per essermi trovata in una situazione in cui avrei poi dovuto fare una scelta. Infatti poi ho scelto: ho deciso di parlarne al mio capo, nonostante il dilemma in cui mi trovavo, divisa tra la paura che si ripetesse di nuovo quello che avevo visto succedere e l'ansia di poter rovinare una vita.

La storia ha avuto un esito felice. Il mio venditore è stato seguito dall'azienda che lo ha aiutato ad avviare un'attività commerciale in cui ha potuto smettere di viaggiare.

Quello che oggi mi colpisce sono gli aspetti legati alle emozioni, ancora una volta completamente rimossi. La paura di perdere il lavoro, la necessità di non rivelare una malattia importante, il disagio della finzione che ha dovuto sopportare sicuramente per anni.

Il mio malessere, aver vissuto una situazione complessa a una così giovane età, senza avere la struttura per sopportarla, senza saper decodificare le emozioni che mi avevano travolta in un normale pomeriggio di lavoro. Perché è vero che la situazione è stata risolta, ma è altrettanto vero che nessuno si è occupato di me, mi ha chiesto come mi fossi sentita, quale travaglio emotivo avessi affrontato in quei lunghi attimi. Le mie emozioni non sono state considerate da nessuno. Purtroppo neanche da me stessa, che a distanza di anni provo ancora la stessa sofferenza, anche solo mentre rivivo nella memoria l'episodio per poterlo raccontare.

Sono sicura che succede a tanti. Spesso. Episodi come quelli che ho raccontato sono comuni nella vita delle aziende, accadono in continuazione e colpiscono l'emotività delle persone, le turbano. Eppure è molto raro che se ne parli, che si affrontino i sentimenti, che si presti ascolto alle emozioni di chi passa attraverso momenti di vita peculiari che necessariamente si intrecciano alle attività di lavoro. Abbiamo deciso che le nostre emozioni rimangano un fatto privato, un disturbo rispetto al puro rapporto lavorativo. Ci comportiamo come se fossimo fatti a compartimenti stagni. Ma non è così. E non capirlo può far soffrire.

Le emozioni positive: la gratitudine

Una sorta di rimozione accade anche per le emozioni positive, come se non fossero accettabili nei contesti aziendali, troppo leggere, inadatte a un ambiente con alto tasso di razionalità.

Ho già raccontato del mio tragico momento personale in cui una serie di eventi mi avevano portato a chiedere una aspettativa e di come il mio capo di allora mi avesse aiutato. Quello che voglio provare a fare ora è descrivere il fortissimo sentimento di gratitudine che ho provato e che provo intatto ancora oggi, a distanza di tanti anni.

Torno perciò al momento in cui, seduta davanti al mio capo, mi sono sentita dire, a sorpresa: «Non avrai alcuna aspettativa. Prenditi tutto il tempo di cui hai bisogno, lavora da dove vuoi, quando vuoi». Per queste parole ho provato gratitudine. Ho sentito scorrere nel sangue il conforto di sapere che qualcuno mi stava capendo, sentiva quello che sentivo io, e stava facendo qualcosa per me. Mi stava apprezzando. Ho percepito lo stupore di provare un senso di sollievo, almeno uno tra i tanti problemi che stavo affrontando si stava dissolvendo. Mi sono sentita riconoscente, con il desiderio di ringraziarlo per quello che stava facendo per me.

Oggi riesco a vedere quel gesto come un esempio di eccellenza manageriale. Ho incontrato un capo capace di capire al volo che quello che conta è il sostegno, saper accogliere i problemi delle persone e provare a risolverli di getto, lasciando in secondo piano i tecnicismi. Soprattutto un capo capace di provare empatia, di sentire le stesse emozioni che stavo provando io e di mettersi in sintonia con loro. Senza negarle. Accogliendole e lasciandosi coinvolgere e riuscendo in questo modo a darmi fiducia, facendomi sentire importante.

Allora però provavo solo gratitudine. «Un senso di meraviglia, riconoscenza e apprezzamento», come la definisce la professoressa e psicologa americana Sonja Lyubomirsky.

Quella gratitudine è rimasta immutata. Il sentimento non si è attenuato. In realtà ho lavorato per poco con lui, l'ho incrociato negli anni successivi nei nostri diversi percorsi di carriera all'interno della stessa multinazionale. Oggi ricopre un ruolo importante, ma per me rimane, e rimarrà per sempre, la persona che ha saputo accogliere un mio bisogno. Gliene sarò per sempre grata.

Eppure anche di questo sentimento così nobile in azienda si parla poco. Come se fosse un sentimento fuori luogo, più adatto alle sfera personale che alle relazioni di lavoro. Ma la vita personale a volte irrompe in quella lavorativa e le emozioni devono poter trovare il loro spazio. Sarebbe bello che questo spazio non si aprisse solo in casi eccezionali, ma fosse lo spazio della quotidianità.

La gioia

La vita delle organizzazioni è fatta anche di momenti di gioia.

Nella mia vita lavorativa sono stata molto spesso felice. Sono stata felice mentre guidavo da sola lungo le strade delle colline emiliane in cerca del supermercato che avrei dovuto visitare, con la musica a volume altissimo, il profumo degli alberi in fiore che penetrava dai finestrini abbassati, il verde dei campi coltivati davanti agli occhi, il blu del cielo, la sensazione di avere in mano il mio tempo, il mio lavoro e la mia giovane vita, con ogni prospettiva aperta davanti. Ho gioito per la soddisfazione quando sono arrivati i primi riconoscimenti, e poi ogni volta che ho ricevuto una promozione, una nuova responsabilità, un premio che attestava che stavo lavorando bene. Ho celebrato, spesso con altre donne, ogni volta che riuscivamo a portare un piccolo pezzo di novità, quando le nostre sperimentazioni diventavano prassi aziendali aperte a tutti, quando ci accorgevamo che un'altra di noi ce l'aveva fatta a convincere qualcuno, a superare un altro no. Sono letteralmente impazzita di gioia quando Giuliano Pisapia mi ha chiamato per avermi nella sua squadra, ribaltando completamente – e per sempre – la mia vita, nel corso di una semplice telefonata. Ho percepito una sensazione di pienezza appagante per tutti i cinque anni del mio mandato di assessora, sentendomi ogni giorno nel posto giusto, a fare la cosa giusta, per la comunità a cui appartenevo, con l'orgoglio di poter finalmente mettere le mie capacità al servizio degli altri.

Ho assaporato la gioia triste della separazione dal mio adorato staff l'ultimo giorno di lavoro al Comune di Milano. Siamo andati a ballare insieme e abbiamo trascorso la nostra ultima notte all'aperto, sdraiati sull'erba di un parco milanese a guardare le stelle, ascoltando musica e dicendoci quanto eravamo stati felici, quanto eravamo soddisfatti del lavoro fatto, condividendo i ricordi più belli e salutandoci alle prime luci dell'alba con abbracci stretti e baci rubati, e i cuori riscaldati dall'emozione. Ci siamo sentiti liberi di far scorrere le lacrime di quella gioia dolorosa che si prova quando un tempo vissuto insieme di colpo è già alle spalle.

Sono felice oggi, dove il tempo è solo e unicamente mio e i lavori che porto avanti sono solo quelli che mi piacciono, che hanno senso per me e mi nutrono, mi fanno evolvere. Vivo momenti di gioia pura nell'azienda di mia sorella, dove oggi siedo nel consiglio di amministrazione, quando, alla notizia di un nuovo risultato ottenuto, le persone smettono improvvisamente di lavorare e nel giro di pochi istanti l'ufficio si trasforma in una festa; e allora balliamo scatenati, a volte per ore, liberando tutte le energie che abbiamo impiegato nella ricerca di quel risultato e brindiamo a noi, alle nostre capacità, celebrando con i nostri corpi e le nostre emozioni il successo che abbiamo ottenuto.

Il divertimento e l'ironia

Ma non è solo la gioia. Nelle organizzazioni c'è spazio anche per il divertimento, l'ironia e le risate impossibili da trattenere. Sono momenti che si fissano nella nostra memoria, nonostante facciamo fatica ad associarli al lavoro vero. Ma che sono invece parte intima e fondante del nostro modo di essere, testa, corpo e sensi, anche quando lavoriamo.

Ricordo espressamente la mattina in cui la mia prima, straordinaria capa è arrivata in ufficio ed è passata davanti alla stanza in cui lavoravo senza riconoscermi, perché avevo un nuovo taglio di capelli; e l'impossibilità di rimanere serie, entrambe, quando mi sono presentata a mia volta, a leggero disagio, nel suo ufficio e i nostri occhi hanno trovato immediata sintonia nel cogliere la comicità della situazione – e forse anche del mio taglio di capelli. Sempre con lei, ricordo uno dei momenti più imbarazzanti della mia vita lavorativa, sciolto poi per fortuna da una lunghissima risata, complice e liberatoria. Eravamo a una cena aziendale di Natale, la mia prima cena di Natale in ufficio. Ero molto felice di essere stata invitata, ero arrivata davvero da poco, e stavo seduta intimidita tra persone che mi sembravano tutte più importanti di me, tutte più sicure di me. Osavo a malapena rispondere a qualche osservazione, stretta tra quelli che consideravo i grandissimi capi dell'azienda, col senno di poi forse solo giovani manager arrivati appena qualche anno prima di me. Ma io ero così, giovanissima, felice e grata, confusa e intimidita. In quel periodo lavorava con noi uno stagista svedese, si chiamava Pelle, con un cognome pieno di consonanti che non riesco a ricordare. Per festeggiare il Natale aveva portato in ufficio una scatola di biscotti tradizionali svedesi alla cannella e li avevamo mangiati insieme. Durante la cena di Natale la mia capa improvvisamente mi chiese, con un tono di voce capace di farsi sentire da me seduta all'altro capo del tavolo e al contempo di azzittire tutti gli altri: «Chiara, come si chiama il biscotto di *pelle*?». Ricordo ancora lo stupore, l'imbarazzo salire dalla gola verso le guance che avvampano, gli occhi di tutti puntati su di me e io, irrigidita, che mi dibatto mentalmente per capire se è uno scherzo, se devo articolare una risposta spiritosa, se è una specie di rito tribale a cui i nuovi assunti devono sottomettersi per dimostrare di avere la battuta pronta. Non riesco a emettere parola per qualche secondo. Poi i miei occhi si agganciano ai suoi e allora lei di colpo capisce, capisce che posta così la domanda poteva essere fraintesa e che io ne avevo equivocato il senso. Inizia a ridere fragorosamente, senza spiegare ad alcuno cosa stava succedendo, sciogliendo il mio imbarazzo nella sua risata e suggellando per sempre un momento di complicità solo nostro, fondato sulla sintonia delle nostre emozioni più vere.

Ridere sul lavoro, nelle situazioni in cui si lavora insieme, è un vero lusso. Ho avuto la fortuna di poterlo fare spesso. Nel mio primissimo lavoro come consulente, un anno prima di entrare in azienda, dividevo la stanza con un collega uomo, appena più anziano di me. Eravamo seduti uno di fronte all'altra e gli schermi dei nostri computer ci nascondevano reciprocamente il volto. Ma riuscivamo a sentirci e ogni parola sbagliata detta al telefono, ogni piccola incomprensione con un capo che si affacciava alla nostra porta, diventavano il nostro tormentone privato. Bastava nominarla per farci sollevare la testa dagli schermi, incrociare lo sguardo e ridere, ridere fino alle lacrime, attenti a non farci sentire, come a scuola, quando cercare di trattenere il riso diventa motivo sufficiente per non riuscire a smettere più.

Ricordo quando uscivo in affiancamento con un venditore toscano, oggi amico carissimo. Lo accompagnavo dai clienti, che raggiungevamo percorrendo in macchina tratti di autostrada. A ogni casello – a quel tempo c'erano ancora persone reali che ritiravano i soldi – qualsiasi fosse l'argomento di cui stessimo parlando, fingeva improvvisamente di essere mio marito e iniziava a sbraitare, a urlare che non sopportava più mia madre e che non ce la faceva più ad andare avanti così; mentre perdeva letteralmente il controllo, teneva con la mano il biglietto che avrebbe dovuto porgere alla persona in attesa, ma con scatti di rabbia lo ritraeva dentro il finestrino, ripetendo il gesto più e più volte, vanificando i tentativi di prenderlo da parte della persona, che alla fine si bloccava, in un'attesa mista di sconcerto e imbarazzo. Io non potevo fare altro che mettermi le mani sugli occhi e ridere, ridere e continuare a ridere fino a stare quasi male.

Le risate non sono solo ricordi di gioventù. Fanno parte delle nostre emozioni più intime che continuano ad abitare dentro di noi, anche se i contesti in cui lavoriamo non lo riconoscono.

Pochi mesi fa stavo rientrando con la socia di un lavoro di consulenza da una visita a un potenziale cliente; a lungo abbiamo cercato di ricordarci il nome esatto di una persona che avevamo nominato in riunione. Non ci veniva, lo ricordavamo solo vagamente, eppure la conoscevamo, e stavamo quindi cercando di ricostruire in che situazione l'avessimo incontrata. Per una causalità del tutto inspiegabile, quella stessa persona si è improvvisamente palesata davanti a noi sulle scale della metropolitana. Il suo saluto naturale si è scontrato con le nostre facce prima stupefatte, poi impietrite dalla consapevolezza che nel giro di poco non saremmo riuscite a trattenere le risate, il terrore di incrociare lo sguardo mentre, in modo goffo, cercavamo di ricambiare il saluto, non riuscendo a chiamarla per nome e articolando ragionamenti scomposti per chiarire una situazione di cui non era minimamente al corrente. Ci ha lasciato, perplesse, mentre la mia socia, nascosta dietro un muro, iniziava ad accasciarsi a terra, lasciandosi andare alla risata che a stento aveva trattenuto.

So che non è una situazione comica in sé. So bene che è la relazione di complicità che si instaura tra persone a scatenare l'ilarità, la comprensione unica e intima di meccanismi che sfuggono agli altri e la soddisfazione liberatoria di poterne ridere insieme.

Tutto questo è presente nelle aziende, fa parte della quotidianità di moltissime persone. Ma non ne è mai compresa l'importanza, non ne viene riconosciuta la centralità nella vita delle persone. Come non sono riconosciute le loro emozioni, profondissime e vitali.

Risorse o persone?

È nella rimozione delle emozioni che si perde il lato umano delle organizzazioni. Le persone diventano risorse. Quindi vanno gestite, allocate, eliminate se superflue. Non sono più soggetti pensanti, con emozioni e sentimenti, ma oggetti. In quanto oggetti non hanno neanche sensazioni fisiche.

Mi ha sempre colpito quanto poco le aziende si occupino del benessere fisico delle loro persone. Togliendo spazio alle emozioni delle persone si finisce per dimenticarne anche i corpi.

È normale nelle aziende trascorrere ore in sale riunioni insalubri, senza cambiare l'aria, senza prestare attenzione alla postura con cui la gente sta seduta, spesso arrotolata su sé stessa, la schiena storta, incurvata. È normale passare un'intera giornata seduti a una scrivania, senza assecondare mai la necessità di movimento che i nostri corpi invece hanno. È normale saltare i pranzi o mangiare panini di cattiva qualità mentre si sta lavorando, in piedi, velocemente, nella breve pausa di una lunga riunione in cui a metà giornata si è già sopraffatti dalla stanchezza e dal ritardo accumulato.

È considerato normale essere stressati, dover correre da una riunione all'altra, cercare di fare cento cose in un lasso di tempo che ne può contenere molte meno. E quindi soffrire di ulcera, gastriti, eczemi o di tutte le malattie psicosomatiche che è così frequente riscontrare nelle aziende.

Tutto ciò genera profonda infelicità. Me ne rendo conto grazie alle osservazioni dirette di consulente, ma anche a tantissimi racconti. Capita che mi chiamino persone con cui ho lavorato nel passato e mi comunichino la loro fatica, la loro sofferenza. Sono racconti di tristezza. Racconti di contesti lavorativi rigidi, dove l'umanità si è persa, le emozioni non sono riconosciute. Racconti di persone che non vengono valorizzate, che non vengono nemmeno ascoltate, di cui non vengono compresi i veri bisogni. Racconti di persone che vengono ignorate. Piccoli soprusi e grandi insofferenze. E tanta delusione.

Credo che le aziende senza emozioni perdano di vista il fatto che ogni persona ha dentro di sé l'unicità della propria vita. E la propria profondità. Con i bisogni fisici ed emotivi che una vita complessa comporta. Credo che il modo tradizionale di lavorare, che cerca di contenere tutte le vite diverse in un unico lasso di tempo e spazio, neghi le esigenze vitali delle persone, costringendole a una rigidità che finisce per annullare le emozioni e spegnere le energie.

Credo invece che il lavoro agile, mettendo al centro la persona con le sue esigenze individuali, ridia spazio alla vita, con tutta la sua complessità e il suo carico di emozioni.

Più ci si addentra in questo nuovo modo di lavorare, più le organizzazioni ritrovano la loro umanità e diventano un luogo in cui le emozioni possono tornare a circolare. E con loro l'energia più vera e vitale delle persone.

Bisogna solo abituarsi a essere un po' più umani e vitali in azienda, accantonando gergo militare e rigidità, ridando centralità e valore alle persone e al loro tempo; e riscoprendo che siamo tutti esseri umani, dotati di corpi ed emozioni.

Holacracy è una pratica open source di management. Mette profondamente in discussione il modo in cui sono organizzate le aziende e la loro gerarchia, attribuendo responsabilità decisionali a un numero ampio di persone e lasciando spazio a gruppi che possono regolarsi in autonomia. In questa modalità lavorativa è previsto che all'inizio di ogni riunione le persone condividano il loro stato emotivo. Il primo giro di tavolo è sempre dedicato a capire come ci si sente.

È un ottimo spunto. La vera domanda che dobbiamo farci è: che cosa ci blocca? Perché non chiediamo ogni mattina alle persone che lavorano con noi, che siano fisicamente vicine o collegate tramite video, come stanno? Se sono felici o hanno invece qualcosa che le turba?

Ho lavorato a lungo con due amiche carissime ad alcuni progetti di consulenza e devo riconoscere che le fasi di incubazione delle idee sono stati tra i più piacevoli momenti di lavoro che abbia mai vissuto. Abbiamo dedicato lunghe ore al pensiero creativo, a mettere a confronto le nostre idee con assoluta libertà di espressione, senza mai censurarci o criticare il nostro pensiero, ma continuando a costruire, ognuna sugli spunti delle altre. Sempre davanti a una tazza di tè e un'alzatina al centro del tavolo che conteneva di volta in volta dolci, biscotti o altro.

Ben consce della rigidità che spesso riscontravamo nelle aziende, avevamo stilato un elenco di domande che i manager sono restii a porsi.

E quindi le facevamo noi a loro.

Nella tua organizzazione le persone possono decidere quando e dove lavorare?

Sui loro profili social raccontano il lavoro che fanno?

Se fanno volontariato, voi lo sapete?

Se hanno un diverso orientamento sessuale, lo dicono?

Circola tra di loro energia positiva?

Alla proposta di un nuovo progetto i loro occhi si abbassano o brillano?

Sono felici?

Forse basterebbe iniziare a farsi queste semplici domande per riportare un po' di attenzione alle persone, alle loro vere esigenze di vita, e ridare spazio alle emozioni. Per far circolare nuova energia e abbracciare con più facilità il cambiamento, che un modo nuovo e diverso di lavorare richiede. Se temiamo di allontanarci troppo dal gergo aziendale, che in fondo ci fa sentire sicuri, possiamo sempre chiamarle «KPI'S (*Key Performance Indicators*) di umanità».

Cosa può fare la direzione del personale?

Credo che sia importante un'ultima riflessione. In un'azienda sana, aperta alle emozioni e al cambiamento, la direzione del personale deve avere un ruolo centrale. Sono fermamente convinta che proprio nel passaggio da azienda senza emozioni ad azienda capace di riconoscerle, chi si occupa di persone possa fare la differenza.

Può sembrare un paradosso, ma di rado ho conosciuto responsabili del personale davvero interessati alle persone. Li ho più spesso visti interessati a gestire il potere dei loro grandi budget – il costo del personale in Italia è spesso la maggiore voce di costo nei bilanci aziendali – o persi dietro inutili regolamenti. Ma chi si occupa di «risorse umane» in azienda dovrebbe prendersi quotidianamente cura proprio dell'*umanità.*

Ho seguito per un cliente la selezione di una nuova direttrice del personale, poi l'ho aiutata nei primi mesi di inserimento. Sono stati mesi difficili. La donna individuata si è trovata sola, nuova nel ruolo e nel settore, in un comitato di direzione interamente maschile e già molto affiatato. Mi sono riconosciuta in lei, era successo anche a me. È stato piacevole aiutarla.

Un giorno mi sono accorta che, per quanto si stesse inserendo bene, stava per commettere l'errore più classico di chi si occupa di persone in azienda. Allora le ho scritto così.

Carissima,
sappiamo bene sia io che te che i contenuti del nostro lavoro di responsabili del personale fanno fatica a inserirsi nelle priorità del management, a volte anche solo nelle agende delle riunioni.
Sono considerati leggeri, secondari rispetto al business, da affrontare quando rimane tempo, che spesso significa mai. È un paradosso. Per quanto tanti manager si rendano conto dell'importanza delle persone, pochi dedicano loro la giusta attenzione.
Allora è normale che tu cerchi di guadagnare l'attenzione dei tuoi colleghi provando a rendere strategici i temi della tua direzione; che per uniformarti alla loro mentalità tu scelga di lavorare sui processi, sulla pianificazione, sulla «mappatura delle competenze». Viene spontaneo adeguare le logiche della direzione del personale al pensiero dominante in azienda.
Bene, io credo che non funzioni. Credo che questionari, dati e numeri siano necessari per prendere decisioni sensate, ma non siano lo scopo vero della direzione del personale, il tuo fine ultimo.
Credo invece che l'ascolto delle persone, la loro cura, accogliere i loro sentimenti e cercare di risolvere i loro problemi quotidiani, lo siano.
Se dovessi presentare un piano del personale nel tuo comitato di direzione, porterei un'unica slide, la foto di un volto, e poi chiederei ai manager di parlare delle loro emozioni, delle loro aspettative, dei problemi che incontrano con le loro persone.
Mi impegnerei a essere la prima ascoltatrice del direttore generale e mi prenderei la libertà di consigliarlo, facendogli notare gli errori e dissentendo sempre da scelte ingiuste verso le persone.
Vorrei diventare il suo braccio destro sui temi «emozionali, energetici e vitali» dell'azienda, lasciando al suo braccio sinistro, il direttore finanziario, processi, procedure e bilancio. Vorrei essere la prima voce che i miei colleghi vogliono sentire per parlare delle persone, essere lo loro spalla, coach, anche amica se serve.
Proporrei azioni sempre centrate sull'ascolto, pranzi, colazioni,

uscite, ogni possibile momento per favorire l'incontro. E porterei al centro del ragionamento di tutti il tempo, il bene più prezioso che abbiamo. Su questo tema sì chiederei al management di fare riflessioni strategiche e piani razionali, per usarlo al meglio, nel rispetto più profondo della diversità di ogni persona. La verità è che per diventare una Direttrice del Personale davvero strategica dovrai allontanarti dalle strategie. E riportare in azienda umanità, in ogni occasione, con tutta la tua passione. E allora incontrerai il senso più profondo del tuo lavoro. E la felicità, tua e degli altri.

Rilette a distanza di anni considero queste parole ancora valide.

È chi lavora nella direzione del personale che ha il lusso di occuparsi di sentimenti, di emozioni ed essere davvero vicino alle persone. Proprio la cura delle persone è la strategia più alta. Ed è questa strategia che renderà le aziende senza emozioni di nuovo umane. E le aiuterà ad affrontare con maggior facilità il cambiamento che sta arrivando.

5.
LE DISTORSIONI DELLA PANDEMIA

Di colpo siamo tutti lavoratori agili

La pandemia del 2020 ha stravolto le nostre vite. Si è abbattuta sul nostro modo di lavorare, ribaltandone le logiche, mettendolo in discussione come mai era successo prima. I periodi di lockdown hanno compresso in pochi mesi un'evoluzione che naturalmente avrebbe richiesto anni.

L'effetto della pandemia sul lavoro agile è stato duplice: da un lato lo ha reso un fenomeno conosciuto e attuato da milioni di persone, dall'altro ne ha distorto la percezione. Il dibattito si è polarizzato tra chi lo difende a spada tratta e chi invoca un ritorno al modo tradizionale di lavorare. Facendoci correre grandi rischi. Proviamo allora a ricostruire cosa è successo.

Ripartiamo dai numeri.

L'Osservatorio smart working ci dice che se nel 2019 lavoravano agilmente 570.00 persone – l'1,5% della popolazione attiva – nel marzo 2020, durante il primo lockdown, il dato è schizzato a 6.580.000 – il 17% della popolazione attiva – per riassestarsi a settembre 2020 – prima del secondo lockdown – a 5.060.000, pari al 13,1%. Quindi anche fuori del periodo di maggiore emergenza le persone in lavoro agile sono decuplicate nel giro di pochi mesi. E, molto verosimilmente, continueranno ad aumentare.

Come al solito, non sono solo i numeri che mi interessano. Mi piace invece cercare di capire cosa è successo alle persone nella loro vita di tutti i giorni. Milioni di cittadini italiani si sono trovati, da un giorno all'altro, costretti a lavorare da casa, la maggior parte senza averlo mai sperimentato prima. Hanno dovuto adattarsi, capire nel giro di pochissimo tempo come lavorare fuori dall'ufficio, il loro contesto abituale. Hanno dovuto trasferire il lavoro su computer portatili, spesso usando il proprio. Hanno imparato a fare riunioni online, call e chat con i colleghi. Hanno ripensato gli spazi di casa, spesso condivisi con altri familiari nella stessa situazione o con figli che stavano imparando la didattica a distanza. Tutto nel giro di pochissimo tempo e senza che l'azienda fornisse indicazioni precise. Si sono dovuti arrangiare.

Perché lo smart working è stato imposto all'improvviso, per decreto. Per esattezza tramite l'articolo 87 del decreto legge n. 18 del 2020 e il protocollo delle parti sociali del 14 marzo 2020. È stato il governo italiano a decidere di farci lavorare da casa. La maggior parte delle persone ha conosciuto lo smart working come strumento per assicurare la continuità lavorativa durante l'emergenza sanitaria. Come l'unico modo possibile per continuare a lavorare quando è stato necessario chiudersi in casa per più di due mesi. Le persone lo hanno incontrato per la prima volta così e ora lo associano al lavoro da casa. Perché è così che si sono trovate a farlo.

Anche le aziende sono state catapultate nella stessa situazione. Per la maggior parte di loro avviare il lavoro agile non è stata una scelta. Non è stata la decisione di introdurre un cambiamento nella loro organizzazione. Non è stato siglato alcun accordo tra datore di lavoro e lavoratore. È stato il dovere etico, prima ancora che giuridico, di mettere in sicurezza le proprie persone e la loro salute. E di farlo nel giro di pochissimo tempo. E anche loro hanno associato il lavoro agile al lavoro da casa. Perché nessun luogo alternativo è stato possibile nel corso di quei primi mesi. Ora la maggior parte dei manager quando parla di smart working intende il lavoro da casa. Che è esattamente quello che hanno conosciuto.

Il lavoro agile non è lavoro da casa

Ecco la prima distorsione della pandemia. Confondiamo il lavoro agile con il lavoro da casa. Per di più un lavoro da casa forzato, costretto. Parliamo cioè di telelavoro, ma così rigido da non prevedere neanche una giornata in ufficio. Nei mesi più duri neanche la possibilità di uscire mezz'ora a prendere una boccata d'aria.

Ora, le discussioni pubbliche ruotano sempre intorno a questo malinteso di fondo. Nei sondaggi viene chiesto alle persone se preferiscono lavorare in smart working o dall'ufficio. Ponendo una domanda intrinsecamente sbagliata. Perché, ora lo sappiamo, il lavoro agile prevede sempre l'alternanza tra ufficio e altri luoghi di lavoro. Non obbliga mai a una scelta forzata. È *agile*, per l'appunto. Il lavoro agile è una scelta. Chi fa lavoro agile può decidere di lavorare da casa se lo ritiene necessario, ma ugualmente può lavorare in una biblioteca pubblica o in uno spazio di coworking. E sta facendo lavoro agile anche nelle giornate in cui va in ufficio. Contrapporre il lavoro agile all'ufficio vuol dire negare l'essenza stessa del lavoro agile.

Quando l'opinione pubblica prende una certa piega è difficile riorientarla. La discussione si divide in due schieramenti: a un estremo i favorevoli al lavoro agile – che in realtà sono favorevoli al lavoro da casa – all'altro chi non vede l'ora di tornare a lavorare in ufficio. I dibattiti pubblici tuttora in corso continuano ad alimentare la confusione.

Bisogna riconoscere che, nella sua versione limitata di misura emergenziale, lo smart working ha assicurato che il paese non si fermasse e che le sue attività produttive potessero continuare. Ha giocato un ruolo essenziale nell'attenuare la crisi del 2020. Se le stesse persone che hanno lavorato da remoto avessero dovuto sospendere il loro lavoro nei mesi di lockdown, l'impatto della crisi sarebbe stato ben peggiore. Non è eccesso di retorica affermare che lo smart working ha salvato il paese.

Rendermene conto per me è stato sconvolgente. Dopo anni di sperimentazioni e di sforzi per introdurre un modo nuovo di lavorare, il lavoro agile è comparso da solo al centro della scena, superando, con il suo impatto, anche la mia più fervida immaginazione. Lo smart working è diventato nel giro di pochissimo tempo l'argomento di cui tutti hanno iniziato a parlare. Tema di discussioni quotidiane, nelle famiglie, nei telegiornali, sui social. È diventato un fenomeno pop.

Il lavoro agile non è la causa di tutti i mali

Alla prima distorsione legata alla confusione con il lavoro da casa, se n'è aggiunta una seconda. Lo smart working è diventato la causa di tutto, la soluzione a tutti i problemi ma anche l'origine di tutti i mali.

Provo a fornire qualche esempio.

Ecco un titolo dell'«HuffPost» del 21 gennaio 2021: *Col Covid aumentano depressione e ansia. Le donne più colpite. Lo smart working non aiuta.* In questo caso, lo smart working viene associato a uno stato di malattia come la depressione e l'ansia, senza verificare che ci siano effettivi nessi causali; è evidente che, in questo articolo, il lavoro agile viene confuso con il lavoro da casa e gli vengono attribuiti i pericoli di mancata socializzazione, i rischi di un isolamento prolungato, la fatica psicologica che prolungate restrizioni dello spazio vitale possono produrre. Ma questi non sono effetti del lavoro agile; piuttosto sono dovuti a una situazione di emergenza durante la quale una delle soluzioni principali adottate per contenere il dilagare del virus è stata quella di far lavorare le persone da casa, non di far fare loro lavoro agile. La confusione tra i due termini ha ormai preso il sopravvento e l'espressione lavoro agile ha finito per acquisire un'accezione negativa, come fosse una modalità di lavoro rischiosa che può avere effetti nocivi sulla nostra salute.

Il 12 gennaio 2021 «il Messaggero» intitola così un suo articolo: *Roma, uffici dell'VIII municipio impraticabili: 400 dipendenti comunali in smart working.* In questo caso, il lavoro agile viene in aiuto nel risolvere un problema pratico: alcuni uffici, che immaginiamo fatiscenti come molti luoghi della nostra pubblica amministrazione, risultano inagibili e c'è bisogno di tenere lontane le persone che ci lavorano abitualmente. Di nuovo, però, il lavoro agile viene presentato come una modalità lavorativa contrapposta a quella in ufficio. Di nuovo se ne limitano le potenzialità, si dimentica la sua condizione di base, ovvero la possibilità di scegliere. Mi viene però da sorridere se penso ai lavoratori del Comune di Roma che, quando inizieranno a sperimentarne i vantaggi, si augureranno che i lavori di ristrutturazione dei loro uffici procedano il più lentamente possibile.

Su «Vanity Fair» del 29 gennaio 2021 troviamo l'articolo: *SOS incompatibilità astrologica in smart working*. Appena sotto il titolo compare la frase: «Sotto lo stesso tetto 24 ore su 24 perché entrambi lavorate da casa? Ecco quali sono i segni zodiacali con più alta probabilità di litigio». In questo caso, lo smart working viene declinato in termini decisamente leggeri e popolari: l'oroscopo viene utilizzato per sondare le compatibilità di chi si trova a lavorare sotto lo stesso tetto. Anche qui, però, si parte dal solito presupposto sbagliato: e cioè che le persone in smart working debbano lavorare esclusivamente da casa.

La discussione che più mi ha colpito, e che a mio avviso ha contribuito in maniera importante a falsare il dibattito sul lavoro agile, è legata all'impatto dell'epidemia sulle città.

Lo smart working è stato ritenuto, almeno per un certo periodo, la causa principale dello svuotamento delle città, sopravvalutandone decisamente la portata. È sicuramente reale l'impatto che il lavoro agile ha sul modo di vivere delle persone e molte sono le ripercussioni che avrà nel lungo periodo sul futuro delle grandi città. Ed è anche vero che se il lavoro agile diventa il modo di lavorare di milioni di persone, i risparmi prodotti genereranno un valore sulla cui redistribuzione sarà necessario aprire un dibattito serio. Affronteremo questo aspetto nelle conclusioni del libro. Ma non è vero che lo smart working è stato la causa principale della desertificazione dei centri delle città.

Per capirlo andiamo a vedere i numeri di Milano durante i mesi del lockdown.

In un articolo sul «Corriere della Sera» del 26 ottobre 2020, Milena Gabanelli e Rita Querzè fanno un'analisi approfondita dei danni procurati dal Covid all'economia della città. Stimano che nel periodo tra febbraio 2020 e febbraio 2021 il PIL dell'area metropolitana sia diminuito di più di 23 miliardi di euro. Di questa perdita, più di dieci miliardi sarebbero legati al settore dei servizi. E all'interno di quest'ultima cifra, quasi due miliardi sarebbero riconducibili ai pubblici esercizi, ovvero alla vendita al pubblico di alimenti e bevande per il consumo sul posto.

Usiamo questo ultimo dato per capire il peso reale dello smart working. Sempre nello stesso articolo viene riportata una stima di FIPE-Confcommercio che mostra come, nel periodo del lockdown, siano andati perduti 195.000 euro al giorno per i mancati pranzi al bar o ai ristoranti dei lavoratori non più presenti negli uffici. A questa prima cifra si aggiungono altri ventimila euro al giorno per il difetto di pasti erogati nelle mense aziendali.

Proviamo ora a riconciliare i dati legati alla minore presenza di lavoratori agili con le stime di perdita annuali di PIL. Moltiplichiamo le cifre giornaliere per il numero di giorni lavorativi di un anno. Otteniamo un dato complessivo di 47 milioni, il 2,4% dei due miliardi di perdita annuale dei pubblici esercizi. Non è quindi lo smart working la causa principale di questa perdita. La vera causa è il crollo della presenza dei turisti. Sempre nel medesimo articolo leggiamo che gli stessi sono passati da più di dieci milioni a poco più di tre. Sono loro la ragione per cui i pubblici esercizi della città subiscono una grossa perdita. Eppure, a lungo sui giornali abbiamo letto che lo smart working stava uccidendo i bar dei centri delle città. L'appello accorato dei sindaci a tornare negli uffici partiva da questo pensiero. I numeri però dicono tutt'altro.

Rimettiamo al centro una discussione equilibrata

Il lavoro agile è un nuovo modo di lavorare che prevede la libera scelta di luogo e tempo, che si basa sull'alternanza tra ufficio e altri luoghi. È un patto di libertà tra lavoratore e azienda che si fonda su un accordo reciproco.

È di questo che bisogna parlare. È questo che le persone devono affrontare con la consapevolezza dei benefici e degli ostacoli che si possono incontrare durante il percorso. Ma con la visione chiara che questo sarà il modo di lavorare del futuro.

Tenendo conto di due aspetti importanti.

Il primo riguarda il concetto di uguaglianza.

Il modo di lavorare tradizionale, con la necessità di rispettare un orario rigido e andare fisicamente ogni giorno in ufficio, può generare forti disuguaglianze. È faticoso per chi abita lontano dalla sede di lavoro, per chi è vincolato agli orari fissi dei mezzi pubblici; può rivelarsi inconciliabile con impegni di cura, di figli o familiari. Oppure rappresentare un ostacolo insormontabile per persone con difficoltà motorie o sensoriali. È un modo di lavorare che non dà a tutti le stesse opportunità.

Ma anche il lavoro da casa che abbiamo conosciuto durante la pandemia ha prodotto forti disuguaglianze. Non è stato facile per tutti, allo stesso modo. Molte persone hanno dovuto lavorare condividendo gli spazi domestici con altre persone della famiglia, spesso bambini che giocavano nella stanza accanto a quella in cui loro portavano avanti le loro attività o a pochi metri dal loro tavolo. Altre lo hanno dovuto fare nella più completa solitudine, senza avere un contatto umano che non fosse mediato da uno schermo. Alcuni lavoratori vivono in case confortevoli, spaziose e luminose. Altri hanno sistemazioni di qualità decisamente inferiore. C'è chi lavorando da casa ha potuto spezzare la giornata andando a passeggiare nei boschi o in riva al mare; chi invece vicino a casa non ha che cemento e strade trafficate. Per qualcuno, dunque, il lavoro da casa può risultare estremamente pesante. Pensare che questo modo di lavorare vada bene a tutti, per sempre, è profondamente sbagliato.

La verità è che il lavoro agile nella sua forma piena garantisce una reale uguaglianza. Potendo scegliere si creano condizioni di pari opportunità: la singola persona in accordo con la propria azienda decide quali sono i luoghi più consoni ai suoi bisogni. In questo «patto di libertà» trova le condizioni più adatte per poter esprimere al meglio le sue potenzialità. Questa a mio avviso è la vera uguaglianza.

Il secondo aspetto riguarda il rischio che corrono le donne. Il che è un vero paradosso.

Le donne hanno voluto il lavoro agile e ora il dibattito distorto dalla pandemia sembra suggerire che il lavoro agile faccia loro male. È un cortocircuito che nasce da questo ragionamento: quando hanno lavorato a casa durante la pandemia – e ora noi sappiamo bene che non era lavoro agile, ma tant'è... – le donne si sono trovare a dover gestire sia il lavoro professionale sia le occupazioni domestiche, e si sono affaticate. Quindi è meglio se tornano in ufficio.

È un argomento che ho letto più volte in articoli e saggi, e che mi ha lasciato sconcertata. Perché, come spesso succede quando non si capisce dove sta il vero problema, si finisce per suggerire un'azione sbagliata o si rischia di «buttare il bambino con l'acqua sporca», un'espressione che mi ha sempre raggelato per la sua crudezza, ma che in questo caso mi sembra perfettamente adeguata.

Il problema non è che le donne si sono affaticate «stando a casa». Il vero problema è che le donne portano sulle spalle la piena responsabilità della cura familiare: nel nostro paese il 75% del lavoro di cura ricade sulle donne che, oltre al peso delle incombenze fisiche, si fanno carico anche di quello mentale. È questa la vera distorsione; è qui che devono entrare in scena gli uomini, e fare la loro parte.

Non è il lavoro agile che affatica le donne. È vivere in una società di matrice patriarcale che ancora le relega in ruoli di servizio alla famiglia, da cui esclude gli uomini. È a questo che bisogna trovare una soluzione.

Il lavoro agile è la modalità lavorativa più coerente con la volontà di tenere in armonia tutti gli aspetti della propria vita, professionali e privati, che si tratti di uomini o donne.

Com'è anche solo possibile pensare che tornare a orari rigidi in uffici, magari lontani da casa, possa essere una soluzione?

PARTE QUARTA

1.
COSA POSSIAMO FARE PER LAVORARE IN MODO DIVERSO

Sii il cambiamento che vuoi vedere nel mondo

L'incontro con Avivah Wittenberg-Cox è stato una vera rivelazione. Amministratrice delegata di 20-First, una società di consulenza internazionale specializzata in tematiche di genere, è una donna visionaria, acuta e di grande energia.

Da sempre amo vestirmi in modo molto colorato. Sento l'energia dei colori, l'effetto che hanno su di me. Ho sempre vissuto come una costrizione dovermi uniformare ai canoni aziendali, che, soprattutto nei miei primi anni di lavoro, imponevano colori scuri, generalmente grigio o nero. Nella speranza che questo condizionamento si attenuasse, io li ho comunque sempre sfidati. Raramente ho rinunciato ai colori. Consideravo questa passione una scelta personale, da portare avanti univocamente per me stessa e per il mio benessere individuale. Poi un giorno, con stupore, ho scoperto che la mia scelta era in realtà un messaggio che stavo mandando al mondo. Fu Avivah a farmelo capire. Mi raccontò che, ogni volta che entrava in un'azienda, guardava come erano vestite le donne. Più le donne erano colorate, più lei stessa considerava l'azienda aperta e ricettiva al cambiamento. E riusciva a suggerire ai responsabili aziendali interventi per la parità di genere più sofisticati, e quindi più incisivi. Di colpo compresi che il mio amore per i colori in realtà era un messaggio. Un messaggio che qualcuno stava aspettando di cogliere. Un mio gesto di cambiamento personale stava accelerando il cambiamento che io auspicavo avvenisse.

Ecco come funziona il cambiamento, ecco il senso di essere come vogliamo che sia il mondo che desideriamo. Basta iniziare. Anche solo scegliendo di indossare i colori quando tutti gli altri si vestono di grigio.

Mi capita spesso di parlare in pubblico del lavoro agile. Ne parlo in modo appassionato, esaltandone i vantaggi, le incredibili potenzialità di cambiamento. Cerco di trasmettere tutto l'amore che ho nei suoi confronti. Parlo di possibilità di scelta, di libertà. Di desideri, di vite finalmente piene e tempo ritrovato. Di felicità. E vedo che le persone ascoltano attente. Capisco che sto toccando i loro interessi, le loro vite reali, e sto facendo risuonare le corde dei loro cuori. Intercetto sorrisi e occhi che brillano. Con le donne in particolare scatta un'empatia molto potente. Ma poi, succede sempre, le persone mi dicono: «È tutto molto bello, ma io cosa posso fare?».

Penso che le persone si blocchino davanti al cambiamento perché lo percepiscono come già avvenuto. Nella loro mente lo vedono come un punto di arrivo. E allora appare enorme, lontano dalla realtà, impossibile da affrontare. E risulta difficile capire cosa fare per raggiungerlo. Ma il cambiamento non è mai uno stato. È sempre, semplicemente, un flusso, ed è facilissimo entrarci perché basta fare un piccolo passo.

Io l'ho imparato da una frase del mahatma Gandhi, che ormai possiamo vedere su tazze e opuscoli commerciali – a Milano addirittura sui cestini dei rifiuti dell'AMSA: «Sii il cambiamento che vuoi vedere nel mondo». Come a dire: non devi andare a cercare un cambiamento che esiste già da qualche parte. Devi iniziare tu a esserlo. Perché il cambiamento è un divenire che si nutre anche delle tue azioni. Se hai un'idea che vuoi vedere realizzata, il solo muoverti verso di lei la metterà in moto. Le cose inizieranno già a cambiare.

Anche il cambiamento verso il lavoro agile funziona nello stesso modo. È un cambiamento di cui non dobbiamo avere paura, perché basta iniziare. Chiunque noi siamo, in qualsiasi ruolo ci troviamo. Con la nostra possibilità di scegliere. Possiamo muoverci come lavoratrici o lavoratori, come manager, come donne, come parte attiva della comunità, facendo leva sui decisori pubblici. Basta scegliere da che parte iniziare. Tutto il resto si mette in moto di conseguenza. Credeteci.

2.
COSA POSSIAMO FARE PER LAVORARE IN MODO DIVERSO COME LAVORATRICI E LAVORATORI

Serve sempre e comunque coraggio

«Ognuno gioca la sua parte in questa grande scena, ognuno ha i suoi diritti, ognuno ha la sua schiena, per sopportare il peso di ogni scelta, il peso di ogni passo, il peso del coraggio.»

Prima di mettermi a scrivere, oggi, sono uscita per una commissione. Come sempre ho camminato ascoltando musica. Le parole della canzone di Fiorella Mannoia mi sono arrivate diritte al cuore e mi sono sembrate coerenti con la premessa che voglio fare ora.

Lavorare in modo diverso è innanzitutto un atto di coraggio. Comunque lo si faccia. Che sia il coraggio di aprire una strada nuova o semplicemente di iniziare in un'azienda che già lavora così. È il coraggio di fare scelte di autonomia e libertà, di assumersi nuove responsabilità. Di passare da un modello lavorativo in cui si è oggetto di decisioni altrui a uno in cui ci si mette al centro della propria vita «sopportando il peso di ogni scelta».

Le storie di chi inizia a fare lavoro agile sono sempre storie coraggiose. Saperlo ci può aiutare. Perché, in qualsiasi contesto, chi cambia il modo di lavorare sta comunque mettendo in discussione le regole del gioco, sta sfidando lo status quo.

È un atto di coraggio quello della manager che decide di introdurre da zero il lavoro agile nella sua azienda e si trova a dover convincere altri colleghi, più o meno velatamente ostili.

Lo è anche quello di chi, in un ambiente già agile, ha la

sfortuna di lavorare con una o un responsabile dalle vedute ristrette, che rende difficile usufruire di una pratica già avvallata dall'azienda.

Lo è quello delle donne senza figli, costrette spesso a giustificarsi due volte, perché prive della «scusa» socialmente accettata delle esigenze di cura dei bambini. Come se la loro richiesta di flessibilità fosse solo un capriccio personale.

Continua a esserlo anche il percorso di chi, lavorando agilmente, sperimenta su sé stesso evoluzioni del proprio rapporto con il tempo trovando modi sempre nuovi di lavorare. Che lo allontanano da come lavorano gli altri.

La consapevolezza che quando si inizia a fare lavoro agile si sta sempre e comunque innovando è importante. Perché oltre al coraggio ci vuole anche pazienza. Si incontreranno persone che non hanno compreso la reale portata del cambiamento o manager costretti a lavorare in modo diverso da come sono abituati, che quindi oppongono resistenza. Bisognerà lottare per instaurare le relazioni giuste o per abbattere pregiudizi e incomprensioni. Potrà essere faticoso e demoralizzante.

Sarà utile ricordarsi che i benefici del lavoro agile interessano in primis noi stessi, ma non si fermano: ci superano e oltrepassano anche la nostra organizzazione, a vantaggio indiretto di tante altre persone.

Il consiglio pratico è quello di non rimanere soli. È fondamentale entrare in relazione con altre persone e cercare costantemente il confronto: possono essere «alleati» all'interno dell'azienda che stanno seguendo lo stesso percorso; la direzione delle risorse umane, che deve essere sempre considerata parte attiva, anche a costo di affrontarne la resistenza; i sindacati, che stanno iniziando a sviluppare una nuova sensibilità per il lavoro agile; altre aziende, con cui fare rete per trovare risposte a problemi comuni; istituzioni esterne, che appoggiano il lavoro agile e offrono sostegno alle decisioni più difficili.

È importante parlare con le persone, confrontarsi, avviare discussioni e cercare di condividere tutti i passaggi che questo grande cambiamento richiede.

Voglio essere molto franca su un ultimo aspetto. Chi innova, chi prova a cambiare lo status quo, non sempre incontra il plauso della comunità. Lo so per esperienza diretta. Ogni volta che ho provato a introdurre cambiamenti, se da una parte ho incontrato persone che con entusiasmo hanno supportato le nuove idee, dall'altra ne ho visto la maggior parte rimanere titubante, fredda. A volte decisamente ostile. Allora di nuovo ci vuole coraggio. Perché bisogna accettare di non piacere a tutti. Di raccogliere critiche. Di sentirsi oggetto di avversione. E il coraggio a volte può mancare. Quando mi succede, ripenso alle «Morgane» del podcast di Michela Murgia, le donne che «vogliono piacersi, non compiacere». Penso alle tante donne che hanno dovuto dimostrare il loro coraggio sul terreno di prove ben più ardue. E mi sento meno sola. Credo che il lavoro agile sia un potente generatore di felicità e che valga la pena di arrivare allo scontro e, se necessario, di essere considerate collaboratrici scomode o manager testarde, di rinunciare all'idea di piacere a tutti.

A insistere, invece, non bisogna rinunciare mai.

Partiamo sempre da noi stessi

Per iniziare a lavorare in modo diverso, che sia in un contesto già avviato o solo agli esordi, dobbiamo sempre partire da una profonda consapevolezza di noi stessi.

Perché il cambiamento più grande da affrontare è dentro di noi.

Dobbiamo imparare a conoscere i nostri meccanismi di funzionamento, smontarli e riprogrammarli. Dobbiamo ricordarci che la nostra mente mente e mentirà con maggiore energia a mano a mano che cercheremo di cambiare le nostre abitudini.

Dobbiamo mettere in discussione la concezione di lavoro che abbiamo interiorizzato. Dobbiamo imparare a rovesciare la prospettiva in cui inquadriamo il rapporto con la nostra azienda: non più dipendenti di un'organizzazione, ma soggetti indipendenti che cooperano tra loro.

Dobbiamo imparare a organizzare il nostro lavoro nello spazio e nel tempo, e serve disciplina: quanto più aumenta la nostra libertà individuale, tanto più rigore è necessario; quanto più si allentano i vincoli imposti dall'azienda, tanto maggiore sarà la nostra predisposizione personale a permetterci di lavorare in modo efficace ed efficiente.

Una disciplina individuale, che funziona solo per noi e che dobbiamo essere bravi a organizzare basandoci sulle nostre esigenze, sui nostri bisogni più profondi. Possiamo farlo solo imparando ad ascoltarci e a conoscerci. È uno sforzo importante, che però ci ricompensa, ci fa capire che cosa ci piace veramente e ci permette di costruire il modo di lavorare che si adatta esattamente ai nostri desideri più profondi. Nostro, unico, perfetto per noi.

Proviamo allora a immaginarlo.

Magari il nostro risveglio al mattino è lento; abbiamo bisogno di tempi lunghi per iniziare la giornata e desideriamo trascorrerne una parte a letto. Chi ci impedisce di iniziare a lavorare in pigiama, sdraiati, finché ne sentiamo il desiderio? Se decidiamo di concentrare nel primo mattino le attività di lettura, le risposte alle e-mail, l'aggiornamento sulle notizie che ci serviranno nel corso della giornata, possiamo agilmente farlo dalla nostra camera, ancora prima di vestirci, ancora prima di fare colazione. Perché dobbiamo pensare a questo modo di impiegare il tempo solo come a una modalità da weekend, a un lusso da domeniche pigre? Non può essere invece l'incontro con una dimensione lavorativa più vicina ai nostri desideri? Se ci concediamo di lavorare nel modo che asseconda le nostre inclinazioni personali potremo fare spazio a momenti così. Per poi fare meno fatica nelle occasioni in cui invece dovremo essere pronti e scattanti alle otto del mattino. Saranno questi i momenti che diventeranno eccezione rispetto alla nostra modalità preferita, e non più routine imposte dall'esterno, faticose e mortificanti.

Tra l'altro, nelle mattine in cui avremo deciso di assecondare la nostra pigrizia, dopo aver svolto parte dell'attività lavorativa comodamente a letto, potremo, se necessario, andare in ufficio fuori dall'orario di punta, con l'agio di prendere mezzi pubblici meno congestionati o trovare strade più scorrevoli. E recuperare tempo. Ecco come ascoltare i nostri bisogni, concedere spazio alla pigrizia, alla fine ci fa recuperare tempo.

Immaginiamo invece di essere mattinieri. Adoriamo vedere sorgere il sole e ci sentiamo lucidi e attivi nelle ore che precedono il risveglio di tutti. Perché non pensare di lavorare in quei momenti, se ne sentiamo il desiderio? Possono essere ore dedicate alla scrittura, alla progettazione, alla verifica di conti complessi. Ore di concentrazione e di alta produttività. Ma dobbiamo essere capaci di riconoscerle davvero come ore di lavoro. Cioè contarle nel monte delle ore complessive. Il che significa, di conseguenza, staccare mentre gli altri lavorano. Compensare le ore lavorate al mattino presto con momenti di sosta, riposando o dedicandoci a ciò che più amiamo fare.

Andiamo oltre. Può essere che ci piaccia camminare, forse abbiamo la fortuna di abitare vicino alla natura e possiamo raggiungere con pochi passi un bosco, una spiaggia in riva al mare. Perché non proviamo a immaginare che anche questi momenti possano essere definiti lavoro? Momenti in cui la nostra mente, seguendo strade tutte sue, sta comunque lavorando? Sicuramente facciamo fatica a considerarli tali.

Eppure sappiamo che è così. Quante volte abbiamo trovato l'idea che cercavamo in ufficio sulla strada di ritorno verso casa o addirittura davanti a un film, dopo cena? Sappiamo che la nostra mente non rispetta un orario giornaliero standard, non si accende solo dalle 9 alle 18, ma è sempre in funzione, continua a inseguire i pensieri anche nelle situazioni più lontane da ciò che convenzionalmente consideriamo lavoro.

Quindi possiamo favorire questi momenti, riconoscendoli come lavoro.

Anche perché, se ci pensiamo bene, conosciamo la situazione inversa. A volte non lavoriamo mentre stiamo lavorando. Sappiamo che, durante le ore di ufficio, a volte non riusciamo a concentrarci. Difficile tenere gli occhi su un documento, sul testo che stiamo leggendo. Impossibile scrivere qualcosa di sensato. Allora iniziamo a distrarci, magari andiamo a controllare le pagine social, inseguiamo notizie che colpiscono la nostra attenzione senza un nesso particolare con quello che stiamo facendo. In realtà siamo alla ricerca di un'intuizione, di uno sblocco della mente o di un momento di riposo. In ufficio ce lo concediamo, è un'abitudine che riconosciamo e assecondiamo, vivendola come parte del lavoro, senza senso di colpa.

Non sarebbe infinitamente più bello poter dedicare ai momenti in cui la nostra mente ha bisogno di divagare una passeggiata nei luoghi che amiamo? Oppure, quando vuole riposarsi, svolgere il lavoro manuale che prediligiamo?

Se mettiamo al centro le nostre esigenze e impariamo a conoscerci davvero, in una singola giornata riusciamo a organizzare i nostri impegni lavorativi individuali, i momenti in cui è necessario relazionarsi con gli altri e dedicare tempo alla ricerca dell'intuizione o al riposo della mente. Perché anche quello è tempo di lavoro e possiamo farlo in qualsiasi luogo decidiamo di lavorare. Questo è il lavoro agile.

Una rapida ricerca su internet permette di trovare decine di articoli che forniscono consigli e regole generali su come lavorare «bene» in smart working. Molto spesso l'attenzione si concentra solo sul lavoro da casa.

Un esempio tra tanti: delimitare chiaramente lo spazio della postazione lavorativa casalinga per evitare di associare ogni angolo della propria abitazione al lavoro e finire con lavorare troppo. Io sono contraria a questo tipo di indicazioni. Non è certo con regole standard, uguali per tutti, che si apre la strada al modo di lavorare che desideriamo. Questo tipo di suggerimenti mi sembra in realtà uno stratagemma per ricreare al di fuori dell'ufficio una nuova gabbia di spazio – e tempo – forse meno rigida di prima, ma comunque una gabbia. Tradiscono lo spirito del lavoro agile.

Perché ricreare una postazione fissa dentro casa, quando abbiamo visto che proprio il movimento è uno dei benefici maggiori del lavoro agile? Anche nel corso di un'intera giornata lavorativa trascorsa in casa non è meglio poter cercare la luce migliore e muoversi a mano a mano che cambia posizione? Non può essere utile decidere di lavorare per qualche ora in cucina, se nel frattempo ci sono sul fuoco pentole che vogliamo tenere d'occhio? Ovviamente lo stesso esercizio mentale può essere fatto anche fuori di casa, scegliendo e variando i posti che ci offre il contesto in cui abitiamo.

Quello che serve quindi non sono regole astratte, ma una disciplina individuale che, come abbiamo detto, si impernia sulla nostra capacità di conoscerci, di ascoltare le nostre esigenze e di dare spazio ai nostri desideri.

Visto che non ci sono regole, posso provare a raccontarvi ciò che faccio io, sperando possa fornire qualche spunto da rielaborare in assoluta libertà.

Alla ricerca della disciplina individuale per lavorare in autonomia

In questo momento sto scrivendo all'aperto in un parco.

La primavera sembra arrivata e, dopo alcune giornate di pioggia, la temperatura è ideale: il sole scalda al punto giusto l'aria ancora fredda.

Sono seduta a un grande tavolo di legno; sono tavoli pubblici, nei parchi e nelle piazze milanesi ce ne sono parecchi.

Fino a poco fa lo condividevo con un bambino intento a fare le bolle di sapone; ora con un uomo impegnato in una telefonata.

«La disturbo se parlo al telefono?»

«No, tranquillo, ho la musica e non la sento.»

Il lavoro intellettuale, al giorno d'oggi, non richiede altro che un apparecchio digitale, basta un semplice telefono. Le connessioni non sono costose e sono alla portata di molti.

Lavorare in un parco pubblico è semplice.

Mi sento bene, non c'è nulla che mi disturbi. Ho davanti a me immagini che mi suscitano sensazioni piacevoli e sono soddisfatta, perché sto usando ciò che la mia città offre, la bellezza dei suoi parchi, la sua atmosfera tipicamente milanese.

Ho analizzato a fondo il mio processo creativo, nel senso più lato del termine, il modo in cui produco le idee. Posso osservarlo da due diverse angolazioni che sono, ancora una volta, il tempo e lo spazio.

Partiamo dalla prima.

Il mio modo di produrre pensiero cambia nel corso tempo, perché le scadenze per me sono molto importanti. Divento veramente efficiente sotto scadenza, la quantità di lavoro che produco nella fase finale è molto più ingente di quella che produco nelle prime fasi. Ciò significa che nelle giornate prossime a una scadenza lavoro di più; per questo ho problemi, e molti ne ho avuti in passato, a lavorare in un ufficio che prevede un orario fisso di chiusura. Il momento di uscire potrebbe coincidere con il mio picco di produttività.

Al tempo stesso ho capito che, nel corso della singola giornata, faccio fatica a essere concentrata al mattino. Vivo la mattina come un momento di massima creatività, in cui sento di avere tutti i recettori aperti. Mi sveglio con curiosità, mi interessa capire cosa sta succedendo nel mondo, guardare le e-mail in arrivo e informarmi sui social, chiamare le persone che devo sentire. Sento di avere l'energia per aprire mille strade, ma poca per chiuderle. Per riuscire a concretizzare il pensiero, a mettere nero su bianco le riflessioni, a produrre un documento di qualità, devo aspettare il pomeriggio, più precisamente il pomeriggio inoltrato, quando il sole inizia a calare. Forse replico su base giornaliera il mio personale rapporto con le scadenze. Quando la giornata inizia ad avviarsi al termine, la mia produttività aumenta, mi permette di finalizzare le cose, di trovare la sintesi per chiudere un lavoro.

Il mio orario personale ideale deve basarsi su queste necessità, prevedendo lunghi pomeriggi che sfociano nella sera, mattinate brevi ma intense e pause lunghe dopo pranzo.

Anch'io lavoro con altre persone e le mie giornate sono spesso frutto di compromessi, ma aver compreso le mie modalità di funzionamento mi permette di amministrare il tempo, organizzando di conseguenza le attività: in completa libertà quando sono sola, mediando con le esigenze altrui quando necessario.

Provo ora a osservare il mio processo creativo sotto l'angolazione dello spazio. Se devo preparare un progetto, un intervento, un discorso, ho bisogno di un tempo lungo per individuare una prima idea di massima, i concetti chiave su cui voglio che ruoti l'intero lavoro. È un tempo tutto di testa, in cui non mi serve scrivere, fare schemi o leggere. Non mi serve stare seduta a un tavolo, con un computer aperto davanti. È un tempo in cui la mia mente deve poter andare liberamente dove le pare. E quindi sono io che posso accompagnarla in giro, muovendomi per casa, sistemando cose lasciate qua e là. Oppure uscendo, passeggiando, vagando per le strade della mia città o, quando sono fortunata, sulla riva del mare. In quei momenti lavoro fuori dalla postazione canonica di lavoro. Mi muovo nello spazio. E ho imparato a riconoscere che anche questo è lavoro.

Dedico parte della mia attenzione alla compensazione del tempo. Tutti abbiamo letto, e forse già sperimentato, che un grande rischio legato alla libertà di tempo è lavorare più del dovuto. È un rischio reale. Il tempo unico aziendale è sicuramente ristretto, ma ha il pregio di essere chiaramente definito. A un certo punto finisce. Senza ambiguità. Il tempo individuale, invece, rischia di dilatarsi.

Qui entra in gioco una delle capacità più importanti: saper dosare il tempo tra lavoro e vita personale, compensando ogni squilibrio.

Perché fare lavoro agile non significa lavorare di più. Se un contratto prevede otto ore giornaliere, quelle sono le ore che dobbiamo lavorare. Il fatto che possiamo scaglionarle diversamente non significa che dobbiamo fare di più. Significa solo lavorare in momenti diversi. Dobbiamo imparare a tenere una contabilità rigorosa: ogni volta che ci accorgiamo di aver lavorato più del dovuto, dobbiamo compensare. Se un pomeriggio di estrema produttività si è trascinato fin oltre l'ora di cena, la mattina dopo dobbiamo recuperare. Dormendo di più o facendo ciò che amiamo.

È una regola che ho applicato sempre, anche quando lavoravo in organizzazioni strutturate. Se in azienda una riunione durava tutto il giorno e non riuscivo ad arrivare a casa in tempo per il bagno dei bambini, il giorno dopo li andavo a prendere a scuola, recuperando le ore lavorate in più. Compensavo le nottate trascorse in riunioni straordinarie di giunta con un'intera giornata a casa. Me lo imponevo. Sicuramente erano ambienti che mi permettevano di regolare il tempo in autonomia, e riconosco che è una fortuna. Ma mi piace sottolineare che lo *facevo*. Spesso ero una delle poche, e sono sempre stata molto rigorosa.

Continuo a farlo anche ora. L'elasticità di poter organizzare liberamente tempo del lavoro e tempo privato non significa mai che una delle due parti prende il sopravvento sull'altra.

Ho due file che sono la mia salvezza. Si chiamano DA FARE e DIARIO, senza troppa originalità. Li aggiorno quotidianamente. Nel primo prendo nota delle cose da fare, siano esse di lavoro o personali, semplici telefonate o progetti complessi. Ci scrivo tutto, mettendo una data di fianco a ogni attività. Giorno dopo giorno, depenno le cose fatte e verifico ciò che mi resta da fare. Nel secondo annoto il tempo, in minuti e ore, dedicato alle attività di ogni singola giornata. Una volta al mese le aggrego e mi rendo conto di quanto tempo ho lavorato e in che cosa ho speso il mio tempo.

È il mio modo per visualizzare il tempo e tenerlo sotto controllo; il mio modo per verificare che lo sto allocando correttamente.

Ho imparato a gestire le sospensioni delle attività. Quando non riesco a finire un lavoro nell'arco di una giornata, cerco di non lasciarlo mai in un punto indefinito. Arrivo al termine di un paragrafo mentre sto scrivendo, finisco la sezione di una presentazione. Qualsiasi sia il lavoro che sto facendo, portarne a compimento una parte prima di fermarmi mi aiuta a non disperdere energie. Il lavoro agile regala libertà, quindi siamo noi a decidere quando interrompere un'attività, non c'è un termine preciso per «lasciar cadere la penna». Siamo noi a decidere come usare il tempo e darsi l'obiettivo di non lasciare mai sospesa un'attività aiuta a lavorare meglio.

Ho definito alcuni riti personali che mi aiutano a scandire il passare del tempo.

Se devo iniziare un'attività di concentrazione, che mi occuperà per qualche ora, preparo una tazza di tè o una tisana. O anche solo un bicchier d'acqua. Lo faccio anche se sono al bar. È il segnale che sto iniziando a concentrarmi. Se devo fare una serie di telefonate o rispondere alle e-mail, invece, accendo la musica. È il segnale che mi serve per attivare la mia modalità di relazione con gli altri.

Ho inventato la tecnica del «doppio task», una modalità che mi permette di aumentare la produttività. Di nuovo, credo nasca dell'aver compreso che sono più efficace sotto scadenza, ma anche dal fatto che, quando si lavora in autonomia, viene a mancare una certa dose di stress benefico che si sperimenta nel lavoro con altri (quando per esempio dobbiamo sbrigarci a mandare un'e-mail perché sta per iniziare una riunione o dobbiamo finire una presentazione mentre una persona di fronte a noi ci chiede informazioni). Quando si lavora negli uffici in stretta relazione con altre persone, le scadenze incrociate di più lavori, le richieste fatte all'ultimo, i cambi di programma, se in dose non eccessiva, creano uno stress che aiuta a essere più reattivi, e quindi più efficienti. Quando lavoriamo in autonomia invece – nell'intera giornata di lavoro agile che abbiamo deciso di trascorrere a casa – questa spinta all'efficienza può venire meno. Ma possiamo ricrearla.

Qui entra in scena la mia tecnica: se devo portare a termine un compito, cerco di darmene in parallelo un altro, che non ha a che fare con il lavoro. Se sono a casa decido di mettere a cuocere un sugo e mi impegno a finire la presentazione prima che sia pronto. Se devo scrivere un testo, fisso l'appuntamento con il veterinario a metà pomeriggio per darmi una scadenza. È questa la tecnica del doppio task. È davvero personale, non so se può essere utile, ma aiuta a capire che dobbiamo gestire in autonomia la nostra produttività e dare spazio alla fantasia per trovare le soluzioni più adatte a noi.

Ma più ancora, ho dovuto imparare a gestire le relazioni con gli altri: lavorare agilmente non vuol dire essere in vacanza, né essere sempre a disposizione di tutti. Il fatto di operare da remoto non giustifica chiamate a qualsiasi ora: è importante mettere un limite alla propria disponibilità e comunicarlo chiaramente a chi lavora con noi. Se il telefono suona quando non sto lavorando, mi sento libera di non rispondere. Non reputo che esistano nel mio lavoro urgenze così importanti da esigere una risposta immediata.

Nella realtà il processo è più difficile di come lo sto descrivendo, ma ho capito che il fatto di non essere fisicamente in ufficio mi spinge, per compensazione e per un latente senso di colpa, a mostrarmi «sempre presente» agli altri. E quindi a rispondere alle chiamate, disturbando il mio tempo personale. Per aiutarmi, penso che, se fossi in ufficio, potrei comunque non essere raggiungibile, magari impegnata in una riunione, in un colloquio delicato durante il quale è meglio non rispondere al telefono.

Se mi viene proposto un appuntamento in un pomeriggio in cui ho deciso di non lavorare – per esempio dedicato a compensare le ore in più di qualche giorno prima – mi comporto come se quel pomeriggio non esistesse, riempio nel mio calendario le ore disponibili e cerco di non cedere alle richieste: quel giorno non ci sono.

Consiglio di allenarsi molto sulla gestione delle relazioni. La ricerca della nostra personale disciplina per lavorare in autonomia può essere divertente, un percorso verso la realizzazione dei nostri desideri, ma le relazioni con gli altri saranno sempre faticose. Le persone tenderanno a imporre i propri orari, faranno pressione perché ci uniformiamo agli orari standard d'ufficio, preporranno sempre loro stesse e le loro urgenze, legittimate dal canonico orario di lavoro.

Il lavoro agile maturo passa attraverso molti «no», le risposte negative che aiutano a difendere il nostro spazio individuale. Quello che ci siamo costruiti sul modo in cui desideriamo davvero lavorare e vivere.

In pochissime parole

Ecco, in sintesi, che cosa possiamo fare per lavorare in modo diverso.

Raccogliamo un po' di coraggio, soprattutto se nella nostra organizzazione siamo pionieri.

Apriamo il dibattito, usiamo tutte le argomentazioni a favore del lavoro agile per convincere chi ha potere decisionale.

Creiamo alleanze con altre persone, coinvolgendo tutti gli attori necessari.

Cerchiamo di capire le nostre reali esigenze e i nostri desideri più veri.

Analizziamo il nostro processo creativo e come funzioniamo nel corso della giornata.

Impariamo a compensare il tempo e a costruire la nostra disciplina individuale di uso del tempo e dello spazio.

Esercitiamo il nostro diritto a dire no.

Ma soprattutto.

Conosciamoci, conosciamoci, conosciamoci.

Proviamo, sbagliamo e riproviamo.

E mettiamo a punto il nostro metodo individuale.

Con tutta la libertà che il lavoro agile regala.

3.
COSA POSSIAMO FARE PER LAVORARE IN MODO DIVERSO COME DONNE

Donne che devono scegliere

Come tantissime altre donne nel nostro paese, anch'io, in un particolare momento della vita, ho dovuto fare una scelta e lasciare il lavoro. Ed è stato molto doloroso.

Mi ero da poco trasferita nella mia nuova casa con i bambini ancora piccoli, dopo la separazione da mio marito. La amavo molto. Era una mansarda, con tanta luce e le portefinestre che davano su piccoli balconi incassati nel tetto del palazzo. Avevo dipinto le pareti degli ambienti con colori diversi e di giorno la luce del sole sembrava rimbalzare tra il corridoio giallo e le stanze azzurre e verdi. La mia camera da letto era rosa, alle finestre lunghe tende con grandi peonie rosse e una poltrona ricoperta dello stesso tessuto. Era finalmente la mia «stanza tutta per sé» di Virginia Woolf. La casa intera era il luogo dove stavo provando a ritrovare la serenità, a ricostruire una nuova vita, per me e per i miei bambini. Stavo vivendo un momento calmo, con il sapore della quiete dopo una tempesta, e tutte le sensazioni di una ripartenza. Sentivo di ritrovare spazio e tranquillità e lo stesso mi sembrava accadere anche ai bambini.

Il lavoro, invece, era ogni giorno più arduo. La richiesta di tempo era esorbitante e si scontrava con il mio essere sola con due bambini che ancora dovevano essere accompagnati all'asilo e a scuola. Mi ero procurata degli aiuti, ma mi sentivo costantemente in bilico in un'organizzazione difficilissima. Ero un'equilibrista su un filo sempre pronto a spezzarsi. Una banale influenza bastava a inceppare tutto. Un giorno di malattia di un figlio significava un giorno perso al lavoro, spesso comunicato all'ultimo, spesso saltando senza preavviso riunioni importanti.

Al tempo ero responsabile del controllo di gestione di una divisione dell'azienda, avevo diversi collaboratori e un rigidissimo calendario di scadenze. Il lavoro mi obbligava a preparare report con consegne fisse e improrogabili e i periodi di sospensione delle lezioni scolastiche corrispondevano spesso con le temibili chiusure aziendali: le rendicontazioni dei dati semestrali in estate e di quelli annuali a fine dicembre. Lo stress era quasi insostenibile, passavo più tempo a pensare a come avrei organizzato le gestione dei miei figli che con loro in persona. La necessità di essere presente quotidianamente in ufficio mi metteva in profonda difficoltà, anzi mi gettava in un vero e proprio sconforto. In ufficio spendevo la maggior parte del mio tempo in riunioni interminabili, che finivano ben oltre l'orario di uscita dei miei figli da scuola e mi condannavano ad attraversare in macchina mezza città per – speravo nel traffico – tornare a casa almeno in tempo per il bagno serale, a volte almeno per la cena, o – per favore – almeno in tempo per il bacio della buona notte.

Vivevo con la sensazione di essere sempre di corsa, sbagliando tutto, costantemente fuori posto. Spesso facevo errori, anche gravi, sul lavoro.

Essendo sola con due bambini piccoli, mi capitava di passare notti insonni e arrivare stravolta il giorno dopo in ufficio. La sensazione in azienda era straniante. Stanca da non riuscire quasi a stare in piedi, mi sembrava di non poter neanche fare cenno alla mia vita privata. I ritmi erano quelli consueti, come anche le richieste e i carichi di lavoro. A volte mi sembrava di essere l'unica con la vita fuori posto, l'unica a non riuscire a conciliare una vita privata pressante con un lavoro che mi coinvolgeva e mi piaceva molto.

Per molti mesi ho provato a tenere insieme tutto, a esserci sempre, in entrambe le parti della vita; sempre lucida, riposata e presente sul lavoro, sempre serena, accogliente e accudente con i figli. Ma la maggior parte delle volte era pura finzione. Che mi faceva accumulare un'enorme stanchezza.

Insieme alla stanchezza crescevano l'ansia, lo stress e la paura di non riuscire a fare più niente. Di non *essere* più niente.

Oggi so che la possibilità del lavoro agile, o anche solo un minimo di flessibilità, mi avrebbe aiutato. Che in un contesto più elastico avrei superato quei primi anni difficili e le cose avrebbero trovato un loro equilibrio.

Ma allora non era possibile. Il lavoro era totalizzante, rigido negli orari e inflessibile nella richiesta di una presenza costante. Così ho deciso di lasciarlo. Improvvisamente. Recidendo con un colpo netto una delle due dimensioni della mia vita. Ma spezzando qualcosa dentro di me. Perché lasciare il lavoro è sempre una scelta lacerante.

Se ci ripenso a freddo, però, capisco che il lavoro non l'ho mai lasciato. Ho lasciato un'azienda che non mi permetteva di lavorare e vivere come volevo. Ma non il lavoro.

È una distinzione fondamentale. Dirimente nella vita delle donne.

Lasciare un posto di lavoro può essere una decisione anche molto dolorosa, che permette di superare un momento critico della vita. Può essere un modo per cercare un nuovo impiego, più in sintonia con le inclinazioni personali o più conciliabile con la propria vita privata.

Ma lasciare l'azienda, o il luogo in cui si lavora, non vuol dire scegliere di smettere di lavorare.

Smettere di lavorare è una scelta senza ritorno. Una condanna alla non-autonomia. La decisione di non avere disponibilità di denaro proprio. Che relega le donne in una dimensione domestica e privata della vita. Che le lega indissolubilmente alla persona che porta il reddito in famiglia.

Ho visto tante donne, amiche e conoscenti, fare questa scelta. La nascita dei figli le ha spinte a lasciare il lavoro. Per l'impossibilità di conciliare i tempi degli uffici con quelli della famiglia, ma anche per la volontà di stare vicino ai figli, di seguirli nella vita quotidiana.

Vedo in questa scelta uno squilibrio che, in quanto tale, non è mai vantaggioso per le persone coinvolte. Le donne innanzitutto, ma anche i loro figli, le loro famiglie.

Sono tante le storie di donne che, a distanza di anni, con i figli grandi e l'impossibilità di rientrare nel mondo del lavoro, si ritrovano insoddisfatte, le energie sprecate e un profondo senso di inutilità esistenziale. Sono donne che hanno rinunciato ad avere un ruolo attivo esterno alla famiglia, nel mondo del lavoro; e che, in questo modo, hanno privato la società dei loro talenti, delle loro capacità, del loro esempio.

Hanno rinunciato a cambiare le regole del gioco. Che, invece, devono essere messe in discussione. A volte anche lasciando l'azienda per cui si lavora, mai il lavoro in sé.

Credo che nessuna donna debba lasciare il lavoro. Né volontariamente né per imposizione.

I dati più recenti ci dicono invece che stanno aumentando quelle che decidono di farlo. Il rapporto 2020 *Women in the Workplace* di McKinsey rivela che in Nord America una donna lavoratrice su quattro stava valutando la possibilità di cambiare carriera o di abbandonare completamente il lavoro. Se consideriamo le donne lavoratrici con figli, in particolare se piccoli, il rapporto diventa una su tre. La pandemia ha inferto un colpo duro alle donne, accrescendo le difficoltà nel loro rapporto con il lavoro.

Credo che le aziende debbano essere consce di questo dato allarmante, del valore che stanno rischiando di perdere, e che debbano mettere in atto tutte le strategie possibili per arginare il fenomeno. Usando in primis proprio il lavoro agile.

Perché credo che noi donne, rimanendo nel mondo del lavoro, possiamo cambiarlo con forza, adattandolo alle nostre esigenze, alle nostre vite piene. Diventare donne che possono «volere tutto».

Possiamo avere un ruolo straordinario nel periodo storico che stiamo attraversando, entrare nel terreno di gioco e cambiarne velocemente le regole. Ci riusciremo solo se saremo capaci di imporre con coraggio la visione femminile in un mondo che è ancora rigidamente impostato su standard maschili.

Come lavorano le donne: il potere dell'immaginazione

In questo periodo, ho la fortuna di lavorare con mia sorella. Faccio parte del consiglio di amministrazione della sua azienda, che produce vestiti da donna.

È un'imprenditrice straordinaria: creativa, visionaria, capace di anticipare il futuro, sa innovare, mettere in discussione le regole, scardinare le abitudini e reinventare strategie e modelli produttivi.

La sua azienda ha continuato a crescere anche nei mesi più difficili della crisi del 2020.

Gli abiti che produce incarnano un progetto potente di valorizzazione della femminilità, di emancipazione dalle rigide regole della moda tradizionale: ha portato le donne a sfilare nelle strade delle città anni prima che i flash mob diventassero la norma; ha eliminato i campionari, la stagionalità, i canali di vendita tradizionali; ha ideato vestiti che celebrano la diversità dei corpi femminili, prima che si diffondesse il concetto di *body positivity*.

Io sono soprattutto colpita dalla modalità tutta femminile con cui gestisce l'azienda. L'ho osservata a lungo per individuarne le specificità. Provo a raccontarle.

Riesce a concedere istintivamente fiducia alle persone che lavorano con lei, lasciando libero spazio al talento; e loro percepiscono di poter partecipare a un progetto straordinario, cui possono fornire il proprio personale contributo. Con altrettanta velocità è capace di toglierla nel momento in cui intuisce che una persona non raggiunge gli standard di eccellenza che sta cercando, applicando una delle forme più cristalline di meritocrazia che abbia mai incontrato.

È capace di sovvertire istintivamente le abitudini lavorative tradizionali. Un esempio. Se nel mondo del lavoro il regalo è considerato da sempre uno strumento per suggellare la fedeltà di un rapporto – l'orologio dei venti anni in azienda – o per celebrare un risultato ottenuto, nella sua azienda sono le persone appena arrivate a ricevere un regalo di ingresso; e si brinda in anticipo ai successi che realizzeranno.

Ha un modo particolare di coinvolgere le persone. È normale che ogni donna che lavora con lei, che si occupi di e-commerce, produzione o contabilità, si trasformi nella migliore modella possibile e compaia nelle campagne di comunicazione ballando e recitando, a prescindere dal fisico o dalle effettive capacità espressive. Riuscendoci sempre. E sempre «divinamente», perché «divino» è l'aggettivo scelto per descrivere ogni aspetto dell'azienda, a partire dalla ragione sociale.

Negli uffici dell'azienda non ci sono sale riunioni. Le riunioni si fanno seduti in cerchio, su divani o su cuscini direttamente a terra; non mancano mai tè caldo o bibite fresche, dolci, frutta, e tutto quello che può servire per rendere i momenti di lavoro confortevoli. Non esiste una mensa, ma una grande cucina dove le persone mangiano intorno a un tavolo apparecchiato con cura e dedicando al pranzo tutto il tempo necessario.

Ogni successo, ogni nuovo traguardo, viene immancabilmente celebrato con brindisi e balli che coinvolgono tutte le persone, trasformando nel giro di un attimo gli uffici in una grande festa.

L'aspetto in cui rilevo la massima espressione di una modalità femminile di gestione di un'azienda è il modo in cui le persone vengono guidate nel processo di raggiungimento degli obiettivi. Come ad esempio gli obiettivi di sviluppo del business. Sono convinta che mia sorella veda fisicamente i numeri che si prefigge di raggiungere. Li vede nella sua testa e poi chiede alle persone che lavorano con lei di vederli a loro volta. «Invaderemo il mondo con quattro milioni di pezzi del nostro abito; immaginate il numero come se lo vedeste davanti ai vostri occhi. Se riuscite a vederlo, lo raggiungeremo.» La sua forza sta nella convinzione assoluta che se una cosa è immaginabile, allora è realizzabile. Che l'immaginazione possa far parte del processo reale di assegnazione degli obiettivi e che sia un elemento chiave nel raggiungimento degli stessi. È quindi l'immaginazione condivisa a guidare il processo; le azioni per raggiungerli diventano solo un dettaglio, da definire in un secondo momento.

La forza di questo processo immaginifico è l'energia che riesce a trasferire a chi lavora con lei, convincendoli che il processo creativo è parte dei processi aziendali, che l'immaginazione è uno strumento possibile da usare in azienda, perché la realtà ne è solo una conseguenza.

Da questa sicurezza nascono progetti potenti, a prima vista impensabili. Perché anche quando le idee sembrano folli, lei invita sempre le persone a vederle già realizzate: «Vedetele già, vedete le donne sfilare di notte in una piazza stracolma di gente perché sarà così, succederà veramente. E immaginate che non piova, visto che saremo all'aperto». E ovviamente la notte della sfilata nel cielo ci sono solo stelle.

Considero questo modo di lavorare un'espressione pura di femminilità, una modalità che raramente ho incontrato nelle aziende tradizionali, tipicamente gestite da manager uomini. Una modalità che mette in discussione comportamenti e attitudini che siamo abituati a considerare il vero modo di lavorare. Che dà libero spazio all'intuizione, alla potenza immaginifica delle visioni, alla bellezza e alle emozioni. Che innesta nel mondo del lavoro aspetti che consideriamo appartenere solo al mondo privato. Che tiene insieme le diverse parti della nostra vita. Come tipicamente riescono a fare le donne.

Sono convinta che mia sorella sia un'imprenditrice geniale e per certi versi eccezionale. Ma sono altrettanto convinta che le modalità femminili che lei istintivamente usa siano patrimonio di tutte le donne. So che se queste modalità trovassero più spazio all'interno delle aziende, produrrebbero risultati importanti e renderebbero migliore la vita di molte persone.

Le donne devono esserne consapevoli. Devono cercare di farsi spazio all'interno delle aziende. Devono imparare, una volta che l'hanno ottenuto, a usarlo per contribuire con il loro vero vissuto. Devono cercare di capire qual è il modo di lavorare che è loro congeniale, ascoltando la voce più profonda. Devono avere il coraggio di scardinare le regole esistenti, di cambiare le abitudini e di affermare con forza il loro modo di pensare, la loro energia, la loro potenza creatrice.

Questa la prima cosa che devono fare. La più importante. Partire dalla loro femminilità per cambiare alla radice il modo in cui tutti lavoriamo.

Gli esempi che possono ispirarci, per fortuna, iniziano a essere numerosi. Le donne, spesso giovani, che stanno arrivando a posizioni di leader nazionali dei loro paesi hanno molto da insegnarci.

Non ho la fortuna di poter analizzare da vicino il loro metodo, come ho fatto con mia sorella, ma le evidenze empiriche dei risultati lasciano intendere che esiste un fattore comune nelle loro modalità lavorative. Prendiamo come riferimento la gestione dell'epidemia sanitaria del 2020. I dati di una ricerca condotta dal Cordis – il Servizio comunitario di informazione in materia di ricerca e sviluppo, principale fonte della Commissione europea – nel 2020 dimostrano che nei paesi guidati da donne le misure di isolamento durante il Covid-19 sono state adottate più rapidamente e vi si è registrata la metà dei decessi rispetto ai paesi guidati da capi di stato uomini.

Supriya Garikipati, ricercatrice dell'Università di Liverpool e coautrice della ricerca, spiega: «Le nostre scoperte mostrano che gli esiti del Covid sono sistematicamente e notevolmente migliori nei paesi guidati da donne, e in certa misura ciò si spiega grazie all'approccio politico proattivo da esse adottato. Pur tenendo conto del contesto istituzionale e di altri controlli, essere guidati da una donna ha rappresentato un vantaggio per i paesi nella crisi attuale».

Non posso che immaginare il modo con cui Mette Frederiksen e Sanna Marin conducono le loro riunioni o coinvolgono collaboratrici e collaboratori, ma mi piace pensare che abbia le stesse peculiarità di quello che ho visto mettere in atto da tante donne, che loro stesse usino al massimo la loro energia creativa femminile.

La sorellanza

Lo studio già citato, più che nelle donne sole al comando, vede in «istituzioni di genere eque» e, più in generale, nella «parità tra i sessi, i veri fattori che hanno reso possibili degli esiti generalmente migliori». I paesi guidati da donne hanno gestito meglio la crisi, perché erano più egualitari e mostravano un maggiore coinvolgimento delle stesse in ruoli di potere.

Emerge quindi una dimensione collettiva femminile estremamente interessante. E potente. Perché le donne insieme possono sprigionare una grande forza e incidere davvero sull'ambiente in cui operano.

Ho parlato prima di un'imprenditrice, di una figura solitaria che ha la possibilità di decidere il destino della propria azienda. Poi ho preso ad esempio donne che sono a capo di un intero paese. Per la maggior parte delle donne che lavorano all'interno di organizzazioni la fatica paradossalmente può essere maggiore. Ma possono imparare a sostenersi a vicenda: le donne sanno essere solidali, sanno fare rete tra di loro e aiutarsi. È una capacità che riescono a esprimere pienamente nella loro vita privata, nei loro affetti, mentre fanno ancora fatica a esprimerla nei contesti lavorativi tradizionali, spesso definiti da regole e modalità maschili.

Ecco allora la seconda cosa che devono fare le donne: cercarsi, riconoscersi, allearsi, agire insieme. E poi sostenersi, premiare altre donne e aprire loro spazi verso ruoli di rilevanza sempre maggiore. Per cambiare il modo in cui tutti lavoriamo.

Torno con la mente al 22 marzo 2006. Il giorno della riunione plenaria tra le donne della mia azienda. Fu il primo atto di un lavoro corale, che permise a un gruppo di donne di capire che esiste una dimensione femminile del «noi» e che questa dimensione è potente, rovescia paradigmi e apre strade a cambiamenti profondi.

Riporto qui le parole di una di quelle donne.

> Tutto quello che ora è considerato normale, addirittura in alcuni casi dovuto [...] è stato il risultato di un grande lavoro di squadra di noi «ragazze» e di alcuni (allora pochi) uomini illuminati [...] che ci ha permesso di arrivare dove siamo oggi. Ed è grazie al NOI che ce l'abbiamo fatta... Il NOI è essenziale per raggiungere grandi obiettivi e aiutarci a crescere, grazie a quello che ognuno di noi può dare, trasmettere agli altri.

Il punto è che noi donne dobbiamo essere consapevoli. Dobbiamo avere coscienza della nostra forza collettiva femminile. È lei che riesce a cambiare le abitudini, ad aprire lo spazio pubblico alle convinzioni che abbiamo avuto per anni come individui, a rendere reali le vite che abbiamo sempre desiderato. È la sorellanza. Che dobbiamo imparare a riconoscere, conoscere e poi usare.

Dobbiamo renderci conto che abbiamo una motivazione in più per pretendere che il lavoro agile diventi il modo di lavorare delle nostre organizzazioni. Al di là di ciò che possiamo ottenere per noi stesse, dobbiamo capire che stiamo aprendo la strada ad altre donne. Sono le donne che arriveranno, e noi possiamo incidere sul loro destino.

Magari stiamo aiutando una giovane madre a non lasciare il lavoro, perché altrimenti non riuscirebbe a conciliarlo con la cura dei figli e della famiglia. Magari quella giovane madre in futuro potrebbe essere nostra figlia. Magari stiamo aiutando a non perdere il lavoro una donna che, grazie allo stipendio, si sta affrancando da un uomo violento. Magari stiamo aiutando una donna che, nel suo tempo liberato, si riavvicina ai suoi desideri più intimi, spesso relegati in un angolo a causa della necessità di vivere e lavorare in un mondo che non li riconosce. Magari stiamo facendo spazio a una nuova grande leader del futuro.

È fondamentale che questo sentimento di sorellanza sia forte soprattutto nelle donne che siedono in posizioni di potere all'interno delle loro organizzazioni; che possono, finalmente, prendere decisioni. È importante che se ne ricordino quando si troveranno da sole, in gruppi di soli uomini. Quando sarà faticoso sostenere il loro punto di vista, la loro visione diversa del mondo.

Chi fa parte di una minoranza deve innanzitutto esserne conscio e poi darsi da fare perché la cose cambino. Le donne devono rimuovere gli ostacoli, le consuetudini e i comportamenti che le hanno sempre penalizzate. Devono aprire la strada al cambiamento, devono lottare per le altre donne. E quindi, lo dico ancora, devono sostenere il lavoro agile.

Con la consapevolezza di un vantaggio competitivo che è solo loro: le modalità del lavoro agile trovano maggiore corrispondenza nello stile di leadership delle donne. Detto in termini più semplici, le donne sono più brave a fare lavoro agile. Sono più capaci di gestire team a distanza. Sono più empatiche e organizzano meglio i tempi del lavoro. Grazie a queste capacità stanno diventando leader più efficaci rispetto agli uomini.

Uno studio pubblicato dall'«Harvard Business Review» il 3 gennaio 2021 ha misurato l'efficacia della leadership di un campione di manager, sia uomini sia donne. Sono stati utilizzati questionari – chiamati «360» – in cui i manager venivano valutati da collaboratori, capi e colleghi, per mezzo di un punteggio attribuito alle loro capacità manageriali. Se i risultati rilevati prima della pandemia mostravano mediamente punteggi più alti per le donne – 53,1 il dato di valutazione medio delle donne contro 49,8 degli uomini – le stesse rilevazioni ripetute durante la pandemia hanno evidenziato una differenza ancora più marcata, con il dato di 57,2 per il punteggio medio delle donne a fronte di quello degli uomini, che rimane stabile. La leadership delle donne, già valutata più efficace rispetto a quella degli uomini, lo è diventata ancora di più nei mesi in cui le persone hanno lavorato a distanza.

L'analisi approfondisce le competenze in cui le donne hanno ottenuto i punteggi più alti e li riscontra soprattutto nelle relazioni interpersonali, nella capacità di ispirare e motivare le persone, nella forza comunicativa, nella collaborazione e nella capacità di gestire la squadra di lavoro, di costruire relazioni di qualità.

Sono queste le competenze che oggi servono a lavorare in modo diverso dal passato: quelle che mettono al centro le persone e i loro bisogni, che investono sulla cura delle relazioni; quelle per cui la distanza fisica non è un problema. Perché sono la capacità di motivare e l'abilità di comunicare le cose giuste, con la giusta energia, a tenere le persone unite.

Sono le competenze del lavoro agile.

Ora, però, forti del nostro vantaggio competitivo, noi donne dobbiamo diventare consapevoli di un ulteriore aspetto.

Dobbiamo farci una domanda: che cosa succederà agli uomini a mano a mano che il lavoro agile diventerà una modalità diffusa di lavoro? Dove riverseranno il tempo ritrovato, come impiegheranno il «nuovo» tempo libero?

Proprio da questo punto passa uno snodo critico.

Se gli uomini che fanno lavoro agile non dedicheranno parte del loro tempo liberato alla cura familiare, difficilmente la situazione lavorativa femminile potrà cambiare.

Il carico di cura è oggi quasi del tutto sulle spalle delle donne. È un peso che le schiaccia e rende difficile l'equilibrio tra vita privata e lavoro. È la prima causa per cui le donne abbandonano il lavoro, il principale ostacolo alla vera espressione di pari opportunità. Solo la condivisione della cura aprirà davvero la strada alla parità di genere, e condividerla diventerà possibile solo quando si libererà anche il tempo degli uomini. Quando il lavoro agile restituirà anche a loro il «loro tempo».

Quando il lavoro agile diventerà normalità, sarà naturale anche per gli uomini lavorare da casa e occuparsi dei lavori domestici, dei figli, della famiglia. Esattamente come per le donne, quando gli uomini avranno la possibilità di lavorare liberi nel tempo, potranno decidere di dedicare le ore del loro tempo ritrovato alle necessità delle persone con cui condividono la vita. Forse scopriranno una nuova dimensione, un nuovo piacere nel dedicarsi ad attività di cui finora non sono mai riusciti a occuparsi. Forse sarà un piacere anche per loro arrivare in tempo alle recite dei figli; forse apprezzeranno il fatto di avere tempo per passare a trovare una parente anziana e trascorrere qualche minuto a chiacchierare con lei.

Tutte cose che fino a oggi hanno fatto fatica a fare. Per una questione culturale, o di adesione alla rigida suddivisione di ruoli che il modello lavorativo socialmente dominante impone loro; oppure per semplice abitudine, per comodità. Gli uomini dovranno riuscire a capire che, oltre a una vita impostata unicamente su un lavoro pervasivo e totalizzante, esistono altre possibilità di espressione, altre dimensioni di loro interesse. Che il lavoro può coesistere con una vita piena.

Le nuove generazioni si stanno dimostrando pronte: gli uomini più giovani iniziano a sentirsi stretti in un ruolo incentrato unicamente sul lavoro e ambiscono a occuparsi della vita privata, dove iniziano a farsi carico in prima persona delle responsabilità di cura. Il lavoro agile sicuramente lo permette. Ma la vera svolta avverrà quando il cambiamento interesserà tutti.

In pochissime parole

Ecco, in sintesi, cosa possiamo fare per iniziare a lavorare in modo diverso come donne.

Cerchiamo di non lasciare mai il lavoro.

Le aziende sì, le organizzazioni anche. Il lavoro, quello, mai.

E poi.

Facciamoci ispirare da altre donne.

Capiamo che esiste un modo di lavorare femminile e cerchiamo il nostro.

Poi assecondiamolo.

Favoriamo la sorellanza e facciamo spazio alle altre donne.

Ma soprattutto.

Non portiamo più solo sulle nostre spalle il lavoro di cura, di qualsiasi genere esso sia.

Mettiamolo con forza anche sulle spalle degli uomini.

4.

COSA POSSONO FARE LE AZIENDE PER LAVORARE IN MODO DIVERSO

Il lavoro agile diventa una filosofia aziendale permanente

Le persone che all'interno delle aziende hanno potere decisionale hanno anche un ruolo cruciale nella diffusione del lavoro agile.

A livello individuale è sempre possibile cercare di avviare il cambiamento, anche solo agendo a titolo personale o sensibilizzando chi è chiamato a decidere. Ho provato a mettere in evidenza nelle pagine precedenti quanto sia importante l'attivazione individuale, quanto conti lo sforzo della singola persona che prova ad abbracciare un modo diverso di lavorare. Ma è evidente che la responsabilità principale spetta ai manager, in particolare a quelli che lavorano nell'ambito delle risorse umane.

Alcune aziende hanno avviato il lavoro agile durante la pandemia. Spinte da un dovere etico, hanno cercato di garantire la sicurezza delle loro persone o, più banalmente, hanno assecondato un'imposizione.

Ora però possono decidere di prendere una posizione netta e individuare il lavoro agile come modalità organizzativa d'elezione. Possono iniziare a vederlo come possibilità permanente di migliorare la vita delle persone, delle comunità in cui sono inserite e dell'ambiente in generale; e anche come occasione di assicurarsi maggiore produttività ed enormi benefici di costo. Possono dichiarare pubblicamente che è e sarà la loro filosofia lavorativa del futuro.

Altre aziende, invece, adottavano il lavoro agile da anni e durante la pandemia non hanno dovuto fare altro che apportare un piccolo aggiustamento a meccanismi lavorativi già ampiamente testati. Ora devono andare avanti, ma continuando a giocare d'anticipo. Devono riconoscersi e proporsi come soggetti competenti e autorevoli, con una precisa responsabilità sociale, con un messaggio importante da diffondere. Devono spronare le istituzioni a tradurre in norme le buone prassi già sperimentate; chiedere nuove leggi, se necessarie. Devono continuare a innovare.

E poi porsi come modello di riferimento per chi sta solo iniziando. Devono condividere le loro strategie, sostenere aziende che muovono i primi passi e aiutarle a percorrere più velocemente il cammino che loro stesse hanno già compiuto.

Per le aziende pubbliche la strada è tracciata. Dall'inizio del 2021 è diventato obbligatorio il POLA, il Piano organizzativo per il lavoro agile, al cui interno sono definiti in modo chiaro i passaggi necessari per un corretto avvio di questa modalità lavorativa. La compilazione di un documento non è sufficiente, ma è un buon punto di partenza, un'ottima occasione per mettere in discussione le logiche burocratiche che schiacciano qualsiasi tentativo di evoluzione della pubblica amministrazione nel nostro paese.

Le aziende che decidono di trasformare la misura emergenziale dello smart working in filosofia agile permanente possono seguire i passi di chi le ha precedute: partire dall'orario flessibile; introdurre le prime regole di lavoro da remoto, definendo le modalità più adatte ai singoli ruoli aziendali, le giornate consigliate per andare in ufficio, l'orario di riferimento, le fasce di reperibilità e di disconnessione; devono sondare i desideri e le necessità delle persone, definire regole comuni e pratiche di buon senso per armonizzare il lavoro agile di persone che cooperano tra loro; devono controllare i risultati, ascoltare gli individui coinvolti per individuarne da subito le difficoltà e sistemarle in corsa, allargando la sperimentazione a forme sempre più evolute e pervasive di lavoro agile.

I passi su cui devono concentrarsi non sono tanti. Sono essenziali, ma in fondo semplici. Andiamo a vederli.

Il punto di partenza è sempre l'accordo individuale tra azienda e lavoratore. È questo il primo passaggio, anche dal punto di vista giuridico.

Ho definito nelle pagine precedenti il lavoro agile un «patto di libertà». La scelta delle parole non è casuale. Un patto, in quanto tale, deve prendere in considerazione le esigenze di entrambe le parti coinvolte. La libertà del lavoratore si definisce intorno alla sua responsabilità nei confronti dell'azienda; la libertà dell'azienda si ferma dove iniziano le esigenze del lavoratore. I bisogni complessivi dell'azienda devono essere in armonia con i bisogni delle singole persone, che sono tanti e diversi quanto diverse sono le persone che lavorano in azienda.

Per questo il lavoro agile si deve basare sempre su un accordo. E l'accordo deve essere individuale. Deve rispecchiare l'unicità della persona che lo sottoscrive, deve riflettere le sue esigenze. Esigenze che non solo sono diverse da quelle di altri, ma che possono anche cambiare nel corso del tempo.

Sono convinta della centralità dell'accordo individuale nell'impianto complessivo del lavoro agile.

Ciò non significa disconoscere l'importanza delle parti sindacali e della contrattazione collettiva. I sindacati giocano un ruolo fondamentale. Lo vedremo nelle conclusioni del libro, quando parleremo della suddivisione del nuovo valore che il lavoro agile riesce a generare.

Ma gli accordi collettivi devono essere una cornice larga entro cui stipulare accordi individuali. La legge attuale sul lavoro agile indica chiaramente questo percorso, prescrivendo come obbligatorio il solo accordo individuale, rimandando la definizione di regole generali alla contrattazione collettiva.

Io sono assolutamente d'accordo.

Rendere obbligatoria la contrattazione collettiva nella disciplina del lavoro agile significa commettere un grave errore; significa irrigidire uno strumento per sua natura estremamente flessibile. Che deve invece lasciare la più ampia possibilità di modulazione delle scelte pratiche sulle esigenze delle diverse persone.

Faccio un esempio concreto. Qual è il senso di stabilire un massimo di dieci giorni al mese di lavoro agile, come è stato per esempio stabilito dal rinnovo contrattuale del settore bancario all'inizio del 2020? Tutte le persone che lavorano in quel settore hanno le stesse identiche esigenze di tempo? A prescindere dall'azienda, dal ruolo, dalla storia personale del singolo lavoratore?

Io credo che in presenza di una legge che definisce la fattispecie del lavoro agile, disciplinandone alcuni aspetti di fondo imprescindibili, e di accordi collettivi che forniscono linee guida generali, sia poi l'accordo individuale a stabilire la corretta modalità di esecuzione, ritagliandola sulle esigenze specifiche delle singole aziende e delle diverse persone al loro interno.

Stabilito che l'accordo individuale è il punto imprescindibile di partenza, le aziende devono avere chiaro che esistono due processi chiave nel passaggio al lavoro agile. Sono il processo dell'assegnazione degli obiettivi e valutazione dei risultati e quello della gestione fisica del tempo.

Partiamo dal primo.

Le aziende devono comprendere che il processo di assegnazione degli obiettivi è l'ossatura su cui si regge il modo di lavorare diverso da quello tradizionale. Perché il lavoro agile funziona quando le persone sanno cosa devono fare, conoscono i loro obiettivi e hanno chiari i risultati che devono raggiungere. E sanno che sulla base di questi saranno poi valutate.

È un processo che deve permeare l'azienda intera; tutte le persone devono sapere perché lavorano e che cosa sono chiamate a fare. Non è necessariamente un processo complicato, non servono strumenti complessi di allocazione dei compiti e schede impossibili da compilare per la valutazione dei risultati. Serve la volontà di far arrivare a tutte le persone dell'azienda le informazioni alla base del lavoro, e che sia concreta per tutti la possibilità di capire quali sono le cose fondamentali da fare ogni giorno. Serve un uso intelligente della gerarchia, in cui ogni singolo responsabile sia visto come uno snodo critico di contatto con le persone. Per visualizzare il funzionamento ottimale di questo processo proviamo a immaginare la gerarchia non più come una scala, ma come un sistema interconnesso di relazioni, dove diversi centri, di peso diverso, diffondono gli obiettivi e valutano i risultati, in un'attività di costante aggiornamento dell'intero sistema. E dobbiamo riuscire a vedere le persone come punti all'interno del sistema stesso, capaci di muoversi all'unisono grazie a obiettivi chiari e condivisi e a risultati facilmente valutabili.

È qui che le aziende devono indirizzare da subito le loro energie. Se il processo funziona bene, se permea tutta l'azienda e coinvolge ogni singola persona, allora tutti saranno veramente liberi di lavorare nello spazio e nel tempo e riusciranno a farlo con semplicità, efficacia e grande soddisfazione.

Il secondo processo è quello della gestione fisica del tempo. Per uno dei tanti paradossi che il lavoro agile è capace di mettere in atto, infatti, l'importanza del processo stesso coincide con il suo progressivo smantellamento.

Nelle aziende che lavorano in modo tradizionale il processo di gestione del tempo occupa un grande spazio. Il tempo unico regolamentato richiede timbrature e sistemi di rilevazione dedicati; permessi di uscita ed entrata; l'impiego di straordinari, autorizzazioni preventive e lunghi calcoli per la loro liquidazione; e richiede controlli, verifiche analitiche e complicati sistemi di compensazione del tempo utilizzato. Richiede dunque minuziose attività di rendicontazione e risorse dedicate al controllo, preposte alla gestione di un'enorme mole di informazioni. Nelle aziende più grandi esistono figure professionali dedite esclusivamente a questo tipo di attività. Il lavoro agile spazza via tutto ciò: l'intero processo di controllo del tempo si trasforma in una semplice verifica della presenza giornaliera, generalmente solo legata a questioni di sicurezza, in qualsiasi luogo essa venga effettuata. È un intero processo che si snellisce e si condensa in un'unica semplice attività. Spariscono badge, timbrature e moduli da firmare; spariscono manuali di istruzioni e procedure; spariscono e-mail di controllo e giustificativi. E tutto il tempo che veniva speso in tali attività viene restituito alle persone per essere utilizzato nel miglior modo possibile.

Le aziende che adottano il lavoro agile semplificano all'osso un processo centrale nella vita delle persone. Le singole attività del complesso processo di gestione del tempo vengono rimpiazzate con due parole semplici: responsabilità e fiducia. In un contesto di lavoro agile le aziende si fidano del fatto che persone responsabili lavorino libere nel tempo e nello spazio. E allora non c'è più bisogno di controllarle.

Quando pensiamo che sia difficile allontanarsi dal modo consueto di lavorare e di controllare le persone, pensiamo ad aziende come Netflix. E ricordiamoci la sua policy per le vacanze, fatta solo di tre semplici parole: «Vai in vacanza».

Un accordo individuale e due processi. Sono questi i cardini su cui poggia l'introduzione del lavoro agile. È un inizio semplice, ma su questi cardini gira la porta d'ingresso nel futuro.

Un profondo cambiamento culturale

Non stiamo parlando solo di accordi e processi, perché, in parallelo, è fondamentale affrontare anche gli aspetti immateriali. Passare al lavoro agile significa fare spazio a una nuova cultura, archiviare il presenzialismo e il controllo a vista, e aprire la strada alla cultura dei risultati e alla meritocrazia. Ed è qui – come abbiamo visto nei capitoli precedenti – che il passaggio si fa stretto, perché esistono forti elementi di resistenza ed è difficile portare avanti un cambio di mentalità così radicale.

Le aziende, però, hanno a disposizione una scorciatoia: possono guardarsi in casa. Perché proprio in casa hanno persone con una forte cultura dei risultati. Lavorano nelle vendite. Nei fatti lavorano agilmente e lo hanno sempre fatto, senza bisogno di norme o leggi particolari.

I venditori lavorano in autonomia da sempre: sono soli nelle loro zone, dispongono del tempo come vogliono e lo curano scrupolosamente, perché sanno che è la chiave per il raggiungimento dei risultati.

Ricevono obiettivi chiari e misurabili con regolarità, tutti i mesi. Hanno a disposizione gli strumenti per controllare l'avanzamento del proprio lavoro, per capire se stanno raggiungendo l'obiettivo. Sanno quali sono i premi legati ai risultati che raggiungeranno.

Partecipano raramente a riunioni. Quelle a cui devono necessariamente prendere parte sono ben organizzate, con agende chiaramente definite, spesso in luoghi che favoriscono la socializzazione.

Non hanno una sede di lavoro in cui recarsi quotidianamente, girano liberi nel loro territorio e scelgono dove andare, programmando in autonomia ogni singola giornata. Senza un ufficio fisso, sviluppano la capacità di adattarsi a lavorare in qualsiasi situazione; sanno come riempire i tempi nelle sale d'attesa dei clienti o, in piedi, all'interno dei negozi. (L'ho fatto tante volte anche io e ora so riconoscere i rappresentanti in paziente attesa mentre i clienti come me passano loro davanti. E provo ogni volta un leggero senso di colpa.)

Sono a tutti gli effetti lavoratori agili. Da sempre. E lo fanno con successo. Allora perché altri tipi di lavoratrici e lavoratori non dovrebbero riuscire a fare altrettanto?

Anche lo spirito di squadra può essere mutuato dai venditori. Basta osservarli: non lavorando fisicamente nello stesso luogo e nello stesso lasso di tempo, hanno imparato a sviluppare uno spirito che rende fluido il loro lavoro, che permette loro di collaborare per un risultato comune. Chi è stato nelle vendite lo sa: sono capaci di celebrare i successi del loro gruppo e sviluppare forti relazioni di amicizia, di cui vanno fieri e che a volte durano per una vita intera.

Cultura dei risultati e forte spirito di squadra sono le condizioni immateriali su cui le aziende devono mettere la loro attenzione per agevolare il passaggio a un modo diverso di lavorare.

Molte sono già avanti su questo terreno e possiamo prenderle a modello. Di certo lo sono le società di consulenza, che lavorano agilmente da sempre, sicuramente da ben prima che il termine venisse coniato.

Trovo molto interessante a tal proposito l'esempio della società di consulenza McKinsey. In un articolo riportato sulla «Harvard Business Review» di gennaio 2021, *Costruire una for-*

te cultura di lavoro da remoto, Nicholas C. Lovegrove ne analizza i fattori di successo.

> Se entri in un ufficio di una società di consulenza in una giornata tipo, ti chiederai dove sono tutti quanti. La risposta è – o dovrebbe essere – che sono con i loro clienti. Ai nuovi consulenti viene detto che non dovrebbero aspettarsi di passare molto tempo in ufficio. Anche i senior partner, che di norma fanno ruotare un bel portafoglio clienti, sono tenuti a lavorare a distanza per la maggior parte del tempo – dal cliente, in aereo e in treno, negli aeroporti e negli hotel e, naturalmente, a casa. A volte sembra che lavorino ovunque tranne che nel proprio ufficio.

Non essere fisicamente in ufficio non solo non è visto come un problema, ma è fortemente consigliato. Perché è associato esplicitamente a una maggiore produttività. Di nuovo proviamo a pensare ai venditori. Quante volte, vedendoli troppo spesso nelle sedi centrali degli uffici, ci è venuto il sospetto che non stessero facendo appieno il loro lavoro?

Se venditori e consulenti lavorano agilmente già da tempo, perché per altri ruoli dovrebbe essere un problema?

Anche le aziende più titubanti dovrebbero comprendere che il problema in realtà non esiste: nei fatti, passare al lavoro agile significa estendere modalità di lavoro già rodate a una platea più ampia di persone.

Torniamo all'analisi del modo di lavorare della società di consulenza McKinsey. Se, come abbiamo visto, i consulenti lavorano da remoto per la maggior parte del loro tempo, è importante che vengano organizzati momenti di socializzazione in ufficio, occasioni di incontro fisico di persone normalmente distanti e di apprendimento per le risorse più giovani. In McKinsey questi momenti sono chiamati Super Venerdì. Sono «il giorno stabilito ogni mese in cui ci si aspetta che tutti siano fisicamente presenti in ufficio. Per garantire che questo tempo sia ben speso, il managing partner dell'ufficio organizza pranzi speciali, assemblee, incontri di pratica e happy hour. Una o due volte all'anno, si programmano ritiri di tutto l'ufficio in località fuori sede, combinando discussioni sostanziali di interesse comune (tipicamente iniziative di conoscenza) con incontri sociali. E non si perde nemmeno un'occasione per festeggiare promozioni e pietre miliari personali».

Ecco allora cosa devono riuscire a fare le aziende: lasciare le persone libere nello spazio e nel tempo e organizzare momenti speciali in cui invece possono socializzare tra loro. Devono programmare un tempo comune per l'incontro, per il confronto e per il lavoro collettivo da affiancare al tempo individuale delle singole persone. Può essere fatto dall'azienda nel suo complesso, ma anche da ogni singolo gruppo di lavoro, da ogni responsabile. La chiave sta nel capire che il tempo non è rigido e uguale per tutti, ma una risorsa da organizzare e gestire con l'obiettivo di permettere alle persone di coniugare l'uso individuale a momenti in cui possono stare e lavorare insieme.

Stiamo capendo che nello sviluppo di una cultura dei risultati e di un buono spirito di squadra l'organizzazione del tempo è cruciale. Perché bisogna riuscire a far muovere in modo fluido tempi che scorrono diversamente. Bisogna far convivere la libertà della singola persona con il raggiungimento di risultati di squadra. Non è semplice. L'azienda deve riuscire a evitare che la gestione libera del tempo diventi anarchia o che la libertà di una singola persona interferisca con quella di altre.

Un esempio semplice.

Se in una giornata di lavoro agile decido di non lavorare il mattino e di recuperare le ore in serata, sono libera di interagire con gli altri? Posso mandare e-mail a chi non sta lavorando? Se non posso, che cosa significa gestire in libertà il mio tempo?

La risposta a questo tipo di conflitti deve essere fornita dalle aziende, che hanno la responsabilità di decidere e comunicare le regole base di comportamento.

Nei mesi della pandemia, molti hanno iniziato a lavorare da remoto senza aver chiare queste regole e tutti abbiamo visto cosa è successo: siamo stati costretti a rispondere a e-mail ricevute a tutte le ore, siamo stati disturbati nei nostri momenti di pausa, abbiamo avuto la sensazione di lavorare senza interruzione. In assenza di regole chiare, siamo rimasti attaccati al computer per ore, spesso molto più a lungo di quanto avremmo fatto in ufficio.

Il lavoro agile, invece, richiede comportamenti codificati e regole condivise, che vanno riassunte in regolamenti aziendali, noti a tutti. In questi regolamenti si può per esempio chiarire che, se è lecito mandare e-mail a qualsiasi ora, non lo è altrettanto pretendere di ricevere una risposta al di fuori dell'orario standard di riferimento giornaliero; oppure si può vietare di indire riunioni prima di una certa ora mattutina, durante la pausa pranzo e dopo un'ora stabilita del pomeriggio. Oppure si possono indicare fasce orarie in cui le persone in lavoro agile debbano essere reperibili, tenute quindi a rispondere a e-mail o telefonate, e altre in cui possono evitare di farlo.

Sono regole di buon senso e di convivenza. Sono diverse da un'azienda all'altra. Dipendono dai prodotti che vendono, dai mercati in cui operano, dalla loro storia individuale. È fondamentale che le aziende ragionino con le proprie persone, capiscano quali sono le loro peculiari esigenze lavorative e i loro desideri e da questi ricavino regole precise, chiare e coerenti con le necessità di tutti.

Che cosa succederà agli uffici?

Proprio oggi mia figlia dodicenne mi ha chiesto se non mi pesi non avere più un ufficio. La domanda mi ha incuriosito, mi sono chiesta come mai una ragazzina fosse interessata a un concetto a lei estraneo. Ma che, evidentemente, anche lei riteneva strettamente connesso alla sua idea, ancora astratta, di lavoro. Le ho risposto di no, che non ne sento più l'esigenza. Poi mi sono trovata a ripensare a tutti i luoghi in cui ho lavorato e mi sono resa conto che per me l'ufficio è sempre stato un «luogo stretto».

Appena arrivata a Milanosport, la partecipata del Comune di Milano che eroga servizi sportivi alla città, di cui oggi sono presidente, ho rinunciato a un ufficio personale; ho spostato un paio di persone che lavoravano di fianco a quell'ufficio e poi abbiamo messo a reddito gli spazi affittandoli a una società esterna.

Da assessora mi era stato assegnato un ufficio meraviglioso nel palazzo dell'arengario: era grande, rettangolare, con un parquet antico dal colore caldo. Due muri erano occupati da un'unica enorme vetrata, dal pavimento al soffitto, affacciata direttamente sul Duomo. In certe giornate di luce, avevo l'impressione che il Duomo stesso potesse da un momento all'altro saltarmi direttamente dentro l'ufficio. Credo che sia oggettivamente una delle viste più belle di tutta la città. Ma al di là dell'estetica, non ha mai esercitato un fascino particolare su di me. Lo utilizzavo soprattutto come sala riunioni, non ha mai contenuto alcun mio oggetto personale ed era sempre utilizzabile dagli altri quando ero fuori ufficio. Durante le Giornate del Lavoro Agile diventava uno spazio di coworking aperto ai cittadini.

Quando ero direttrice del personale nella mia azienda amavo comunicare, insieme alle persone che lavoravano con me, che «la nostra porta era sempre aperta» e appena abbiamo potuto abbiamo scelto porte e muri di vetro trasparente.

Ho sempre quindi considerato l'ufficio, a maggior ragione se singolo e chiuso, una costrizione, una limitazione alla mia socialità e un retaggio del passato. Ho sempre avuto paura che la sua frequentazione abituale diventasse la mia gabbia mentale. Da paladina e antesignana del lavoro agile ho sempre preferito lavorare, e farlo sapere agli altri, da un parco rispetto a qualsiasi ufficio fisico, fosse anche il più bello di tutta Milano!

Dopo aver affrontato i passaggi chiave dell'introduzione del lavoro agile permanente, le aziende possono iniziare a ripensare gli spazi. Per approfittare di un'occasione straordinaria di risparmio di costi e dimostrare al tempo stesso che il cambiamento in corso sarà irreversibile. I nuovi uffici serviranno per testimoniarlo.

In un articolo del 30 gennaio 2021 John Seabrook, giornalista del «New Yorker», espone le seguenti riflessioni: «A cosa serve un ufficio? È un posto in cui i nuovi arrivati apprendono dai colleghi più esperti? Un modo per i capi di tenere d'occhio gli scansafatiche? Una piattaforma di collaborazione? Una fonte di amici e relazioni sociali? Una tregua dalla famiglia? Una ragione per uscire di casa? Perché a quanto pare il lavoro, ossia quello per cui gli uffici erano fatti, è possibile farlo da qualche altra parte».

In effetti, con il lavoro agile l'ufficio per come l'abbiamo conosciuto finora non ha più senso di esistere.

Lavorare agilmente richiederà uffici più piccoli, la cui funzione principale sarà permettere la socializzazione delle persone. Dovranno essere belli, attrattivi, pensati per stimolare la creatività e la voglia di condividere informazioni. Diventerà normale non avere più una postazione assegnata, ma condividere tavoli comuni. Gli spazi saranno divisi per funzione d'uso. Le mense potranno essere ridimensionate, rese più accoglienti e organizzate con maggiore flessibilità.

Il dibattito sul futuro degli uffici è in corso, i cambiamenti saranno veloci, sicuramente interessanti. Quello che è sicuro è che gli uffici diventeranno un luogo in cui esserci solo quando necessario o se si è invogliati a farlo. Un luogo in cui non sarà più obbligatorio andare, ma *verrà voglia* di andare. Possiamo già immaginare che gli uffici del lavoro agile saranno una sorta di piattaforma che integra il virtuale e il reale: la postazione fisica verrà concepita come un complemento al lavoro virtuale, un luogo dove sarà possibile ritrovarsi, innovare e creare. Insieme agli altri. Il resto potrà essere svolto dove si vuole. L'insieme di tutto questo sarà il nostro vero ufficio del futuro.

Un nuovo stile di leadership

Tutto quello che abbiamo letto fin qui sarà possibile solo con un nuovo stile di leadership. Sono i manager che ne hanno le responsabilità maggiori. Devono rinunciare al controllo a vista e imparare ad attribuire alle persone compiti chiari e obiettivi raggiungibili. Devono avere fiducia in loro. Devono esercitare la delega, spostando il controllo sulla performance. Devono saper organizzare il lavoro dei loro gruppi in modo semplice e lineare, capendo quando è necessaria la presenza, quando è possibile lavorare in gruppo da remoto, quando invece è utile lasciare alle persone spazio per organizzare in autonomia il lavoro individuale. Devono essere capaci di leggere bisogni, aspettative e necessità di chi lavora con loro, ma anche avere voglia di conoscerne i desideri e battersi per assecondarli.

Devono infine pensare anche a chi non può fare lavoro agile. Perché per alcuni ruoli sarà sempre e comunque necessaria la presenza. Ma esistono scelte che possono essere fatte per regalare flessibilità e maggiore autonomia anche a chi deve essere presente sul luogo di lavoro.

Sono i manager che devono guidare il processo complessivo. E sono loro che devono iniziare a mettere in discussione la modalità lavorativa esistente. Iniziando proprio da loro stessi: analizzandosi e conoscendosi in profondità. Per imparare poi a esercitare la leadership in modo coerente rispetto alle nuove competenze che il lavoro agile richiede.

Sono sicura che il futuro vedrà la piena e definitiva affermazione del lavoro agile. Come abbiamo visto, si tradurrà in un profondo cambiamento, forse il più grande mai affrontato dalle organizzazioni in tutta la loro storia. Sarà una trasformazione semplice nei singoli passaggi, potente come mai nel suo complesso. Quando succederà non sarà più possibile continuare a lavorare con le stesse modalità e abilità che i manager utilizzano oggi. Arrivare preparati, allora, è il compito principale che devono affrontare. Cambiare stile di leadership la loro principale sfida.

In pochissime parole

Ecco in sintesi cosa possiamo fare nelle aziende per lavorare in modo diverso.

Scegliamo di abbracciare il lavoro agile per sempre.

E comunichiamolo.

Poi.

Mettiamo al centro l'accordo individuale.

Dedichiamo la massima attenzione al processo d'assegnazione degli obiettivi e valutazione dei risultati e a quello della gestione fisica del tempo.

Apriamo la strada alla cultura dei risultati.

Ripensiamo completamente i nostri uffici.

Ma soprattutto.

Facciamo spazio a una nuova cultura manageriale, capace di lavorare agilmente nel senso più alto del termine.

5.
COSA POSSIAMO FARE PER LAVORARE IN MODO DIVERSO COME CITTADINE E CITTADINI NELLA DIMENSIONE PUBBLICA

Dove riversiamo il tempo che il lavoro agile ci restituisce?

Il più grande regalo del lavoro agile è la restituzione di tempo. Quando iniziamo a praticarlo ci ritroviamo in possesso di un tempo liberato da reinvestire in qualcosa di diverso dal lavoro. Dove riversarlo è una scelta che possiamo fare in assoluta libertà, prendendo in considerazione e cercando di assecondare i nostri bisogni, i nostri piaceri, i nostri desideri. È questo il dono più grande del patto di libertà che nasce dal lavoro agile.

Tra le diverse possibilità, possiamo decidere di dedicare parte del tempo ritrovato a diventare cittadini attivi nella vita della nostra comunità.

Servono due passaggi di consapevolezza.

Del primo abbiamo già parlato. È il passaggio necessario per percepire il valore del tempo libero. Dobbiamo imparare a difenderlo, sempre. Abbiamo visto che lavorando con maggiore autonomia si corre il rischio di dedicare troppo tempo al lavoro e di consumare così il tempo recuperato, fino a vanificarlo. Decidere a che attività dedicare parte delle ore che il lavoro agile restituisce, ci aiuta a gestire meglio il tempo e mette preziosi paletti alle ore dedicate al lavoro. Perché anche l'attività prescelta avrà i suoi orari e richiederà del tempo. In alcuni casi ci fornirà l'occasione, a volte la scusa, per interrompere il lavoro e iniziare a fare altro. Attivarsi per la comunità e iniziare un'attività civica è quindi una scelta che aiuta a svolgere meglio il lavoro agile.

Il secondo passaggio riguarda il senso civico. Siamo poco abituati a sentirci cittadini attivi nella vita pubblica. Siamo poco consci dei nostri diritti e della possibilità che abbiamo di incidere sulle decisioni collettive. Non ci viene insegnato nelle scuole, non fa parte della cultura base del nostro paese. Viviamo il rapporto con il pubblico in modo distaccato, senza sentirci parte di una comunità. Sentiamo lontane le istituzioni, che scelgono per noi. Generalmente viviamo la politica come una tifoseria partitica più che come un impegno che possiamo assumerci.

Esiste invece una politica che dà ampio spazio alle persone. È la cura della «cosa pubblica». L'attività comunitaria che avviene direttamente nei posti in cui le persone abitano, nei quartieri, nelle città; quella in cui possiamo essere davvero protagonisti. In questo tipo di politica possiamo essere cittadini che si occupano dei bisogni degli altri o della collettività; possiamo impegnarci in associazioni che portano avanti attività di cui condividiamo il senso o collaborare con organizzazioni che promuovono idee in cui crediamo.

Nella mia esperienza di assessora ho favorito pratiche di cittadinanza attiva che hanno generato un forte impatto sulla città, come la nascita dei giardini condivisi, di cui ho già raccontato. Ho visto anche cittadini dedicarsi ad attività più semplici, prendersi cura dell'aiuola davanti al loro condominio, impegnarsi nelle attività delle scuole dei loro figli, in associazioni sportive o altre presenti nei loro quartieri. Ho avuto contatti con persone che conducevano battaglie civiche, sulla gestione del verde, sull'ambiente, sulla mobilità e su tanti altri aspetti legati alla vita comunitaria.

Tra tutte queste attività c'è una costante comune. Sono pratiche che richiedono tempo. Se il tempo delle persone è imprigionato in orari rigidi, se il lavoro assorbe la parte principale della giornata, è difficile essere cittadini attivi. Quando si lavora agilmente, invece, si riesce a distribuire il proprio tempo equamente tra lavoro, bisogni e interessi personali. E diventa poi possibile dedicarsi a progetti a beneficio della collettività.

Si crea quindi una sorta di circolo virtuoso. Il lavoro agile restituisce tempo alle persone e le persone decidono di restituirlo a loro volta alle comunità. Che diventano più vivibili per le persone. Aumenta il benessere collettivo generale e di conseguenza anche il loro. E allora diventa possibile dare al lavoro agile una nuova definizione: uno strumento di partecipazione alla vita pubblica, generatore virtuoso di benessere per tutti.

Il duplice ruolo della pubblica amministrazione

Mi piace, in questo ragionamento, sottolineare un aspetto importante. È legato al duplice ruolo che la pubblica amministrazione gioca in questa partita. Chi lavora nel pubblico è sia oggetto di lavoro agile sia soggetto che può decidere di elevarlo a politica pubblica. Può applicarlo all'interno del proprio contesto lavorativo e, al tempo stesso, occuparsi delle condizioni che permettono una diffusione del lavoro agile nelle comunità, nei territori che amministra, dando spazio concreto ai vantaggi per la collettività. Ha dunque una doppia possibilità di scelta. E un doppio beneficio. Come persona che lavora *e* come cittadino che vive la dimensione pubblica in cui è inserito. Per questo è fondamentale che il lavoro agile diventi velocemente la modalità di lavoro adottata dalla pubblica amministrazione.

Per i privati cittadini si apre un nuovo spazio per essere attivi nella vita pubblica. Possiamo provare a sostenere il lavoro agile sempre, non solo all'interno del nostro ambito lavorativo, e promuoverlo in ogni occasione pubblica. Quando parliamo attraverso i nostri canali social, quando ne discutiamo con i nostri amici o quando abbiamo l'opportunità di rivolgerci a un pubblico più vasto.

Perché siamo noi, con le nostre idee e voci, cogliendo ogni possibile occasione, che possiamo orientare le decisioni nelle istituzioni.

Le istituzioni pubbliche sono il più importante datore di

lavoro del nostro paese, le decisioni che prendono hanno un impatto enorme, sia al loro interno sia sulla collettività.

Se decidono di abbracciare con convinzione il lavoro agile, se riescono a vederlo nella sua duplice veste di pratica lavorativa interna e politica pubblica, potranno accelerare la velocità della sua diffusione. E di conseguenza l'arrivo dei tanti benefici che abbiamo imparato a conoscere. Sta a noi, alla convinzione delle nostri voci, far arrivare a loro con forza questo messaggio.

Per fortuna nel settore pubblico le cose si stanno muovendo, anche rapidamente, e su piani anche molto diversi tra loro. Al di là dell'adozione forzata del POLA, lo strumento di adozione del lavoro agile obbligatorio di cui abbiamo già parlato, alcune amministrazioni stanno cogliendo la portata del cambiamento rivoluzionario che il lavoro agile porta con sé. E avviano progettualità che ci spingono un passo avanti nel futuro.

Ecco alcuni esempi.

La giunta provinciale di Trento si è mossa per prima sul lavoro agile. Già dal 2012 ha iniziato a sperimentarlo al suo interno, introducendo una serie importante di innovazioni quando ancora la pubblica amministrazione ne ignorava l'esistenza. Ora però sta facendo un passo ancora più significativo, trasformando il lavoro agile da mera pratica organizzativa interna all'ente a politica pubblica, con effetti sull'intera provincia. Sta iniziando a lavorare sul doppio livello.

A fine dicembre 2020 ha approvato un atto di indirizzo che ne è la dimostrazione pratica. «Dal lavoro agile al distretto Trentino intelligente», si legge negli atti che la giunta ha messo a disposizione sul suo sito, «ripensare i rapporti di lavoro vuol dire ripensare i territori. Il lavoro cambia i modi di vivere delle persone e della collettività.»

Ecco, espresso in modo chiaro, il collegamento tra una pratica lavorativa individuale e le ripercussioni sull'intero territorio. Che viene ribadito anche nella successiva affermazione sul perché sia importante promuovere il lavoro agile.

Le motivazioni sono tre, molto semplici: migliorare i servizi al cittadino, risparmiare risorse e valorizzare il territorio.

Analizziamo in dettaglio quest'ultima, che è quella che più interessa il nostro ragionamento. Il documento di indirizzo enumera una serie di vantaggi che spiegano perché il lavoro agile sia in realtà una potente politica pubblica: «Perché tutela l'ambiente; perché obbliga a diffondere la banda larga; perché riequilibra i servizi tra centro e periferia; perché permette il ripopolamento delle aree montane; perché incentiva le attività economiche di prossimità; perché migliora la vivibilità degli ambienti urbani e periferici; perché spinge alla riqualificazione degli immobili; perché rende il territorio più attrattivo, anche come luogo di lavoro».

Sono vantaggi reali, punti chiave programmatici per lo sviluppo di un intero territorio. È chiara la volontà di ampliare l'orizzonte dello sguardo, di cogliere tutte le opportunità di una nuova filosofia di lavoro per la comunità, di farne un programma concreto di gestione della cosa pubblica. È un programma che potrebbe essere applicato su vasta scala, addirittura esteso all'intero paese. La giunta provinciale di Trento conferma ancora una volta di essere all'avanguardia nel cogliere tutte le potenzialità del lavoro agile.

Il Comune di Milano è stato il primo a innalzare il lavoro agile a tema di dibattito pubblico. Abbiamo già parlato nei capitoli precedenti delle Giornate del Lavoro Agile. Negli ultimi mesi del 2020 la giunta municipale ha espressamente collocato il lavoro agile al centro della sua visione futura di città raggiungibile a piedi nel giro di quindici minuti. Poi ha coniato il neologismo *nearworking*. Di nuovo, un esempio di applicazione pratica delle potenzialità di questo modo di lavorare sia all'interno sia all'esterno dell'organizzazione; un altro esempio di uso del doppio livello di possibilità, che rende il lavoro agile anche una pratica di gestione intelligente della cosa pubblica.

Il comune spiega così il concetto di *nearworking*:

> È un nuovo modello di vivere e lavorare in una città a quindici minuti; l'obiettivo è quello di avvicinare il luogo di lavoro

alla propria abitazione, risparmiando tempo ed emissioni derivanti dagli spostamenti obbligati.

In sostanza, il progetto offre a lavoratrici e lavoratori del comune la possibilità di lavorare dalla propria abitazione o di utilizzare la sede di lavoro più vicina al proprio domicilio, scegliendo tra gli uffici comunali della città e gli spazi di coworking di privati cittadini. È in preparazione anche un accordo con le sedi aziendali delle società partecipate. Il progetto apre le porte dell'organizzazione interna e porta i suoi effetti sulla città, che diventa una sorta di grande ufficio diffuso, composto dalle abitazioni dei singoli lavoratori, dalle sedi fisiche del comune e delle sue partecipate, dai tantissimi spazi di coworking della città. Le persone possono muoversi liberamente in un grande ufficio smaterializzato e, in questi nuovi confini più ampi, cambiare il proprio impatto sulla città, sui mezzi pubblici, sull'economia dei negozi e dei servizi di vicinato, sul rapporto tra centro e periferia. Di nuovo vediamo un provvedimento che intercetta la possibilità di trasformare una pratica lavorativa interna in una politica pubblica di gestione di un territorio. Di nuovo vediamo un lavoro agile che esprime le sue piene potenzialità su un'intera comunità.

Non sono solo i grandi comuni a muoversi.

Vediamo che cosa sta facendo il Comune di Courmayeur, in Valle d'Aosta. La giunta ha presentato nel febbraio 2021 il manifesto dello smart working etico. La chiave di lettura questa volta è l'applicazione del lavoro agile alle potenzialità di attrazione turistica di una località. La cittadina montana si offre come il luogo ideale in cui trascorrere tempo lavorativo e di vacanza. Il manifesto, infatti, è un patto tra le istituzioni e i soggetti coinvolti nell'attività turistica del luogo: con il sindaco, i firmatari sono i rappresentanti degli operatori turistici, i maestri di sci della Scuola Sci Monte Bianco e della Scuola Sci Courmayeur, le Guide alpine di Courmayeur, i commercianti, gli albergatori, Skyway Monte Bianco (la società che gestisce l'omonimo impianto di risalita), l'intera comunità locale.

Il manifesto non è proposto come una risposta contingente al calo del turismo, ma come un'azione con una prospettiva a lungo termine: «Lo smart working è la via maestra da percorrere per migliorare lo stile di vita, ritrovare equilibrio e armonia in una dimensione come la montagna». A questa visione ampia si affiancano proposte di servizi perfetti per attrarre lavoratori agili. Un esempio. Esiste un biglietto smart working di Skyway Monte Bianco: prevede la salita sulle cabine panoramiche, la possibilità di lavorare nella work station al Pavillon, a 2200 metri di quota, con caffè e vista sulle montagne; per la pausa pranzo si può continuare a salire fino a 3466 metri, alla punta Helbronner, gustando piatti tipici. È una proposta che esercita un fascino potente su chi sta organizzando la propria vita lavorativa in modo agile.

La scelta della giunta comunale è di offrire una diversa declinazione del lavoro agile come politica pubblica, come possibilità reale di elevare una filosofia lavorativa a politica di gestione di un intero territorio.

Mi piace pensare che questo tipo di visione lungimirante diventi presto la politica di promozione turistica del nostro intero paese. Come ho già avuto occasione di affermare, se oggi fossi presidentessa del Consiglio, metterei in cima alla lista delle priorità il rilancio dell'Italia come «luogo più bello al mondo in cui lavorare agilmente». E attuerei le politiche pubbliche necessarie perché lo diventasse realmente.

Dietro a ognuno di questi esempi ci sono persone convinte che un modo diverso di lavorare possa fare la differenza; che hanno capito che il lavoro agile è la modalità con cui lavorerà la maggior parte di noi nel futuro. E che le sue potenzialità di cambiamento sono enormi.

Sono le persone capaci di lavorare sul doppio livello. Anche se poi, in realtà, loro di livelli ne hanno tre.

Perché, come ormai sappiamo, stanno innanzitutto mettendo in discussione sé stesse, il loro modo individuale di lavorare, stanno combattendo con la mente che mente e cercando di organizzare al meglio il tempo.

Poi stanno portando questo cambiamento nelle loro organizzazioni, con le persone che lavorano con loro.

Contemporaneamente interpretano il lavoro agile come

politica pubblica, in grado di incidere profondamente sulla realtà che amministrano.

Sono loro le persone che possiamo aiutare con il nostro impegno a diffondere il lavoro agile, a difenderlo quando serve. Con le nostre parole, le nostre storie.

Sarebbe bello se il lavoro agile potesse usare le nostre voci per arrivare dove ancora non è arrivato, se potesse usare le gambe dei nostri esempi per percorrere la strada che deve ancora compiere, se potesse usare le ali della nostra convinzione per diventare fenomeno che coinvolge l'intero paese.

Il lavoro agile ci regala tempo; sarebbe bello se, come cittadini attivi coinvolti in un processo di cambiamento collettivo, gli restituissimo un po' di questo tempo liberato per aiutarlo nel suo grande viaggio.

In pochissime parole

Ecco in sintesi cosa possiamo fare nella dimensione pubblica.

Attiviamoci come cittadini, ci servirà, tra le altre cose, a lavorare meglio.

E poi.

Comprendiamo che il lavoro agile può essere sempre anche politica pubblica.

Impariamo dagli esempi virtuosi delle amministrazioni pubbliche che si stanno muovendo per prime.

Ma soprattutto.

Sosteniamo pubblicamente il lavoro agile e i suoi benefici per la collettività.

PARTE QUINTA

1.
CONCLUSIONI

Il lavoro agile è un viaggio

Eccoci alla fine del nostro viaggio. Ora abbiamo capito davvero cos'è il lavoro agile.

Ne abbiamo compreso la definizione e abbiamo scoperto la sua storia.

Abbiamo conosciuto le parole fiducia, responsabilità e felicità.

Abbiamo incontrato il tempo, la nostra dimensione fondante.

E l'importanza delle relazioni umane di qualità.

Poi ne abbiamo conosciuto i benefici, a livelli sempre più ampi; partiti dalla singola persona, siamo arrivati a ipotizzare addirittura un futuro diverso per l'intera nazione.

E abbiamo capito che le resistenze al cambiamento sono sempre e solo culturali.

Le abbiamo individuate nelle rigidità culturali delle aziende, nella loro rimozione delle emozioni; a volte anche nella nostra mente, che continua a mentirci. Abbiamo visto che la pandemia del 2020 non ci ha aiutati a comprendere il lavoro agile per quello che è veramente.

Infine abbiamo cercato di capire cosa fare concretamente per abbracciare questo nuovo modo di lavorare. E lo abbiamo osservato dal punto di vista della singola persona, come lavoratore o lavoratrice, come donna, come responsabile d'azienda o cittadina e cittadino; lo abbiamo anche visto dal lato delle organizzazioni e delle istituzioni pubbliche.

Adesso abbiamo compreso che le strade su cui incamminarci sono tante, le possiamo incontrare a ogni incrocio. Perché lavorare in modo diverso è un cammino. Un cammino in cui molti passi sono già stati fatti da altri.

Ma è anche un viaggio evolutivo. Il nostro viaggio evolutivo.

E sappiamo che mentre lo stiamo facendo il lavoro agile continua e continuerà ad aprire prospettive nuove e avrà impatto su dimensioni che oggi non riusciamo neanche a ipotizzare.

Quindi ora è il momento di iniziare. Sui passi di chi si è già incamminato. Tenendo gli occhi bene aperti su ciò che succederà lungo il cammino. E lo sguardo sempre volto al futuro.

Nel quale io vedo emergere due grandi questioni: la redistribuzione del valore e l'importanza della felicità collettiva.

Affrontiamole insieme nelle ultime pagine.

2.
LA REDISTRIBUZIONE DEL VALORE

Dove va il valore che il lavoro agile genera?

Il lavoro agile produce risparmi enormi. Quindi crea nuovo valore. E ne crea tanto.

Abbiamo approfondito il tema quando abbiamo parlato dei benefici. Abbiamo visto che il nuovo valore si genera innanzitutto per le singole persone. Sono i risparmi legati alle minori spese di trasferimento, alla possibilità di mangiare a casa. Ma sono le aziende a totalizzare i risparmi più importanti, con la riduzione degli straordinari, la semplificazione dei processi amministrativi, la diminuzione dell'assenteismo. E soprattutto con il ridimensionamento degli uffici.

La questione che va posta ora è: come redistribuire questo plusvalore?

È una questione delicata, perché ha risvolti giuslavoristici, contrattuali e soprattutto etici.

Voglio concentrarmi sull'ultimo aspetto.

Abbiamo compreso che il lavoro agile è uno strumento potente di miglioramento collettivo. Come essere sicuri che la redistribuzione dei benefici sia equa?

Partiamo da chi non può fare lavoro agile. Perché qui si racchiude una delle critiche più accese rivolte a questo modo di lavorare: «E chi non può fare lavoro agile?».

So per esperienza che la maggior parte delle mansioni con presenza fisica vincolante ha la possibilità, anche solo per una piccola parte, di fare qualche attività da remoto. Innegabilmente esistono, e continueranno a esistere, ruoli all'interno delle organizzazioni per cui la presenza in ufficio o nei siti di produzione del prodotto o del servizio sarà sempre necessaria.

Come fare per loro? Sono fortemente contraria al ragionamento, proposto da qualche manager, secondo cui siccome non è fattibile per tutti, allora non lo concediamo a nessuno. È un ragionamento distorto, che invece di cercare soluzioni alternative per chi non può lavorare agilmente, nega a tutti un grande beneficio. Liquidiamolo qui.

Anche perché sappiamo che chi non fa lavoro agile gode di benefici indotti. Quelli che derivano dai nuovi comportamenti di chi invece lavora agilmente e che hanno un impatto importante su tutta la collettività: chi non può fare lavoro agile troverà meno traffico quando dovrà recarsi al lavoro, viaggerà su mezzi di trasporto meno congestionati, respirerà un'aria migliore.

Ma andiamo oltre questi primi argomenti generali e proviamo a ragionare esattamente in termini di redistribuzione del valore monetario generato dai risparmi prodotti dal lavoro agile.

Il lavoro agile rovescia il paradigma del rapporto di lavoro subordinato: non più un vincolo di presenza in un dato luogo in un determinato lasso di tempo, ma centralità della prestazione, che potrà essere eseguita liberamente nello spazio e nel tempo. La presenza in ufficio quindi è residuale, legata solo a necessità organizzative o preferenze individuali.

Ma le persone che per mansione non hanno questa libertà di scelta?

Possiamo ipotizzare per loro un'indennità di presenza. Chi deve necessariamente andare in ufficio, in fabbrica, in ospedale o nei punti di vendita deve essere pagato un po' più di chi ha la libertà di decidere il luogo da cui preferisce lavorare. Deve ricevere un indennizzo per lo sforzo che gli viene richiesto.

Parte del plusvalore generato dai risparmi del lavoro agile deve a mio avviso restituire qualcosa a chi non può fare lavoro agile.

C'è un secondo aspetto che va considerato.

Chi fa lavoro agile ha risparmi di costo. Ma è anche vero

che spesso utilizza beni propri; quando lavora da casa consuma la propria energia, spesso adopera computer di proprietà. È giusto che chi opera nell'ambito di un rapporto di lavoro subordinato usi mezzi propri? E, soprattutto, è giusto che i risparmi che in parallelo genera all'azienda vengano incamerati in toto dall'azienda stessa?

Io credo di no, credo che parte del valore complessivo generato dal lavoro agile debba essere restituito anche a chi contribuisce a generarlo.

Proviamo a ragionare su un esempio concreto. Proprio in questi mesi si sta discutendo sui buoni pasto. Ci si sta chiedendo se sia giusto riconoscerli a chi lavora da remoto. La discussione è aperta.

Nei giorni in cui sto scrivendo l'agenzia delle entrate ha confermato l'esenzione fiscale per i buoni pasto che vengono riconosciuti a chi fa smart working, sostenendo che il regime fiscale agevolato si applica senza tener conto della modalità di lavoro e considerando che non sono previste limitazioni normative in merito all'erogazione da parte del datore di lavoro. Il chiarimento si riallaccia al decreto ministeriale 122 del 2017, che prevede che il buono pasto, se previsto da accordi, debba essere corrisposto dal datore di lavoro alla totalità delle persone che lavorano per lui, assunte con qualsiasi forma contrattuale, sia a tempo pieno sia a tempo parziale, anche nell'ipotesi che non sia affatto contemplata una pausa pranzo.

Il chiarimento dell'agenzia delle entrate non entra nel merito se sia giusto o meno riconoscerli, ma è un'indicazione che attesta che non esiste una differenza tra lavorare in ufficio o da remoto. Il che significa non penalizzare l'azienda che decide di riconoscere i buoni pasto a chi è in lavoro agile. È un passo importante.

Io credo che sia giusto riconoscerli. Credo che il buono pasto faccia parte delle condizioni generali dell'accordo che porta una persona a decidere di avviare un rapporto di subordinazione con un'organizzazione; e il fatto che si lavori dall'ufficio piuttosto che in un altro luogo non ne cambia la logica.

Questo esempio, seppur di valore limitato, può essere applicato per analogia a costi di altra natura, che a loro volta sono messi in discussione dal nuovo modo di lavorare. Per arrivare a quantificare lo spostamento generale dei costi tra lavoratori e organizzazione e stabilire la loro nuova, corretta riallocazione.

Immettere nuovo valore nella comunità

C'è un ultimo aspetto su cui è interessante ragionare. Si può ipotizzare che, dopo averne stabilito la suddivisione corretta tra azienda e lavoratori, rimanga un extra valore, da rimettere in circolo dalle aziende nella loro comunità di riferimento. Che possono investire su progetti di miglioramento collettivi, immettendo risorse economiche nella loro comunità. Possono decidere di sponsorizzare iniziative pubbliche, sostenere la generazione di nuove idee con bandi aperti, devolvere risorse ad associazioni attive sul territorio o anche semplicemente mettere a disposizione della collettività parte degli spazi fisici dei loro uffici che il lavoro agile ha liberato.

In questo caso il lavoro agile, oltre a creare benefici diretti, serve anche a portare risorse nuove – monetarie e non – alla collettività.

Credo che, dopo aver effettuato queste scelte di redistribuzione, le aziende riescano ancora a tenere per sé parte dei risparmi complessivi e che possano continuare a scegliere se investirli o distribuirli nelle forme consuete.

Sono convinta che esista la possibilità di redistribuire in modo equo il valore generato dal lavoro agile e credo sia importante iniziare a farlo ora, provando a misurare il fenomeno e avanzando le prime proposte.

Un'azienda che apre un confronto serio sulla redistribuzione di nuovo valore è un'azienda che sa porsi al centro di un grande processo di trasformazione, riconoscendo l'importanza dei comportamenti collettivi e la loro ricaduta su perimetri che vanno oltre il puro ambito aziendale. È un'azienda che capisce che il lavoro agile non è una semplice opportunità di produrre risparmi di costo, ma un viaggio evolutivo che permette a tutti i soggetti coinvolti di migliorare la propria esistenza.

È in questa ampia cornice di senso che va inserita la redistribuzione del valore.

Serve un approccio sistemico, che tenga insieme tutte le componenti del valore e sia continuamente alla ricerca della formula corretta che ne massimizza i benefici collettivi.

Serve il coinvolgimento di tutti.

Servono manager capaci di sviluppare una visione di lungo termine, dove le persone siano il centro forte e i contorni delle aziende siano sempre più aperti verso le comunità.

Servono organizzazioni sindacali illuminate, che colgano le potenzialità di questo modo di ragionare e si siedano ai tavoli. Occupando con forza la posizione che compete loro, con l'intento di portare al maggior numero possibile di persone i benefici complessivi di questa trasformazione profonda.

Serve innanzitutto la volontà di tutti i soggetti coinvolti di mettere al centro una visione etica di miglioramento che vada a beneficio di tutti. Serve la volontà di comprendere l'enorme portato di cambiamento che il lavoro agile metterà in moto e vederlo come una possibilità evolutiva per tutti.

Credo che questo sia il nodo della questione. Credo che sia ora il tempo giusto per affrontarlo. E credo che ragionare in un'ottica allargata di condivisione dei benefici sia un modo per avvicinarsi al tema della felicità collettiva. Che è la seconda grande questione che emergerà nel prossimo futuro.

3.
QUANTO CONTA LA FELICITÀ

Felicità individuale e felicità collettiva

Per qualche anno ho fatto parte di Manuia, un'associazione che si occupava – e ancora si occupa – di felicità pubblica. Eravamo un gruppo di persone appassionate al tema e dichiaravamo la nostra passione nel nostro manifesto, negli scritti e ogni volta che avevamo la possibilità di raccontare perché l'associazione avesse preso vita.

«Crediamo che la felicità debba essere messa al centro dei nostri pensieri, debba comparire nei programmi politici così come nei documenti strategici delle aziende. Debba essere messa in agenda. La ricerca della felicità muove le persone e solo se le persone si muovono, le cose cambiano ed evolvono».

Di quale felicità stavamo parlando?

«Un livello strutturale di possibilità, risorse, diritti e libertà su cui istituzioni e organizzazioni hanno un enorme potere decisionale e che determina in larga parte la possibilità per ciascuno di essere (o non essere) felice.»

Parlavamo quindi ai soggetti che possono, con le loro decisioni, influenzare una collettività. Sicuramente alle organizzazioni e alle aziende, che sono responsabili in via indiretta della felicità individuale delle loro persone.

«Ogni organizzazione, azienda privata o istituzione pubblica, deve occuparsi di felicità collettiva. Lavoratori più felici hanno performance migliori; cittadini che vivono in condizione di benessere generano comunità ricche in senso lato; nuove generazioni appagate sono una grande scommessa per il futuro. Una condizione di felicità generale contribuisce al miglioramento della vita di tutti.»

Quando facciamo lavoro agile siamo più felici. Lo abbiamo capito dalle voci delle persone. Dalle loro storie, dal loro tempo ritrovato, da come hanno potuto rimodulare le loro vite in armonia con i loro desideri. Costruendosi un nuovo benessere e quindi una maggior felicità. Credo e spero di essere riuscita anche a dimostrarlo con le mie testimonianze personali. Il lavoro agile porta felicità. E crederci è un atto di fiducia.

La felicità però è difficilmente misurabile. Paradossalmente è più facile misurare l'infelicità. Ci possiamo chiedere: quando le persone sono particolarmente infelici?

L'ha fatto il «Financial Times» riportando una ricerca di Richard Layard, che ha stilato un indice di infelicità. L'indice cerca di individuare il lasso di tempo in cui le persone sono maggiormente infelici, correlandolo ai soggetti con cui si trascorre quel tempo. In cima alla lista svetta il proprio capo, seguito subito dopo dai colleghi. La sofferenza nei confronti del proprio capo è principalmente maschile. Il grado di infelicità diminuisce quando vengono passati in rassegna altri soggetti: sé stessi, la propria moglie o marito, gli amici, i figli e i genitori. L'infelicità, quindi, è concentrata nell'ambito del lavoro.

Quest'analisi ci aiuta a capire perché, tra i tanti motivi che abbiamo presentato nel corso del libro, il lavoro agile rende le persone più felici. Una modalità di lavoro che non prevede la presenza fisica costante e obbligatoria vicino a persone che causano infelicità, rende la situazione meno gravosa. Passare meno tempo con capi e colleghi rende più felici. È una lettura della realtà un po' cinica, ma veritiera. Lo dicono i numeri.

Io credo che ad acuire il senso di infelicità sia proprio l'essere obbligato a spendere il tempo in una situazione che si ripete uguale a sé stessa ogni giorno. Poter scegliere quando incontrare le persone con cui si lavora le rimette nella giusta prospettiva. Allentando le tensioni, introduce un elemento di soddisfazione.

La felicità e l'infelicità di cui stiamo parlando sono individuali. In quanto tali, rimangono nella sfera privata delle persone, nella loro autonomia e piena libertà di scelta. Ognuno di noi è libero di amare o odiare il proprio capo, di divertirsi in ufficio o agognare a momenti di solitudine assoluta. Non ci sono ricette di felicità valide per tutti, ognuno deve poter essere felice come meglio crede. Il lavoro agile non fa che liberare tempo e spazio, perché ognuno poi possa raggiungere il tipo di felicità che ama di più.

Con una consapevolezza importante: contrariamente a tante altre esperienze di felicità individuale che conosciamo, o possiamo immaginare, quella generata dal lavoro agile non si scontra mai con la felicità collettiva. Anzi, la rafforza.

Lo abbiamo capito. Quante più persone lavorano agilmente, tanto più i benefici arrivano anche a chi non fa lavoro agile, per ricadere poi sulla collettività intera.

È una meravigliosa situazione in cui «vincono» tutti, dove le scelte individuali producono una felicità che non solo non erode quella degli altri, ma addirittura la alimenta.

Chi fa lavoro agile è felice e lo dovrebbe essere ancora di più sapendo che la sua scelta di felicità si ripercuote sulla felicità di tutti.

Torniamo al concetto di felicità individuale. Sono fermamente convinta che nessuna organizzazione, pubblica o privata, di qualsiasi natura, possa occuparsi, o men che meno porre limitazioni, della felicità individuale. La felicità individuale ha lo spazio infinito dei propri desideri e ha come unico limite la libertà degli altri. Le aziende non dovrebbero mai occuparsi della felicità intima e individuale delle persone che lavorano per loro. Neanche le istituzioni pubbliche.

Ma di quella collettiva sì.

Anzi, credo che chi è chiamato a prendere decisioni che impattano su una collettività, di qualsiasi natura essa sia, deve avere la felicità collettiva come stella polare che orienta le sue scelte.

Concretamente significa che si deve occupare delle condizioni di contesto per facilitare il raggiungimento della felicità individuale delle persone che appartengono alla collettività.

Voglio essere ancora più chiara. Sono sempre stata sospettosa nei confronti di progetti aziendali volti ad aumentare la felicità delle persone, che siano attività fisiche, feste o eventi motivazionali. Li ho visti spesso, e altrettanto spesso ho visto i loro goffi risultati. La felicità individuale è unica, legata alla diversità di ogni singola persona. Impossibile soddisfarla con la proposta di un evento uguale per tutti.

Trovo invece efficaci tutti gli interventi che lavorano sulle condizioni di base del lavoro, sulla possibilità di scegliere tra opzioni diverse. Perché, come sempre, mi piace pensare che le persone siano adulte, assolutamente capaci di scegliere per il loro bene individuale.

In questa visione il lavoro agile ha una posizione cruciale; è innanzitutto una possibilità di scelta; è l'opportunità di costruirsi una vita lavorativa centrata sulle proprie esigenze. Che è sicuramente più felice di una vita decisa da altri.

Mi piace quindi immaginare l'azienda non come soggetto che cerca di rendere felici le persone coinvolgendole in scelte felicitanti solo a giudizio di qualcuno, ma come soggetto che propone condizioni di spazio e tempo al cui interno le persone, scegliendo liberamente, possono costruire la loro felicità su misura.

Il senso ultimo della nostra esistenza

I principi in cui credevamo nella mia associazione sulla felicità collettiva continuano ad avere per me un significato profondo. Ma non siamo in molti, perché di felicità si parla davvero poco. Forse per una sorta di pudore. O forse per una *forma mentis*, derivata dall'impostazione degli studi economici alle spalle di molte persone che lavorano in azienda, dove il concetto di utilitarismo ha da tempo soppiantato il concetto di felicità pubblica. Mi viene anche da pensare alle aziende senza emozioni che abbiamo conosciuto nelle pagine di questo libro.

È raro sentir nominare la felicità pubblica nei programmi politici di candidati sindaci o nei manifesti dei partiti. Come se fosse un bene troppo alto, o troppo lontano. O frivolo, rispetto alla serietà di argomenti più pratici, più vicini alle reali esigenze delle persone.

È forse ancora più raro trovarla espressa nei documenti strategici, dove le aziende sintetizzano i valori al cuore della loro attività o della «missione» – dall'inglese *mission* – che si sentono chiamate a compiere.

È una cosa che mi lascia abbastanza sconcertata. Io continuo a pensare che la felicità non sia un concetto aleatorio, un lusso o uno sfizio. Credo che essere felici e cercare di rendere felici gli altri sia molto vicino al senso ultimo della nostra esistenza.

Lo credo per esperienza personale. Lo credo perché sono stata felice ogni volta che ho visto una persona diventare felice.

Sono stata felice quando ho visto le donne unirsi per un obiettivo comune e incamminarsi su una strada che ha finito per portarle molto oltre ciò che immaginavano; e in questo percorso scoprirsi vicine, solidali; felici nella loro esperienza di sorellanza.

Sono stata felice quando uomini curiosi si sono aperti a un modo di lavorare che metteva profondamente in discussione le loro esistenze, in modo ancora più forte rispetto a quelle delle donne, e ciononostante vi si sono buttati, con coraggio e con la gioia di riscoprirsi in nuove dimensioni di libertà.

Sono stata felice quando le idee del lavoro agile sono uscite dai confini dell'azienda in cui sono nate e sono diventate pubbliche, di interesse comune, hanno allargato il loro raggio di azione, hanno sollevato dibattiti fino a far nascere una legge.

Sono stata felice ogni volta che in un'azienda nuova ho dovuto ricominciare da capo e indicare una strada che diventava via via sempre più piana, verso un modo di lavorare che io sapevo avrebbe prodotto altra felicità.

Sono stata felice, e lo sono ogni giorno, tutte le volte che una persona mi scrive e mi racconta che ce la sta facendo, che finalmente sta riuscendo a tenere insieme i pezzi della sua vita.

Sono felice per ogni grazie che ho ricevuto e per tutti quelli che riceverò.

Dietro a ognuno di loro c'è una persona che sta ritrovando la sua personale felicità.

Sono dunque felice ogni volta che posso in qualche modo seguire il cammino del lavoro agile. È per me il più potente generatore di felicità collettiva. Ogni azienda che decide di utilizzarlo, ogni persona che decide di farlo diventare il suo modo di lavorare, sta in fondo decidendo di iniziare a occuparsi di felicità. Sta affermando che la felicità non solo conta, ma ha un peso specifico importante. Sarebbe bello se in tanti ne fossimo consapevoli. Saremmo sicuramente tutti più felici.

4.
TUTTE LE DEFINIZIONI DEL LAVORO AGILE

Eccoci alla fine del nostro cammino.

Abbiamo imparato a conoscere il lavoro agile nella sua accezione più ampia. Ne abbiamo colto l'enorme portata, le potenzialità, la versatilità. Abbiamo intuito che, proprio mentre ne stiamo parlando, sta spalancando altre porte, aprendo nuovi orizzonti. Io spero di essere riuscita a farvelo amare.

Vorrei chiudere questo libro ricordando le definizioni che abbiamo incontrato nel percorso fatto insieme. Con l'idea che sarà una di queste ad accendere in voi la passione, a invogliarvi a partire. Dal punto che preferirete.

Mi piacerebbe che ognuno scegliesse la sua e, semplicemente, iniziasse a lavorare agilmente. Per essere poi più felice.

Il lavoro agile.
È un nuovo modo di lavorare.
È un patto di libertà.
È un'opportunità di cambiamento.
È un generatore di nuova produttività.
È un equalizzatore di opportunità.
È una pratica di creazione di benessere.
È uno strumento di partecipazione alla vita politica.
È un equalizzatore sociale.
È un viaggio evolutivo.

E ancora.

Il modo in cui riusciamo a organizzarci in autonomia nel tempo e nello spazio.

Il modo in cui riusciamo a tenere insieme le diverse parti della nostra vita.

Il modo in cui riusciamo a lavorare per progetti piuttosto che su rigidi schemi orari.

Il modo in cui riusciamo a essere responsabili e a conquistarci la fiducia dell'azienda in cui lavoriamo.

Il modo in cui facciamo spazio alla cultura dei risultati.

Il modo in cui riusciamo a essere cittadini attivi nelle comunità in cui viviamo.

E poi.

È ciò che ci permette di capire che la nostra mente mente.

È ciò che ci aiuta a sviluppare la qualità delle nostre relazioni personali.

È ciò che ci permette di scegliere.

È ciò che ci avvicina ai nostri desideri.

È ciò che ci restituisce tempo.

E, infine, forse la definizione più importante.

È ciò che ci fa lavorare felici.

«Siamo il silenzio che resta dopo le parole
Siamo la voce che può arrivare dove vuole
Siamo il confine della nostra libertà
Siamo noi l'umanità
Siamo il diritto di cambiare tutto e di ricominciare
Ricominciare.»
FIORELLA MANNOIA, *Il peso del coraggio*

RINGRAZIAMENTI

Da lettrice leggo sempre con curiosità i ringraziamenti alla fine di un libro. Mi piace cercare di capire qualcosa di più su chi scrive, immaginare i suoi affetti, le persone che in qualche modo hanno influenzato le sue scelte. Voglio riuscire a individuare quelle speciali, cercare indizi su legami particolari. Rimango delusa e un po' spiazzata dai ringraziamenti troppo brevi.

E ora che tocca a me voglio provare a farli proprio come io stessa desidererei leggerli.

Parto allora da chi ha permesso la nascita di questo libro.

Li ho incontrati in realtà per un motivo diverso, che poi non è neanche andato in porto, ma ha generato il libro che avete tra le mani.

Grazie allora Stefano Mauri, grazie per la tua telefonata con la proposta di scrivere un libro, a cui ho stoltamente risposto di no, ma che per fortuna ho recuperato con un messaggio – imbarazzato – di WhatsApp; poi è andata avanti come sai.

Il mio grazie va prima di tutti a te, per avermi dato fiducia.

Ho sempre pensato che scrivere un libro fosse un lavoro solitario. Ho capito che non è così, è uno sforzo corale di persone che collaborano a un progetto collettivo. La mia fortuna è stata che le persone che ho incontrato si sono dimostrate da subito incredibilmente gentili, pazienti e allo stesso tempo appassionate.

Grazie Paolo Zaninoni per avermi guidato con cura e competenza e per aver sempre anticipato – con mio grande stupore – ogni singola fase che avrei poi vissuto.

Grazie Elisabetta Migliavada per avermi spronato a osare di più, a tirare fuori meglio concetti che stanno a cuore a entrambe.

Grazie Alessandro Mola per l'attenzione e la pazienza; la tua capacità di giocare con le parole e sciogliere i passaggi più complessi mi hanno entusiasmato.

Grazie infine Rosanna Paradiso, per avermi da subito accolto con gentilezza e grande disponibilità.

Grazie in generale alla famiglia Garzanti; siete voi stessi a definirvi in questo modo e devo confermarvi, con emozione, che è davvero così che ci si sente a lavorare con voi.

Voglio ora ringraziare alcune delle persone che avete «incontrato» nelle pagine di questo libro. Che sono le più importanti della mia vita lavorativa.

Grazie Elisabetta Furcht, prima capa indimenticabile, utilizzo ancora oggi non solo il tuo bollitore, ma anche la fiducia che mi hai dato fin dal primo giorno.

Grazie Marco Travaglia, uomo sensibile prima che manager, per la mano che mi hai teso in un momento di bisogno.

Grazie Marco Settembri. Il grazie a te è speciale. Per tutto quello che mi hai insegnato e perché anche le pagine di questo libro sono fatte della stessa carta bianca che mi hai dato anni fa; la tengo sempre stretta a me, vicino al cuore.

Grazie Giuliano Pisapia, perché mi hai voluta nel tuo progetto di città e mi hai regalato i cinque anni più emozionanti della mia vita lavorativa; e grazie anche a te, Cinzia Sasso: so bene quanto di te ci sia dietro quella scelta.

Un ringraziamento particolare, profondo e collettivo va alle donne di Iniziativa Primavera. Vi sarete riconosciute nelle pagine di questo libro spero, perché davvero abbiamo iniziato a scriverlo insieme! Io l'ho solamente messo nero su bianco a distanza di anni, attingendo ai ricordi dei momenti emozionanti e appassionati che abbiamo vissuto insieme. Siete orgogliose quanto me di cosa siamo riuscite a fare, vero?

E ora spazio agli affetti. Per voi basta il nome.

Grazie Ilaria, lettrice attenta e scrupolosa delle mie bozze;

ti sei ritrovata tra le righe? nelle storie che mi hai raccontato, nelle nostre risate e nei continui commenti di tutto ciò che ci accade quando lavoriamo insieme. Grazie per essere sempre con me.

Grazie Silvia, sorella di sangue e di cuore. È a te ovviamente che ho mandato il primo capitolo e sono state le tue parole di apprezzamento che mi hanno incoraggiata ad andare avanti. Perché è sempre stato così e così sempre sarà. Sei tu la mia stella polare, che illumina la mia strada. Grazie sister del mio cuore.

Grazie Enrico. Alla fine le bozze sei riuscito a non leggerle. Ma va bene così, perché quando leggerai il libro troverai tutte le nostre conversazioni. E le tue idee, le cose che mi racconti, le tue parole che forse fingo di non ascoltare, ma che arrivano direttamente alla mia testa. E subito dopo al cuore.

Da ultimo, ma solo perché è il ringraziamento più importante, voglio ringraziare chi ha letto il mio libro. E ora passo a darti del tu.

Grazie a te che sei arrivata o arrivato fino a qui. Ora dovresti sapere quanto è prezioso per me il tempo. Capire che ne hai dedicato un po' del tuo a leggere le mie parole mi riempie di gratitudine. Grazie, grazie dal profondo del cuore.

Spero che questo libro possa esserti stato utile. Spero che ora tu abbia voglia di iniziare a lavorare agilmente; e, se lo stai già facendo, di continuare con più energia.

Spero che tu abbia argomentazioni per convincere chi hai di fianco, evidenze per voler portare avanti il cambiamento che stiamo vivendo. E passione per farlo.

Il mio augurio è che anche tu possa sempre volere tutto. E vivere, veramente, smart, agile e felice.

INDICE

PARTE QUARTA

PARTE QUINTA

Finito di stampare nel mese di novembre 2021
presso ELCOGRAF S.p.A. Stabilimento di Cles (TN)